María Jesús Palmer

Manual de ASTROLOGÍA para principiantes

María Jesús Palmer

Manual de ASTROLOGÍA PARA PRINCIPIANTES

La astrología y sus orígenes. El zodíaco. Los elementos, los planetas, casas, aspectos, nodos y fases lunares. La carta astral y su interpretación, con ejemplos paso a paso, para iniciarte en el simbolismo y lenguaje de los astros.

Primera edición: julio, 2019
Primera reimpresión: noviembre 2020
Segunda reimpresión: noviembre 2021

Enigma • Editorial Arcopress
Directora editorial: Isabel Blasco
Diseño, maquetación y documentación gráfica: Fernando de Miguel
Corrección de textos: Maika Cano

Imprime: Gráficas la Paz
ISBN: 978-84-17057-48-0
Depósito Legal: CO-968-2019
Hecho e impreso en España - *Made and printed in Spain*

Este libro va dedicado a quienes en algún momento se sintieron atraídos por la astrología, pero no pudieron dedicarle tiempo. También a quienes ya trabajan con ella, pero piensan que no viene mal curiosear para contrastar otros enfoques. Y por supuesto, va dedicado a las astrólogas y astrólogos que siguen investigando sobre esta disciplina que siempre está en movimiento y crece con la experiencia.

ÍNDICE

PRIMERA PARTE.
ASTRONOMÍA Y ASTROLOGÍA 17

INTRODUCCIÓN. MICROCOSMOS Y MACROCOSMOS 19
ASTRONOMÍA Y ASTROLOGÍA: VIAJE A TRAVÉS DEL TIEMPO 23
Paleolítico y Neolítico 23
Edad de los metales 25
Grecia y Roma 30
Alejandro y Alejandría 31
La astrología árabe 33
Astrología y cristiandad 37
El Renacimiento 39
La astronomía y la astrología se separan, siglos XVII y XVIII 44
Edad Contemporánea, siglos XIX y XX 47

SEGUNDA PARTE.
EL ZODÍACO EN REPOSO 53

EL ZODÍACO EN REPOSO 56
Correspondencias 58
Los cuatro elementos: nuestra motivación de vida 57
Cuadruplicidades 57
Correspondencias simbólicas del Fuego, Agua, Aire y Tierra 59
Triplicidades 59
Domicilios zodiacales 61

El zodíaco: comienza el recorrido ... 65
Primer cuadrante ... 66
Aries, *el dinámico* ... 68
Tauro, *el exquisito* ... 69
Géminis, *el curioso* ... 72
Segundo cuadrante ... 76
Cáncer, *el hogareño* ... 76
Leo, *el dramaturgo* ... 79
Virgo, *el investigador* ... 86
Tercer cuadrante ... 86
Libra, *el diplomático* ... 86
Escorpio, *el misterioso* ... 89
Sagitario, *el aventurero* ... 92
Cuarto cuadrante ... 96
Capricornio, *el precavido* ... 96
Acuario, *el independiente* ... 99
Piscis, *el compasivo* ... 102

Los planetas ... 107
Planetas y posiciones zodiacales ... 107
Las Luminarias: Sol y Luna ... 109
El Sol: *vitalidad y luz* ... 110
La Luna: *imprescindible y misteriosa* ... 111
Las fases de la Luna y su influencia en la carta natal ... 113
Algo sobre los eclipses de Sol y de Luna ... 116
Los planetas personales: Mercurio, Venus y Marte ... 118
Mercurio: *el estímulo intelectual* ... 118
Venus: *saber vivir, saber amar* ... 120
Marte: *pasamos a la acción* ... 122
Los planetas sociales: Júpiter y Saturno ... 124
Júpiter: *fuente de oportunidades* ... 125
Saturno: *señor del tiempo y los ajustes* ... 127
Planetas transpersonales: Urano, Neptuno y Plutón ... 129
Urano: *maestro del cambio y la improvisación* ... 131
Neptuno: *místico y soñador* ... 132
Plutón: *tocar fondo y resurgir* ... 133
Los Nodos Lunares ... 134

Signos, planetas y cuerpo humano 139

las casas terrestres 143
Ascendente y Casa solar 144
Signos interceptados 147
Regencia de las Casas o «Casas regidas por...»
Ejemplos 147
Clasificación de las Casas 149
Lema de las Casas personales 151
Lema de las Casas sociales 152
Casas angulares (Cardinales) 152
Significado de las Casas 153
Casa I (Ascendente) 153
Casa II 154
Casa III 156
Casa IV 158
Casa V 159
Casa VI 160
Casa VII 161
Casa VIII 162
Casa IX 164
Casa X (Mediocielo) 165
Casa XI 166
Casa XII 167
Las Casas derivadas y los parentescos familiares 169

Los aspectos planetarios 173
Aspectos armónicos y aspectos disonantes 173
Clasificación de los aspectos 173
Aspectos armónicos según la distancia en grados
(de menor a mayor). 174
Aspectos disonantes según la distancia en grados
(de menor a mayor) 174
Aspectos armónicos mayores: trígono y sextil 175
El Trígono 175
Influencia del aspecto del trígono en los planetas: 175
El Sextil 176

Aspectos disonantes mayores: cuadratura y oposición 178
La Cuadratura 178
Influencia del aspecto de la cuadratura en los planetas 178
Cuadraturas especiales 179
Influencia del aspecto T cuadrada sobre el planeta focal 181
La Oposición 183
Influencia del aspecto de oposición en cada planeta 183
Aspectos neutros 184
La Conjunción 184
Influencia del aspecto de conjunción en cada planeta 185
Conjunciones en Stellium 186
Aspectos menores 187
El Semisextil 187
La Semicuadratura 187
La Sesquicuadratura 188
El Quincuncio 188
El doble quincuncio o dedo de Dios 188
Los aspectos disociados 190

TERCERA PARTE.
EL ZODÍACO EN MOVIMIENTO 193

El zodíaco en movimiento 195
La carta natal: tipo de cartas más comunes 196
Cuna 196
Taza 198
Cubo 200
Salpicado 202
Columpio 203
Locomotora 205
Planetas en signos y casas 207
La Luna en los signos 208
La Luna en las Casas 210
Mercurio en los signos 214
Mercurio en las Casas 216
Venus en los signos 219

VENUS en las Casas 221
MARTE en los signos 225
MARTE en las Casas 227
JÚPITER en los signos 230
JÚPITER en las Casas 233
SATURNO en los signos 237
SATURNO en las Casas 239
URANO en los signos 243
URANO en las Casas 248
NEPTUNO en los signos 252
NEPTUNO en las Casas 257
PLUTÓN en los signos 262
PLUTÓN en las Casas 268
Planetas retrógrados 272
Planetas retrógrados en la carta natal 277
Consejos para empezar a interpretar 277

BIBLIOGRAFÍA 285

PRIMERA PARTE

ASTRONOMÍA Y ASTROLOGÍA

Nuestro sistema solar y nuestro planeta Tierra son diminutos comparados con la galaxia que nos acoge. Y esta, la Vía Láctea, a su vez, resulta insignificante entre los incontables billones de galaxias que pueblan el Universo.

El microcosmos (el hombre) y el macrocosmos (el mundo). Detalle del grabado de T. de Bry, 1617, en el frontispicio de la obra de Robert Fludd, Utriusque Cosmi Maioris scilicet et Minoris Metaphysica *(1617).*

En las páginas anteriores, la Vía Láctea vista desde el Atacama Large Millimeter/submillimeter Array (ALMA) (Gran Conjunto Milimétrico de Atacama), el mayor proyecto astronómico del mundo. Un conjunto de 66 radiotelescopios ubicados en el desierto de Atacama, en Chile, a una altura de 5.000 m.

INTRODUCCIÓN. MICROCOSMOS Y MACROCOSMOS

Una de las leyes espirituales de la Creación, la Ley de Correspondencia, dice: «Como arriba es abajo, como abajo es arriba».

Este sencillo juego de palabras esconde la clave esencial de nuestra existencia, ya que formamos parte de una gigantesca espiral donde se repiten los mismos patrones de vida.

«Reflexionando sobre una gota de rocío, descubrí el secreto del mar», dice un verso del poeta libanés Khalil Gibran. Y es cierto que observando lo más pequeño se puede llegar a descubrir lo más grande.

De la estructura del átomo a la del sistema solar, pasando por nuestro propio cuerpo, todo responde a esta ley universal. Así, el núcleo, el corazón y el Sol, se encuentran en la misma línea de analogía, ya que son un centro vital alrededor del cual giran otros elementos que dependen de él y dan sentido al conjunto. Para el núcleo es la nube de electrones, para el corazón es el sistema circulatorio que, con la sangre, revitaliza al resto de los órganos, y para el Sol son los planetas con sus distintas órbitas quienes giran alrededor y reciben sus beneficios.

Al igual que las muñecas rusas —matrioskas— donde, de mayor a menor, cada una guarda en su interior una copia reducida de sí misma, así podemos imaginarnos al cuerpo humano como un microcosmos que habita dentro de un cosmos planetario, mientras que este, igualmente, se encuentra integrado en un macrocosmos superior. Pues la ley universal añade: «Como adentro es afuera, como afuera es adentro».

A veces, el ánimo se sobrecoge al contemplar desde un espacio abierto, la inmensidad del trocito de Universo que puede abarcar la vista. Y por la propia emoción que trasmite, es fácil sentirse integrado en ello como una parte más de ese infinito engranaje evolutivo. Y así es, también, como al admirar la grandeza del espacio exterior se puede sentir la conexión con el propio interior, donde millones de células se organizan para cumplir las distintas funciones que permiten «la vida». Además, esta intuitiva conexión es instantánea y produce tal sentimiento de verdad que no necesita análisis que la justifique. Entonces, desde esta perspectiva, fácilmente se puede comprender que, durante milenios, astronomía y astrología hayan caminado juntas dando así la oportunidad de comprobar, con la experiencia, que lo que ocurre «arriba» resuena «abajo».

La astronomía nos enseña los movimientos y características de nuestro sistema solar, un sistema heliocéntrico, donde el Sol está en el centro y los planetas, a diferentes distancias, giran a su alrededor. Podemos decir que esta sería la realidad física. Mientras que la astrología nos lleva a participar del sistema solar de una forma simbólica y más cercana, ya que contempla un sistema geocéntrico, donde la Tierra (y el Hombre) se sitúan en el centro, y todos los demás planetas, incluido el Sol, giran en torno a ella. Podemos decir que esta sería la realidad filosófica. Y ambas se complementan. Pues, en el Universo, todo está relacionado y de una verdad cercana que podemos sentir y tocar; se pueden llegar a descubrir otras verdades que, aunque no se vean, también existen; y, además, se corresponden, porque pertenecen a una misma cadena de analogías.

La observación es el camino que lleva al conocimiento, y nuestros antepasados, desde el principio de los tiempos, lo tuvieron presente. Pues antes, cuando los hombres vivían en contacto directo con la Naturaleza, no solo obtenían de ella el alimento, el abrigo y el material que necesitaban para fabricar sus enseres y útiles de caza, también la respetaban y aprendían al observar sus ciclos, su entorno cercano, el clima, el comportamiento de los animales, los sonidos y el ritmo de las mareas. Asimismo, aprendían de su propia intuición cuando observaban, en el silencio de la noche, el cielo estrellado sobre sus cabezas.

La Naturaleza, implacable y generosa, era un modelo a seguir que infundía respeto. De hecho, inspiró las primeras motivaciones religiosas, los dioses protectores y los grandes mitos que hablan del origen del Universo.

De esta forma, el Sol, en distintas culturas, llegó a ser el principio masculino por excelencia —el gran dios—. Y tanto la Tierra como la Luna eran las grandes diosas que representaban el principio femenino, el hogar y la fertilidad.

Estela del rey Melishipak (1186-1172 a.C.) en el museo del Louvre. El rey presenta a su hija a la diosa Nannaya. Para los acadios, la Luna creciente representa al dios lunar Sin, la estrella a la diosa Ishtar (relacionada con Venus) y el Sol al dios Shamash.

La Vía Láctea vista desde los petroglifos que los nativos americanos labraron en el valle Owens, en California.

ASTRONOMÍA Y ASTROLOGÍA: VIAJE A TRAVÉS DEL TIEMPO

Paleolítico y Neolítico

Pero... volvamos de nuevo atrás, para encontrar los primeros vestigios astronómicos que datan del Paleolítico Superior (30.000 a 10.000 a.C.) y que podían estar relacionados con calendarios de cronología lunar. Se trata de muescas alineadas en grupos de quince o veintinueve (posibles fases y ciclos lunares), que aparecen grabadas en huesos de animales, como el Hueso Lebombo (peroné de babuino) hallado en Suazilandia (Sudáfrica), o bien aparecen pintadas en paredes de cuevas como la de Lascaux, en Dordoña (Francia), considerada uno de los mayores templos del arte rupestre. Por otra parte, se cree que las líneas y círculos de algunas pinturas representaban estrellas destacadas y constelaciones, como la de Orión (el Cazador), que aparece en diferentes lugares.

Posteriormente, después de la etapa glaciar y los profundos cambios climáticos del Mesolítico, empiezan a surgir en las zonas más templadas los primeros asentamientos agrícolas, el pastoreo y la domesticación de animales —Neolítico 6.000 a 3.000 a.C.—. El sistema de vida cambia, se hace más comunitario y productivo. El tiempo comienza a medirse y, además de contar con los ciclos de la Luna, se utilizan también calendarios solares que tienen en cuenta los cambios de estación.

Arriba, el Dolmen de Soto, en Trigueros, Huelva.
En la página siguiente, celebración del solsticio en Stonehenge, Inglaterra.

Por otra parte, se crean los primeros símbolos zodiacales con figuras de animales que van asociadas a determinados meses y constelaciones.

Al comienzo de esta etapa (de imprecisa datación inicial a causa de la desigualdad climática), adquieren importancia los monumentos megalíticos, principalmente *menhires*; solitarios o dispuestos de forma circular (los *crómlechs*), como el de Avebury en Inglaterra, los círculos escoceses del anillo de Brodgar y Stennessen en las islas Orcadas y el de Callanish en las Hébridas. En Portugal encontramos el de los Almendres (Évora) y en Francia se conservan grandes alineaciones de menhires, como el conjunto de Carnac en la región de Bretaña.

Otros monumentos megalíticos frecuentes, de carácter funerario, fueron los *dólmenes* (piedras verticales clavadas en el suelo que sostienen otras horizontales). En España se encuentran algunos de gran tamaño, como el Dolmen de Soto, en Trigueros (Huelva), donde su pasillo de veintiún metros queda iluminado hasta el fondo por la luz solar en el equinoccio de primavera. Destaca igualmente el conjunto de los Dólmenes de Antequera (Málaga).

Todos estos monumentos tenían su cometido, pero quizá sean los *crómlechs* —conjunto circular de menhires y dólmenes— los que guardan mayor relación con la astronomía, al menos así lo avalan investigaciones hechas sobre el terreno, especialmente las realizadas en el famoso *crómlech* de Stonehenge —condado de Wiltshire en Inglaterra—, cuyas piedras están alineadas de forma que marcan con exactitud la salida y la puesta de sol en los solsticios. Esta precisión astronómica, en cualquier caso, no excluye otras funciones que también se les atribuye, como necrópolis de personas ilustres o recintos para celebración de rituales.

Edad de los metales

Durante la Edad de Bronce y la Edad del Cobre (III y II milenios a.C.), gracias a la aparición de la escritura *cuneiforme* (tablillas sumerias), se abrió el camino que permitió conocer mejor hechos históricos y, sobre todo, se pudo recoger el testigo de nuevos conocimientos, en especial de cálculo, geometría y astronomía.

El interés por los astros crecía, y en lugares como Egipto y Mesopotamia (Asiria, Caldea y Babilonia), se alcanzaron notables

El zodíaco del templo egipcio de Hathor, en Dendera (primer siglo a.C.). Ilustración del libro Description de l'Égypte *(1809-1829), obra colaborativa de los investigadores y científicos civiles que formaron parte de la invasión de Egipto que lideró Napoleón en 1798.*

descubrimientos, al igual que ocurría en otras civilizaciones punteras para la época, como fue el caso de China y las culturas precolombinas, Olmeca y Maya.

En Egipto, ya desde el inicio de esta etapa, se calculaban las fechas de las crecidas del Nilo según la posición del Sol respecto a determinadas estrellas, en especial la estrella Sirio, que se hacía visible coincidiendo con la salida del sol (orto helíaco de Sirio) a mediados de primavera. La observación de este evento astronómico anunciaba la proximidad de la inundación, tiempo que se aprovechaba para planificar las siembras con mayor precisión.

Asimismo, la aparición de Sirio marcaba también el comienzo del año. Un año que, según los calendarios que se conocen de la IV dinastía (2630 a 2500 a.C.), constaba de 12 meses de 30 días que, a su vez, se dividían en tres períodos de 10. El año se completaba con cinco días finales dedicados a diferentes divinidades.

El célebre zodíaco de Dendera, encontrado en el Templo de Hathor (ciudad de Dendera) y conservado actualmente en el Museo del Louvre, aunque es posterior en el tiempo, sigue la línea de estos primeros calendarios. Dicho zodíaco muestra, con visión astrológica y de forma bastante reconocible, las 12 constelaciones zodiacales y 36 figuras, próximas al círculo exterior, que bien podrían corresponderse con los decanatos.

Las dinastías egipcias fueron atesorando grandes conocimientos acerca de los astros y su influencia sobre situaciones y personas.

Durante la XII dinastía (1990 a 1780 a.C.), por ejemplo, los planetas tenían su domicilio zodiacal y existía un sistema bastante preciso de coordenadas celestes. Y en tiempos de Ramsés II (1301 a 1234 a.C.) destacó la astrología aplicada a la medicina, gracias a los conocimientos del médico-astrólogo Petosiris.

Asimismo, como curiosidad, cabe destacar las investigaciones publicadas en la década de los noventa por los egiptólogos Robert Bauval y Adrian Gilbert, que revelan la correlación que existe (ajustado el desplazamiento estelar) entre la posición de las tres grandes pirámides de Gizeh y las tres estrellas centrales de la constelación de Orión, conocidas como el «cinturón de Orión».

En China, los primeros calendarios fueron lunares, al igual que el primer zodíaco, que constaba de 28 constelaciones o «Moradas de la Luna».

Los astrónomos chinos centraban su orientación celeste en la constelación del Carro y la Estrella Polar, y fueron muy meticulosos en sus mediciones del tiempo. De hecho, consiguieron calcular con asombrosa exactitud la duración del año, que

El sello acadio denominado «VA 243» (2500 a.C.), del museo arqueológico de Oriente Próximo de Berlín.

estimaron en 365,25 días. También se les atribuye el primer registro de un eclipse solar datado en el 2136 a.C.

En la antigua Mesopotamia, que abarcaba al pueblo Acadio y Sumerio, se extendió la construcción de los llamados *zigurats*, templos en forma de pirámide escalonada de tres, cuatro o siete niveles. La documentación referida a ellos los señala como lugares sagrados que «acercaban» la tierra al cielo. El último nivel, al que se accedía por escaleras exteriores, servía de observatorio astronómico. Entre las anotaciones (tablillas) encontradas, hay datos que detallan la posición de Venus respecto al recorrido de la Luna, y también anotaciones que revelan una predicción astrológica sobre la influencia que podría ejercer Júpiter (el Marduk babilónico) al comienzo de un reinado.

Para los sumerios, el año comenzaba en el equinoccio de primavera, (posición astral del sol a 0° de Aries), tal como se corresponde con el comienzo actual del zodíaco. También definieron la eclíptica y la dividieron en doce partes.

Pero, sin duda, uno de los hallazgos astronómicos más sorprendentes de la antigua Sumeria, es el que se conserva en el museo Easter de Berlín. Se trata de un sello (relieve en piedra) datado en el 2500 a.C. que representa a tres hombres que portan diversos instrumentos; sobre las cabezas de dos de ellos, aparece un sistema solar heliocéntrico, con un sol central bien

Monolito de la Piedra del Sol, también llamado Calendario azteca. Museo Nacional de Antropología e Historia, Ciudad de México.

definido y once planetas o estrellas de diferentes tamaños a su alrededor. Lo curioso, es la peculiar semejanza de este relieve con la estructura de nuestro sistema solar, actualmente con nueve planetas reconocidos.

De la cultura Azteca destaca su calendario circular, adoptado después por los mayas. Este calendario tenía un doble enfoque: la medición del tiempo anual y la medición de grandes ciclos astronómicos, como los grupos de 5.200 años llamados «soles».

Asimismo, los mayas construyeron grandes recintos sagrados, como el de Teotihuacán (México), donde destacan por su envergadura las pirámides escalonadas del Sol, la Luna y Quetzalcóatl. Sorprenden, igualmente, las similitudes de estas pirámides con las egipcias de Gizeh, ya que las dos mayores de ambos lugares —Keops y la del Sol— tienen prácticamente el mismo perímetro de base. Y curiosamente también, las de Teotihuacán, mantienen una correlación posicional respecto a las estrellas centrales de la constelación de Orión.

Una buena parte de los estudios realizados en la antigüedad son la base de la astrología moderna, en especial los que proceden de Egipto y Mesopotamia, cuya influencia llegó a integrarse en la cultura griega durante la expansión del imperio Persa y las guerras Médicas (490 a.C.).

Por otra parte, durante la etapa más expansiva de Alejandro Magno (en la que solía hacerse acompañar por sus astrólogos), se transcribieron al griego numerosos textos astrológicos de la escritura sumeria. Escritos que, posteriormente, fueron traducidos al árabe.

Grecia y Roma

Años más tarde, cuando Roma y su floreciente imperio conquistó Grecia tras la batalla de Corinto (146 a.C.) se produjo una colonización cultural inversa, ya que fue Roma —la vencedora— quien sucumbió a la cultura griega y sus grandes pensadores. Sirva como detalle el hecho de que las familias nobles romanas confiaban la educación de sus hijos a preceptores griegos.

Los romanos se interesaron también por el panteón de los dioses y héroes griegos, igual que por los mitos que narraban el origen del Universo, de forma que ambas culturas se fusionaron en este aspecto. Así, el gran Zeus, dios supremo del Olimpo, se equiparaba con el Júpiter romano, Afrodita con Venus, Hermes con Mercurio, Ares con Marte y el anciano Cronos —dios del Tiempo— con Saturno.

Astrónomos y astrólogos posteriores adoptaron la terminología latina que asociaba el carácter de los dioses con la naturaleza de los planetas ya conocidos. Y desde entonces, en la astrología occidental, dioses y planetas comparten el arquetipo del mito grecorromano que les da nombre.

Poco a poco, la astrología, amparada por emperadores como Tiberio y Claudio, fue adquiriendo en Roma fuerza y presencia. El emperador Adriano (76 a 138 d.C.), por ejemplo, sabía astrología y hacia sus propias predicciones. El médico Claudio Galeno (130 a 201 d.C.) aumentó su prestigio aplicando la astrología a la medicina. Y con el emperador Alejandro Severo (208 a 235 d.C.), la astrología llegó a ser reconocida como ciencia oficial y se crearon escuelas para su estudio.

En Grecia, durante un tiempo, los oráculos siguieron siendo el método de predicción favorito a nivel más popular, por lo que muchos astrólogos griegos se establecieron en Roma.

Alejandro y Alejandría

La ciudad de Alejandría, estratégicamente situada al norte de Egipto, fue fundada en el 331 a.C. por Alejandro Magno. Y pronto se convirtió en uno de los centros culturales más importantes de Oriente Medio.

Antes, ya existían otros centros que aglutinaban el saber de la época, como la biblioteca de Asurbanipal y los archivos de Babilonia, pero la escuela alejandrina, que incluía su famosa biblioteca y un museo, los superó.

A lo largo de seiscientos años y en diferentes etapas o escuelas, pasaron por Alejandría numerosos sabios de distintos lugares, entre ellos, el pitagórico Euclides y los astrónomos Aristarco de Samos y Eratóstenes, que calcularon los meridianos geográficos y la inclinación de la eclíptica. También el matemático Arquímedes, el astrónomo y astrólogo Ptolomeo, el matemático Pappus de Alejandría, y ya de la última etapa destacan el astrónomo Teón y su hija Hipatia, que murió a manos de exaltados religiosos. Hipatia fue una eminente filósofa (neoplatónica) que también destacó en álgebra, geometría y astronomía, aunque de sus trabajos apenas se conserven a día de hoy unas tablas astronómicas.

Pero si hablamos de astrología, debemos dedicar una mención especial a Claudio Ptolomeo (año 85 d.C.) por la gran obra que dejó escrita sobre astronomía en su libro *Almagesto* y sobre astrología en su *Tetrabiblos*, un magnífico compendio de cuatro

Ptolomeo representado en una xilografía que ilustra el libro Claudio Ptolomeo, príncipe de los astrólogos y geógrafos *(1564. Venecia, Giordano Ziletti).*

libros que recopila y sintetiza la mayoría de los conocimientos griegos, egipcios y babilónicos anteriores, además de aportar los suyos propios.

En el *Almagesto* (nombre que proviene de la traducción al árabe), aparece el cálculo de distintas posiciones y movimientos de astros, así como un catálogo de hasta 48 constelaciones y 1.028 estrellas.

Y en el *Tetrabiblos* se definía la filosofía de la astrología desde un sistema geocéntrico, donde los planetas giran alrededor de la Tierra y ejercen su influencia sobre ella.

Ptolomeo explicó numerosos conceptos sobre astrología mundana (influencia de los eclipses, ciclos y aspectos planetarios), además de la confección de horóscopos individuales.

Astrólogos árabes escudriñando los cielos. Xilografía de Ambrosius Theodosius Macrobius en el libro In Somnium Scipionis, *(Venecia, 1513).*

Sus enseñanzas astrológicas, aún vigentes en muchos aspectos, fueron traducidas a varios idiomas y se incluyeron como materia de estudio en las universidades renacentistas.

A partir del 400 d.C. con la decadencia del imperio romano y el auge del cristianismo, disminuyó la popularidad de la astrología en Occidente, al igual que el predominio griego y babilónico en el estudio de los astros.

La astrología árabe

El final de la escuela de Alejandría y de su biblioteca diezmada por los incendios, al igual que las primeras revueltas de la doctrina mahometana y las sucesivas invasiones bárbaras, fueron circunstancias que marcaron un período disperso que, de forma generalizada, derivó en una «calma intelectual» más o menos forzosa. Aunque por fortuna, existieron sabios y espíritus inquietos que consiguieron recuperar textos valiosos de astronomía y astrología procedentes de Mesopotamia, Egipto y Grecia. Textos que fueron traducidos al árabe en una etapa en

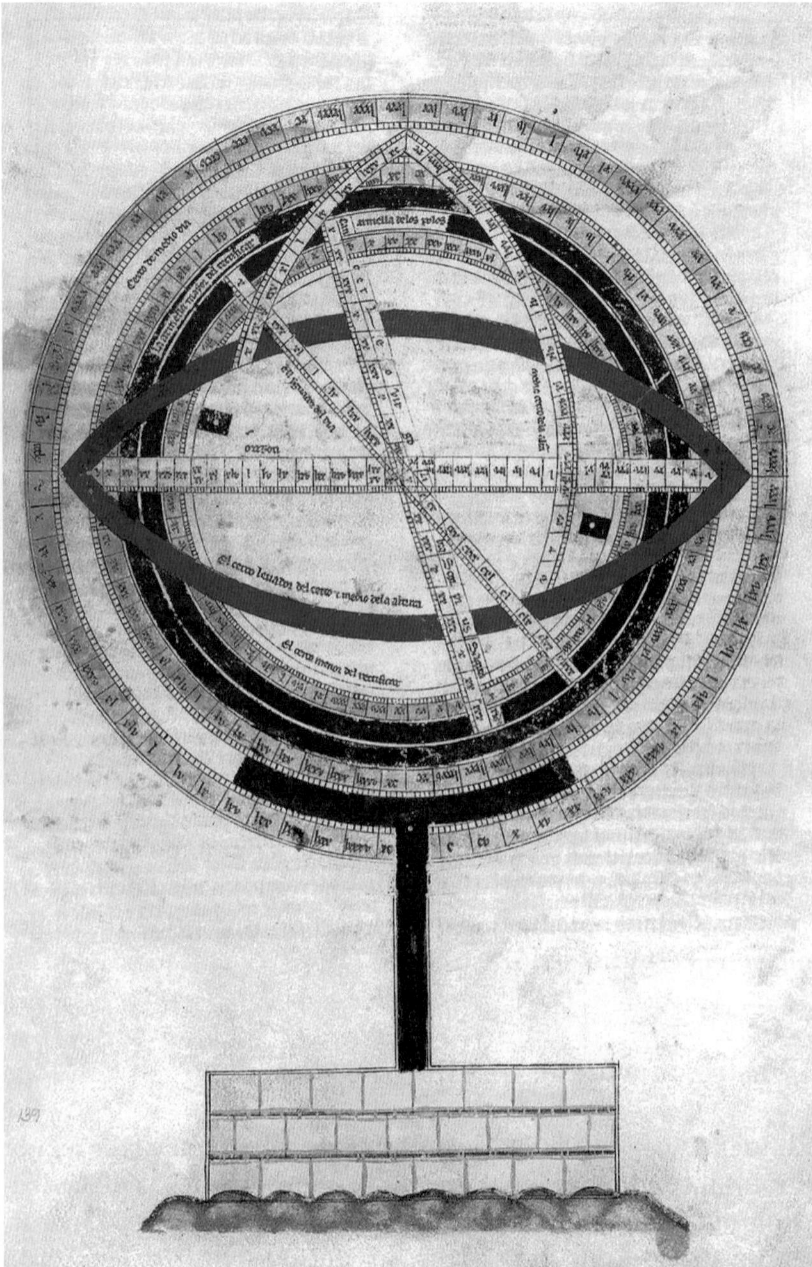

Ilustración del códice Libro del saber de astrología, *tratado sobre la ciencia de los cuerpos celestes y los instrumentos para su estudio, obra realizada por encargo del rey Alfonso X el Sabio.*

que los califas apoyaron esta corriente de recuperación y crearon numerosas escuelas de traductores.

Por otra parte, también fueron los árabes quienes introdujeron en Europa la numeración arábiga, es decir, los números tal y como los conocemos hoy. Este sistema de numeración posicional, también se conoce como indoarábigo, ya que su origen estaba en la India, antes de que los árabes lo adaptasen a su cultura.

En la península Ibérica, durante el período Andalusí —Califato de Córdoba—, uno de los califas que puso más interés en rescatar conocimientos fue Almanzor (939-1002). En su mandato se recopilaron para traducción y estudio numerosos textos en diferentes idiomas, entre ellos, el sanscrito y el hebreo.

Durante el amplio período que abarca del siglo IX al XI, los árabes se dedicaron a la investigación y la ciencia con verdadera pasión, al tiempo que cultivaban la filosofía, metafísica, música y poesía. Un buen ejemplo de ello lo encontramos en Omar-Khayyan (1050-1131), que fue maestro en matemáticas, astronomía, geometría, álgebra y filosofía, además de un reconocido poeta. Su obra, traducida al inglés, se publicó en 1859.

Los sabios y eruditos árabes fueron muy numerosos, y con su visión conjunta de astronomía y astrología, establecieron una profunda relación entre los cuerpos celestes y el cuerpo humano. De su astrología médica, que alcanzó un alto nivel, citaremos algunas figuras relevantes como Al-Sufi (903-986), médico, astrónomo y filósofo que llegó a descubrir la constelación de Andrómeda; el sabio Avicena (980-1037), que dejó importantes descubrimientos médicos; el califa Al-Mamún (786-833), fundador de la escuela de astrología (Casa de la Sabiduría de Bagdad) y su observatorio astronómico; Azarquiel (Córdoba, 1029), que creó las Tablas Toledanas, base de las posteriores Tablas Alfonsinas de Alfonso X El Sabio; y también los médicos Avempace (Zaragoza, 1070) y Averroes (Córdoba 1226), que se distinguieron igualmente en astronomía y filosofía.

Entre los avances astrológicos que dejaron los árabes están los ciclos de las grandes conjunciones de Júpiter y Saturno, que marcan acontecimientos mundiales. Respecto al horóscopo individual destacan los llamados «Partes arábigos», que señalan puntos sensibles de la carta natal que, conforme a la combinación

El Universo. Iluminación que acompaña a la tercera visión de la primera parte del libro Scivias, *de Hildegarda de Bingen, escrito entre 1141 y 1152.*

de ciertas posiciones planetarias, pueden afectar a la persona mejorando o entorpeciendo alguna situación. Actualmente, los programas informáticos de astrología reflejan varios de estos partes arábigos, siendo los más conocidos el Parte de la Fortuna y el del Infortunio.

El cuarto día de la creación: Dios crea el sol, la luna, las estrellas y los signos del zodíaco en el firmamento, para dividir la luz de la oscuridad. *Grabado de Thomas de Leu.(c.1600).*

Astrología y cristiandad

En sus comienzos, la iglesia católica adaptó a su doctrina símbolos y costumbres arraigados en creencias paganas, la mayoría con relación a las fases de la Luna, los solsticios, y algunas festividades relacionadas con la maternidad o la muerte. De ahí las fiestas movibles cristianas como la Semana Santa, que se celebra coincidiendo con la primera Luna Llena después del equinoccio de primavera (Concilio de Nicea).

Asimismo, la astrología y astronomía fueron motivo de estudio entre algunos doctores de la Iglesia, como San Agustín (354-430), que fue astrólogo en su juventud, y San Isidoro de Sevilla (556-636), en cuya obra *Etimologías,* compuesta por veinte libros, se recoge la evolución pagana y cristiana hasta el siglo VII de todas las ramas del saber.

En la figura de Santa Hildegarda (1098-1179) tenemos otra doctora de la Iglesia que destacó en medicina natural y botánica, además de ser una reconocida profetisa, astróloga y compositora.

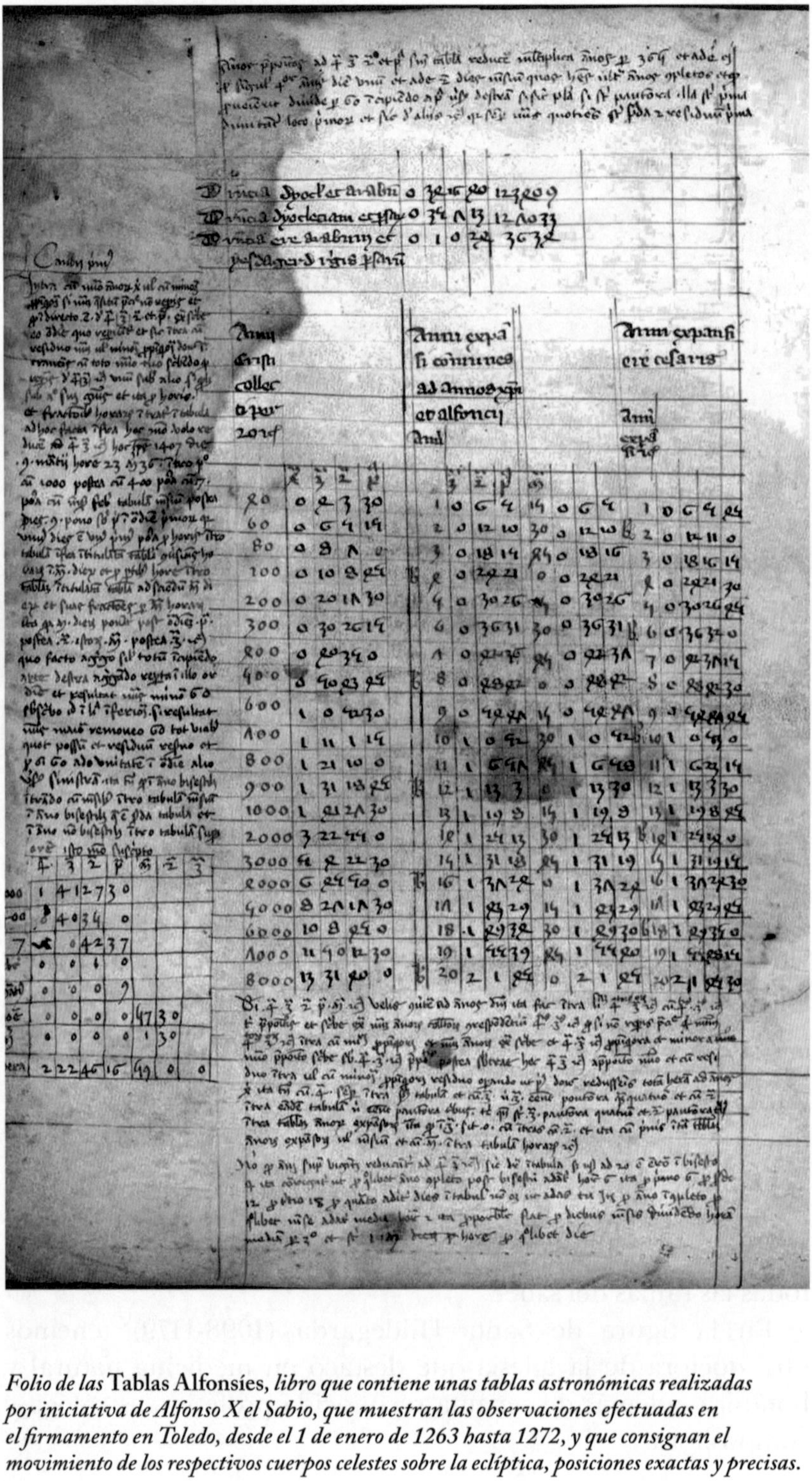

Folio de las Tablas Alfonsíes, *libro que contiene unas tablas astronómicas realizadas por iniciativa de Alfonso X el Sabio, que muestran las observaciones efectuadas en el firmamento en Toledo, desde el 1 de enero de 1263 hasta 1272, y que consignan el movimiento de los respectivos cuerpos celestes sobre la eclíptica, posiciones exactas y precisas.*

San Alberto Magno (1206-1280) también se distinguió como investigador de ciencias ocultas y astrología, al igual que su discípulo Santo Tomas de Aquino (1227-1274), claro defensor de las influencias astrales. Sin olvidar al beato Raimundo Lulio (1235-1315), prolífico escritor y buen conocedor de los astros.

Entre los papas que ayudaron al desarrollo de la astrología están León III, Silvestre II, conocido como el Papa Mago, Urbano V y el Papa Sixto IV, que tenía su propio astrólogo, al igual que muchos monarcas y personas influentes.

Y entre los monarcas del Medioevo, no podemos dejar de señalar la labor de Alfonso X El Sabio (1221-1284), mecenas del saber de su época y fundador de la escuela de traductores de Toledo, donde reunió a los sabios más destacados de las tres culturas fusionadas en su reinado, cristiana, musulmana y judía.

Juan de Sevilla (o Juan Hispalense) fue uno de los traductores de árabe y latín más importantes de la escuela toledana, y recibió, junto a otros eruditos de distintas procedencias y religiones, el encargo de confeccionar el *Libro del saber de la astrología* (diez tomos), cuyo texto se conserva íntegro. Asimismo, en astronomía, se completaron las llamadas *Tablas Alfonsinas*, utilizadas hasta que llegaron los nuevos descubrimientos de Copérnico y Kepler.

El Renacimiento

La Edad Media quedó definitivamente atrás con la llegada del movimiento social y cultural que supuso el Renacimiento.

Ya en el siglo XIV, destacó en Italia un primer precursor del Humanismo renacentista con la figura de Dante Alighieri. Pero fue durante los siglos XV y XVI cuando resurgió con mayor esplendor el arte, las letras y las ciencias de la antigüedad clásica. Todo ello favorecido por la invención de la imprenta (Johannes Gutenberg en 1453), que facilitó el acceso al conocimiento y su divulgación.

Uno de los primeros astrónomos-astrólogos en aprovechar esta posibilidad de difusión fue Regiomontano (1436-1476), que tradujo personalmente el *Almagesto* de *Ptolomeo* del original griego, y lo publicó. Asimismo, realizó numerosas

Tycho Brahe en su observatorio de Uraniborg, en la isla de Ven, Suecia. Ilustración de su tratado Astronomiae instauratae mecánica *(1598).*

predicciones y fue llamado por el Papa Sixto IV para reformar el calendario.

Durante este magnífico período, tanto en astronomía y astrología como en otras materias, encontramos nombres que no necesitan mayor presentación. Entre ellos están:

El monje polaco Nicolás Copérnico (1473-1543), matemático, jurista, filósofo y astrónomo, que estableció el modelo heliocéntrico del sistema solar.

El suizo Paracelso (1493-1541), incansable investigador, tanto en su profesión —la medicina— como en astrología y alquimia.

El francés Michel de Nostradamus (1503-1556), que cursó estudios de humanidades, medicina y astrología, además de tener conocimientos (considerados clandestinos en su época) sobre botica, alquimia y cábala. Una de las experiencias médicas más determinantes de Nostradamus fue la epidemia de peste bubónica que le tocó vivir, y que supuso para él un drama personal. Aun así, se esforzó por introducir innovaciones en los tratamientos al uso, y esto hizo que se ganara la reputación de médico valiente y comprometido, a la vez que crecía su aureola de mago y adivino. Todo ello le llevó, finalmente, a ser el médico y asesor personal de la reina Catalina de Médicis. Nostradamus realizó también numerosos horóscopos privados, pero su fama se debe principalmente a las proféticas cuartetas que componen sus libros de Centurias. En estos versos que auguran acontecimientos futuros, a menudo se mencionan posiciones astrológicas, que bien pueden referirse a influencias desencadenantes de sucesos, o bien ser datos que ayudan a concretar fechas.

Miguel Servet (1511-1553). Este médico aragonés, profesor de matemáticas y astrología en la universidad de París, fue también un defensor a ultranza de la libertad de conciencia. Con escritos muy comprometidos para la época, consiguió ser odiado por cristianos y protestantes. Tanto es así, que fue condenado dos veces a la hoguera. De la primera, perseguido por la Inquisición francesa, logró escapar y solo se quemó su imagen junto a algunos de sus libros. Pero la segunda vez, perseguido por la Reforma Protestante de Juan Calvino, no consiguió clemencia y murió quemado junto con la mayor parte de los escritos hasta ese momento difundidos. A Servet, buen conocedor de la anatomía humana, se le atribuye el descubrimiento de la circulación de la sangre.

El astrónomo, astrólogo y erudito danés Tycho Brahe (1546-1601) pudo permitirse, gracias a su desahogada posición económica, una vida dedicada a la astronomía y la astrología. De hecho, convirtió su palacio de Uraniborg en el primer instituto de investigación astronómica. Allí, él mismo consiguió medir con gran precisión las posiciones del planeta Marte y sus movimientos retrógrados. Ajustó igualmente las tablas astronómicas

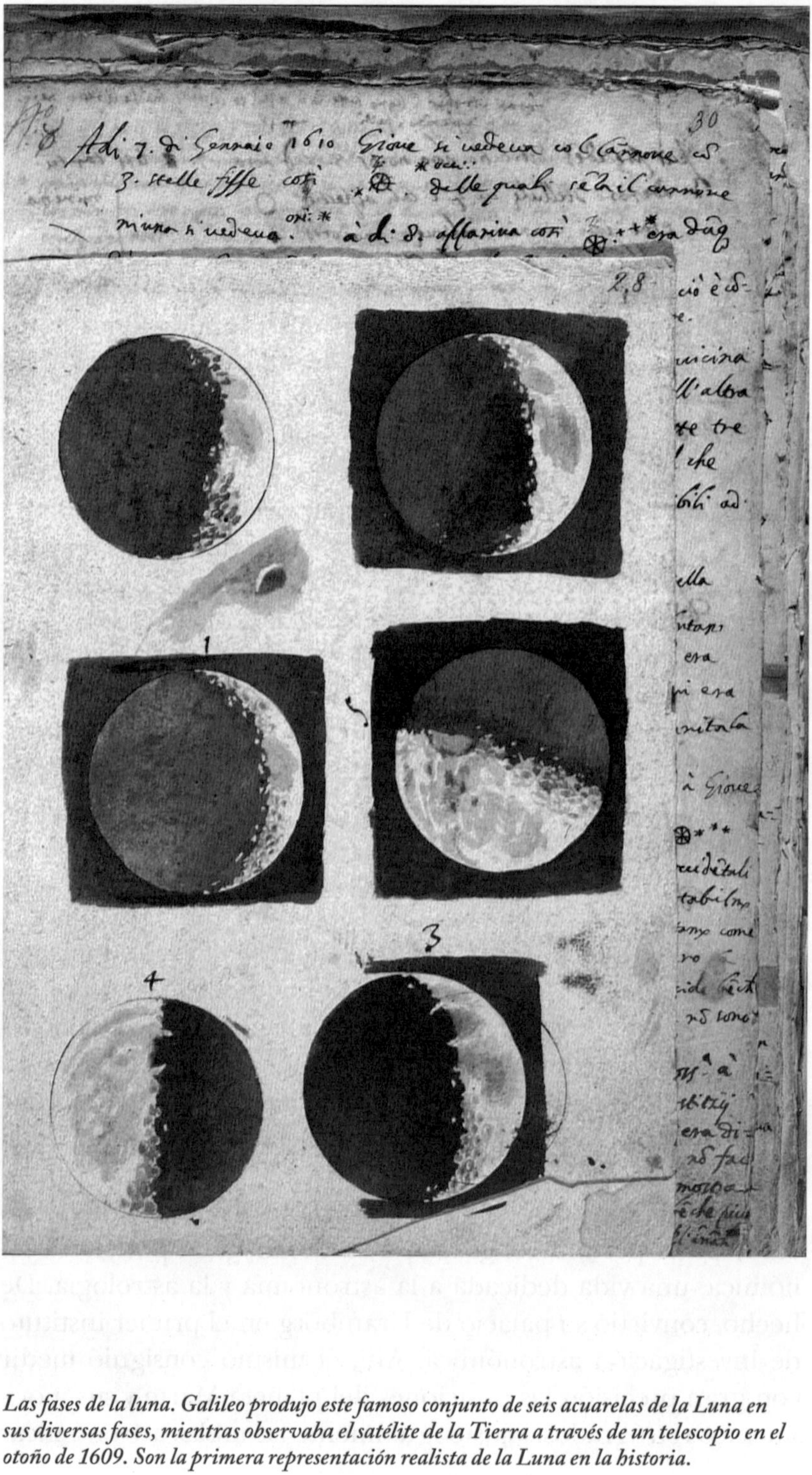

Las fases de la luna. Galileo produjo este famoso conjunto de seis acuarelas de la Luna en sus diversas fases, mientras observaba el satélite de la Tierra a través de un telescopio en el otoño de 1609. Son la primera representación realista de la Luna en la historia.

El libro de Johannes Kepler De stella nova in pede Serpentarii *(Sobre la estrella nueva situada a los pies de Serpentario) de 1606, donde relata la observación de una «nueva estrella» aparecida en otoño de 1604 en la ahora llamada constelación de Ofiuco.*

hasta entonces publicadas y realizó numerosas predicciones astrológicas, además de las cartas natales de Federico II de Dinamarca y Rodolfo II de Hungría. Los últimos años de su vida los pasó en Praga, trabajando junto a Johannes Kepler, a quien dejó como legado gran parte de sus trabajos.

Galileo Galilei (1564-1642) fue un auténtico pro-hombre renacentista, interesado por casi todas las ciencias y artes de su época, aunque destacó especialmente en astronomía y física. Se le atribuyen varios inventos, así como la construcción de su propio telescopio, dotado de un sistema refractario de lentes convergentes. Gracias a su pericia pudo observar el irregular terreno lunar, las manchas solares y las fases de Venus, además de descubrir los cuatro principales satélites de Júpiter.

Al igual que Servet, tuvo que enfrentarse a la Inquisición por sus ideas, pero Galileo optó por renegar de sus conocimientos a fin de conservar la vida. Aun así, fue confinado en su casa, donde permaneció hasta su muerte.

Johannes Kepler (1571-1630). Con Kepler, alemán de nacimiento, llegamos a uno de los últimos astrónomos de la Edad Moderna que creía firmemente en la astrología y la practicaba. Fue profesor en la Universidad de Graz (Austria), donde enseñó matemáticas y astronomía. Se distinguió por sus investigaciones y escritos, donde cabe señalar sus tres conocidas leyes sobre las órbitas planetarias que, posteriormente, sirvieron de base para la ley de gravitación universal de Newton. Kepler estudió el movimiento de los cometas (en particular el del cometa Halley en 1607). Descubrió una supernova en la Vía Láctea que ahora lleva su nombre y dejó escrita una extensa obra que, años más tarde, fue publicada íntegramente.

Asimismo, entre el siglo XVI y el XVII, destaca con luz propia la figura de Jean Baptiste Morin de Villefranche (1583-1656), astrólogo, médico y filósofo, que dejó un innovador libro titulado *Astrología Gallica,* además de los estudios natales de varios soberanos europeos, entre ellos la del recién nacido Luis XIV. La obra de Villefranche fue publicada en 1661 por la reina de Polonia, María de Gonzaga.

Durante la etapa renacentista, hubo otros muchos astrólogos-astrónomos, quizá no tan conocidos por sus nombres, pero si con trabajos dignos de mención. Entre ellos citamos a: Francisco Junctino (1522-1590) que elaboró textos para estudiantes de astrología; al valenciano Jerónimo Cortés (1555-1615), creador del Lunario perpetuo, con datos prácticos sobre astronomía, meteorología, astrología y medicina, que disfrutó de una excelente acogida durante muchas décadas; y Tomaso Campanella (1568/1639), fraile dominico y autor de varios libros de astrología.

La astronomía y la astrología se separan, siglos XVII y XVIII

El siglo XVII, conocido también como «el siglo de la física», hizo honor a este apelativo con figuras como Galileo y Kepler (durante su primera mitad). Y después con Isaac Newton (1643-1727), físico, matemático, óptico y astrónomo, que estableció las *Leyes fundamentales del movimiento* (inercia, fuerza y aceleración, principio de acción y reacción), y la *Ley de gravitación universal.* Con Newton la física dio un gran avance y el auge de la ciencia creció, mientras la astrología iba en detrimento. De todas formas, conviene recordar que el interés de Newton por la astrología era algo más que simple curiosidad, ya que realizó estudios sobre ella y salió en su defensa en más de una ocasión.

En la segunda mitad del XVII, ya estaba establecida la tendencia mecanicista inducida por Descartes (1596-1650) y su *Discurso del Método.* La ciencia seguía pisando fuerte y solo inspiraban confianza los datos y hechos demostrables. En consecuencia, la astrología dejó de estar bien vista y su práctica se realizaba a escondidas.

Aun así, todavía hubo astrólogos como el inglés William Lilly (1602-1681), que gozó de reconocido prestigio en la sociedad británica. Aunque también sufrió los ataques de algunos sectores que le acusaron, entre otras cosas, de ser el promotor del incendio de Londres de 1666. El motivo fue un dibujo simbólico que Lilly había hecho años atrás sobre la posibilidad de este trágico suceso. Pese a todo, dejó escritos varios libros de predicciones y horóscopos.

Curiosamente en este mismo año 1666, se fundó la Academia de Ciencias de Francia, donde se prohibió, especialmente a los astrónomos, la práctica de la astrología.

Durante el siguiente siglo, el XVIII, conocido como el Siglo de las Luces, prosperó en Europa el movimiento cultural e intelectual de la Ilustración, cuyo lema era combatir la ignorancia y la superstición con las «luces» del conocimiento y la razón.

Los monarcas europeos, que ya venían del Absolutismo anterior, acogieron de buen grado esta filosofía que les empujaba a emprender importantes reformas sociales, culturales y económicas. Llegó entonces el Despotismo Ilustrado, una etapa donde las monarquías alcanzaron el poder absoluto.

El afán de innovación y progreso sin duda mejoró algunas cosas, pero también perjudicó otras. Por ejemplo, con relación a la cultura, Federico II de Prusia y María Teresa de Austria mandaron retirar de las bibliotecas todos los libros relacionados con metafísica, astrología, artes adivinatorias, alquimia y cábala, al considerar que contenían conocimientos falsos y supersticiosos.

Esta, entre otras medidas, dio lugar a que sociedades filosóficas como los Rosacruces y los Francmasones, recogiesen el legado de todo este saber y lo preservaran. Años más tarde, Goethe (1749-1832), interesado por la metafísica y la astrología, estudió algunas de estas obras y las rehabilitó. De hecho, cuando comenzó a escribir sus memorias, lo hizo explicando la

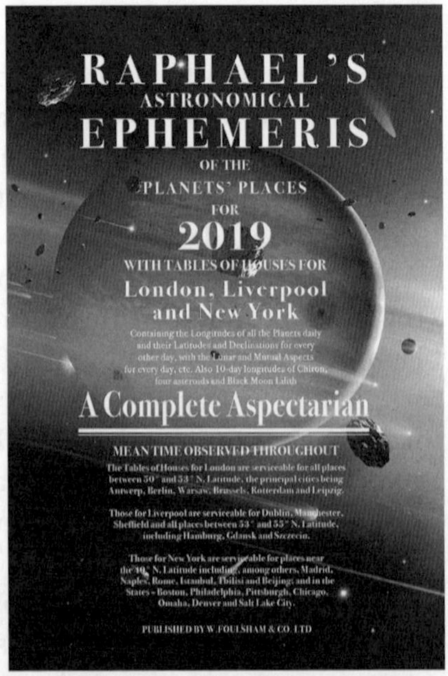

A la izquierda, portada del libro The Astrologer of the Nineteenth Century, *de Robert C. Smith (Raphael), publicado en 1824. A la derecha, portada del cuadernillo de* Raphael's Ephemeris, *correspondiente a 2019.*

influencia que tuvieron sobre él las posiciones planetarias de su carta natal.

Y de vuelta al pragmatismo del siglo XVIII, vemos que Inglaterra fue el único país europeo donde la práctica de la astrología continúo con buena acogida. La publicación de calendarios y pronósticos se popularizó y hubo varios astrólogos de renombre. Citaremos aquí, en representación del grupo, a Francis Moore (1657-1715), que mantuvo durante varios lustros la publicación de su almanaque *Vox Stellarum.*

También en España, a pesar del ambiente un tanto hostil, encontramos incondicionales como Diego de Torres y Villaroel (1694-1770), hombre curioso y prolífico escritor, que combinó su labor como profesor de matemáticas y astronomía en la universidad de Salamanca, con la publicación de *Almanaques* anuales que contenían pronósticos de astrología, efemérides, consejos médicos y crónicas sociales. Durante 49 años los *Almanaques* se sucedieron con éxito de público y de predicciones, algunas de ellas en verso y bastante exactas, como el anuncio con tres décadas de antelación de la Revolución Francesa y su fecha de comienzo.

Pero antes de llegar a esta revolucionaria fecha de 1789, considerada como la frontera entre la Edad Moderna y la Edad Contemporánea, debemos mencionar que entre los logros científicos del XVIII, hubo uno especialmente significativo para el tema que nos ocupa. Se trata del descubrimiento oficial en 1781 del planeta Urano. Este acontecimiento, propiciado por Sir William Herschel, supuso un revolucionario avance para los astrónomos de la época, y también para los astrólogos, quienes tuvieron ocasión de comprobar cómo la particular influencia del nuevo planeta ya se hacía notar en una sociedad inmersa en la primera gran «revolución industrial» y en luchas por conseguir derechos y libertades.

Edad Contemporánea, siglos XIX y XX

La astrología siguió marginada durante casi todo el siglo XIX, y quienes la ejercían, incluso en Inglaterra, solían estar aislados entre sí, además de utilizar seudónimos para sus publicaciones.

Algunos de estos seudónimos fueron tan representativos como el de Raphael (Robert C. Smith), cuyo trabajo dio origen en 1827 a la revista de predicciones *The Prophetic Messenger*, y más tarde a las conocidas tablas de efemérides anuales que llevan su nombre (*Raphael's Ephemeris*) y que a día de hoy se siguen editando y son conocidas en todo el mundo.

Igualmente, interesante resulta la obra de Zadkiel (Richard J. Morrisson), teniente de navío de la Royal Navy, que intentó legalizar la profesión de astrólogo, y fundó la nueva revista predictiva *The Herald of Astrology*, además del *Zadkiel's Almanac* (1836), ambas publicadas con éxito.

Durante la etapa victoriana (1838-1901) la astrología tuvo en Inglaterra mucho tirón popular, y se dedicaron a ella personas de cierto *status* como el médico Joseph W. Simmonite, quien, como astrólogo, también contó con una selecta clientela.

Pero si ampliamos el horizonte, vemos que, en realidad, fue en la última década del siglo XIX cuando comenzó a resurgir y a difundirse con más fuerza el valor de la astrología. En parte,

Max Heindel, fundador de la Fraternidad Rosacruz, y Alice Bailey, fundadora de la Escuela Arcana.

gracias a los círculos esotéricos y ocultistas que supieron combinar las antiguas tradiciones con el avance de la astronomía y otras ciencias.

Así, la astrología vinculada al ocultismo esotérico más literal encuentra su razón de ser en las figuras de dos franceses, el clérigo y cabalista Eliphas Léví, seudónimo de Alphonse Louis Constant (1819-1875), y en el ocultista Gerard Encause (1856-1916), conocido como Papús.

Probablemente, el descubrimiento del planeta Neptuno en 1846 —otro hito astronómico— fue decisivo para el cambio de mentalidad que a nivel global se estaba produciendo. Pues durante esta etapa, en la que empieza a utilizarse la anestesia y la hipnosis en medicina, asistimos también al auge de la Sociedad Teosófica liderada por la médium y escritora rusa Helena P. Blavatsky (1831-1891), y más tarde afianzada por su sucesor Alan Leo, seudónimo del británico William Frederick Allan (1860-1917), gran apasionado de la astrología y autor de numerosos libros. Leo fue el creador —como no podía ser menos— de otra revista llamada *Modern Astrology*, donde ya se contemplaban los primeros enfoques psicológicos sobre cartas natales.

Otro astrólogo contemporáneo suyo y miembro también de la Sociedad Teosófica fue Sepharial, seudónimo utilizado por el inglés Walter Grand Old (1864-1929), quien, junto con Alan Leo, impulsaron la astrología por Europa y EE. UU.

Teósofo igualmente, aunque de la escuela del ocultista alemán Rudolf Steiner, debemos citar al danés Max Heindel (1865-1919), fundador de la Fraternidad Rosacruz y gran comunicador, que fusionó la metafísica con la astrología y la filosofía Rosacruz. Entre sus libros reeditados en diferentes idiomas están *El mensaje de las estrellas* y el *Concepto Rosacruz del Cosmos.*

A principios del siglo XX, en Alemania se publica el primer manual de astrología (1905) y, cuatro años después, el primer periódico llamado *Zodiakus.*

En EE. UU. aumenta considerablemente el número de personas que se dedican a la astrología, algunas de ellas con gran éxito, como la astróloga Evangelina Adams (1868-1932), que alcanzó reconocimiento por sus acertadas predicciones y también por conseguir legalizar el uso de la astrología en su País.

En Portugal, el poeta y escritor Fernando Pessoa (1888-1935), vinculado con los Rosacruces, fue un astrólogo convencido e incansable, a quien se le atribuyen más de mil horóscopos realizados.

Por otra parte, el compositor inglés Gustav Holst (1874-1934), seducido igualmente por los astros, crea la suite *Los Planetas* (1914), obra compuesta por siete movimientos inspirados en las distintas influencias planetarias. Así, Marte es el portador de la guerra, Venus de la paz, Mercurio es el mensajero alado, Júpiter representa la alegría, Saturno la vejez, Urano es el mago y Neptuno el místico.

Y en la rama de astrología esotérica y metafísica espiritual destaca asimismo la estadounidense Alice Bailey (1880-1949), fundadora de la Escuela Arcana. De la extensa bibliografía de Bailey, mencionamos el Tomo III del *Tratado de los Siete Rayos,* dedicado a la astrología esotérica.

Mientras tanto, la astronomía sigue avanzando y otro nuevo planeta, Plutón, queda oficialmente descubierto en 1930. Curiosamente, Plutón —el planeta de la profundidad, el que regenera y transforma— aparece en escena cuando ya está establecida la nueva terapia del psicoanálisis, que profundiza en

Demetrio Santos.

los contenidos de la mente y el inconsciente.

Algunos años más tarde, con las primeras computadoras que procesan datos, la estadística dio un salto cuantitativo y resultó ser de gran ayuda para la investigación astrológica. Se suceden las comprobaciones y se establecen porcentajes entre posiciones planetarias y acontecimientos. Los resultados observados por estadistas como León Lassón y Paul Choisnard, o por astrólogos como Jean Hieroz, ya eran interesantes. Pero fueron sorprendentes cuando, diez años después, un detractor de la astrología, el francés Michel Gauquelin (1928-1991), retomó trabajos anteriores y realizó un minucioso estudio comparativo entre más de 25.000 horóscopos. Su primera intención fue demostrar la inutilidad de la astrología, pero ante la evidencia que él mismo pudo comprobar, acabó por aceptar que los astros ejercen su influencia sobre el planeta y las personas. Gauquelin se dedicó a la astrología estadística en profundidad, escribió más de una decena de libros y su trabajo fue reconocido a nivel internacional.

Otros astrólogos destacados del siglo XX fueron el francés Alexander Volguine (1903-1976), especializado en astrología lunar y revoluciones solares; y los norteamericanos Linda Goodman (1925-1995), gran divulgadora de la astrología a nivel popular, y Martin Shulman, especialista en astrología kármica.

Mención aparte merece el español Demetrio Santos (1924-2016), que dedicó gran parte de su vida a la investigación astrológica, desde una perspectiva rigurosamente científica y erudita. Como bien dice quien le conoció, su amigo y también reconocido astrólogo Vicente Cassanya (1954), Demetrio fue un maestro, un sabio de otro tiempo, capaz de tender puentes para seguir avanzando en la astrología de nuestros días.

Ciertamente, los avances informáticos durante la última década del siglo XX, y el tiempo ya transcurrido del XXI, han sido sorprendentes en todos los ámbitos científicos y sociales. Con internet y la rápida evolución de las nuevas tecnologías, todo se facilita. Definitivamente, las fronteras del conocimiento, de la difusión y la comunicación están abiertas. Y la astrología, al igual que otros muchos conocimientos, se sitúa al alcance de todos.

Terminamos este pequeño recorrido por la historia de la astrología citando otros autores contemporáneos especializados en astrología psicológica: Stephen Arroyo (1946), Claude Weiss (1946), Liz Green (1946) y Howard Sasportas (1948).

SEGUNDA PARTE

EL ZODÍACO EN REPOSO

El zodíaco en reposo nos muestra los signos, planetas, casas y elementos, agrupados según sus afinidades y correspondencias. Es como la foto fija del zodíaco, con sus doce pequeños grupos familiares que representan, en conjunto, los cimientos de la astrología.

La Tierra circundada por la franja zodiacal (detalle) del atlas Harmonia macrocosmica *(1661), de Andreas Cellarius.*

EL ZODÍACO EN REPOSO

El Sol tarda un año en recorrer el zodíaco y va pasando por los distintos signos según el orden de meses que establece el calendario al uso. De esta forma, el Sol —al comenzar la primavera— inicia su recorrido en *Aries* (21 de marzo al 20 de abril), luego pasaría a *Tauro* (21 de abril al 20/21 de mayo), después vendría *Géminis* (21/22 de mayo al 21 de junio), luego *Cáncer* (22 de junio al 21/22 de julio) y así sucesivamente hasta llegar a *Piscis* (20 de febrero al 20/21 de marzo), que sería el último signo de este *zodíaco constituido* por calendario, cuyo orden conforma la rueda zodiacal que se usa en astrología.

Pero dentro de esta misma rueda convencional, existe también el *zodíaco constituyente*, que contempla el orden de los signos por Elementos, es decir, primero los signos de *Fuego* (Aries, Leo y Sagitario), luego los de *Agua* (Cáncer, Escorpio y Piscis), después los de *Aire* (Libra, Acuario y Géminis) y por último, los de *Tierra* (Capricornio, Tauro y Virgo). Los Elementos representan el impulso natural que mueve a cada signo. Son su motivación inicial, el ADN que les infunde carisma y carácter, de ahí su importancia. En el *zodíaco constituyente*, el primer signo también sería *Aries* (primero de Fuego) y el último *Virgo* (tercero de Tierra).

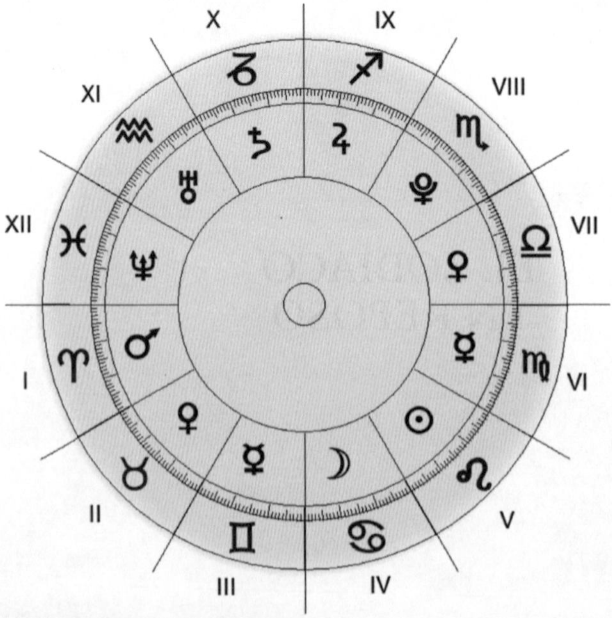

Esquema zodiacal de los doce signos, con el planeta y la Casa solar que les corresponden.

Correspondencias

SIGNO	PLANETA	CASA SOLAR	ELEMENTO	CUALIDAD
♈ **Aries** *(primavera)*	♂ Marte	Casa I	Fuego	Cardinal
♉ **Tauro**	♀ Venus	Casa II	Tierra	Fijo
♊ **Géminis**	☿ Mercurio	Casa III	Aire	Mutable
♋ **Cáncer** *(verano)*	☽ Luna	Casa IV	Agua	Cardinal
♌ **Leo**	☉ Sol	Casa V	Fuego	Fijo
♍ **Virgo**	☿ Mercurio	Casa VI	Tierra	Mutable
♎ **Libra** *(otoño)*	♀ Venus	Casa VII	Aire	Cardinal
♏ **Escorpio**	♇ Plutón	Casa VIII	Agua	Fijo
♐ **Sagitario**	♃ Júpiter	Casa IX	Fuego	Mutable
♑ **Capricornio** *(invierno)*	♄ Saturno	Casa X	Tierra	Cardinal
♒ **Acuario**	♅ Urano	Casa XI	Aire	Fijo
♓ **Piscis**	♆ Neptuno	Casa XII	Agua	Mutable

Los cuatro elementos: nuestra motivación de vida

Cada elemento, como decimos, se identifica con tres signos y, en conjunto, forman lo que en astrología se denomina *Cuadruplicidades* (4 elementos por 3 signos). Tenemos, por tanto, tres signos de *Fuego*, tres de *Agua*, tres de *Aire* y tres de *Tierra*, que van alternando su posición en la rueda zodiacal, de manera que la separación entre signos de un mismo elemento es de 120 grados. De esta forma, si los uniéramos trazando líneas por el interior del círculo zodiacal, se formarían cuatro grandes triángulos equiláteros (uno por cada elemento). La figura del triángulo equilátero marca el aspecto astrológico más armónico entre planetas, el gran trígono.

Cuadruplicidades

Los signos de Fuego son:	Aries, Leo y Sagitario
Los signos de Agua son:	Cáncer, Escorpio y Piscis
Los signos de Aire son:	Libra, Acuario y Géminis
Los signos de Tierra son:	Capricornio, Tauro y Virgo

Todo en el Universo mantiene un orden establecido. De hecho, la palabra griega *Cosmos* —sinónimo de Universo— significa *sistema ordenado.*

Y los elementos participan de ese orden desde un principio.

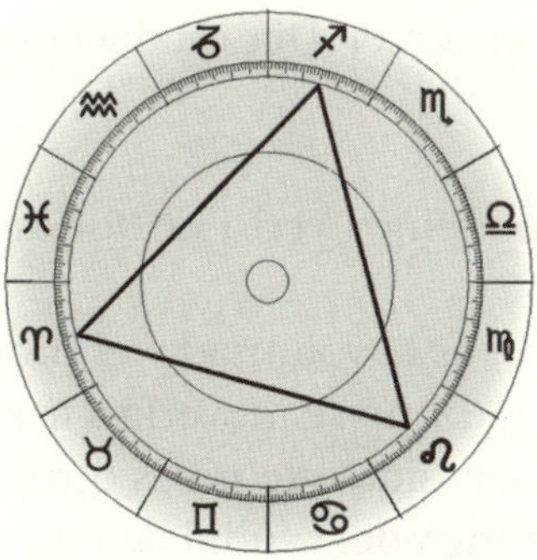

Trilogía de Fuego

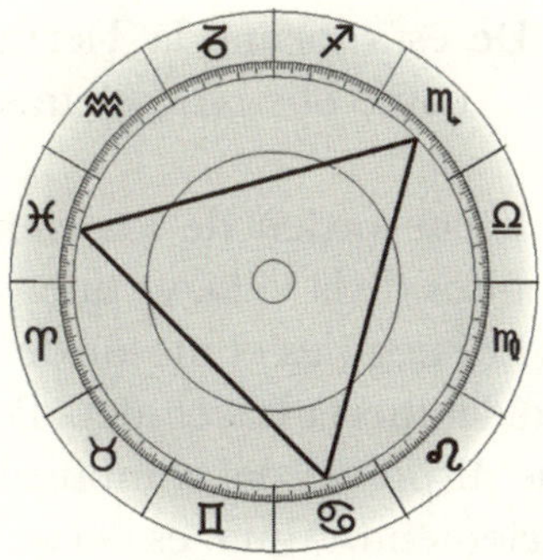

Trilogía de Agua

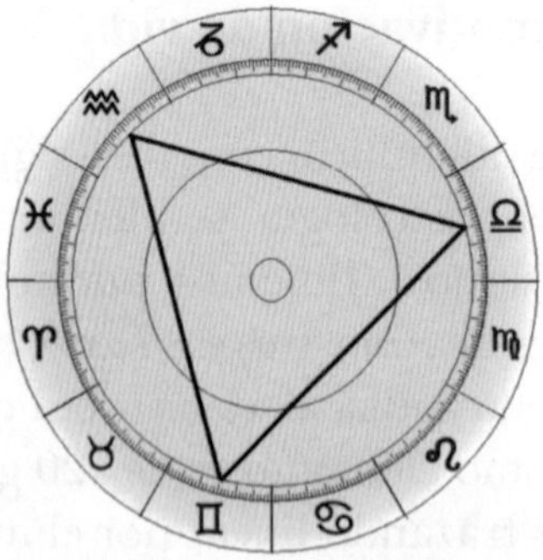

Trilogía de Aire

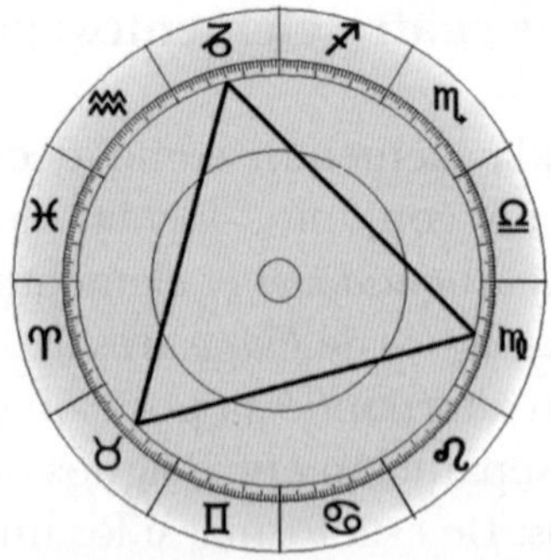

Trilogía de Tierra

Si tenemos en cuenta el relato bíblico del *Génesis* vemos que:

El primer Día, Dios separó la luz de las tinieblas: «Hágase la luz, y la luz se hizo».

Por tanto, el Fuego en analogía con la luz, fue el primer elemento.

Tras la luz, en el segundo Día, viendo que el agua lo cubría todo, Dios dijo «Haya una bóveda en medio de las aguas, que separe las aguas de las aguas», y así se creó el firmamento.

En el segundo Día, el Agua y el Aire quedaron como elementos independientes.

Y el tercer Día, quiso Dios que las aguas que quedaron bajo el firmamento se juntaran en un solo lugar, para descubrir la parte seca. Y así, a lo seco, le llamó tierra y a las aguas, mares. Después dijo: «Produzca la tierra hierbas que den semilla y árboles que den fruto».

De esta forma, la Tierra quedó el tercer Día establecida como el cuarto elemento.

Y este orden de los elementos podemos verlo en todos los ámbitos de la vida, ya que:

El Fuego es el motor de arranque, es la voluntad y el propósito de querer hacer algo. Pero ese motor no se movería a menos que disponga del combustible que necesita, que no es otro que el elemento Agua, es decir, que disponga del caudal de emociones, amor e ilusión capaz de ponerlo en marcha.

Pero como hemos visto en el relato bíblico, el Agua necesita un cauce que la contenga porque si no se escapa y tiende a cubrirlo todo. Y ese cauce llega con la planificación mental que aporta el elemento Aire, y que establece un itinerario a seguir.

Por último, la finalidad de cada itinerario es llegar a una meta, a un destino, y esa meta viene representada por el elemento Tierra, que es el fruto, el resultado visible de todo proyecto que, en su momento, empezó desde el Fuego.

Correspondencias simbólicas del Fuego:
Fuego *= luz = calor = sol = día = actividad = exterior = consciente = masculino = voluntad = motor = arranque = semilla.*
El Fuego es promover y poner en marcha.

Correspondencias simbólicas del Agua:
Agua *= oscuridad = frío = luna = noche = pasividad = interior = inconsciente = femenino = intuición = emoción = sentimientos = fe = quietud = gestación.*
El agua es sentir, amar.

Correspondencias simbólicas del Aire:
El ***Aire*** *es espacioso e invisible como las ideas y pensamientos = comunicación = palabras = movimiento = diferencias = polémica = planteamiento = acuerdo.*
El aire es pensar y trasmitir.

Correspondencias simbólicas de la Tierra:
La ***Tierra*** *es estabilidad = solidez = resultados = frutos = continuidad de semillas = evidencias = logros = metas = bienes materiales = dinero.*
La Tierra es afianzar y construir.

Triplicidades

Nos fijamos de nuevo en las cuatro trilogías de elementos que forman las Cuadruplicidades (cuatro elementos), para descubrir otro término astrológico, el de las Triplicidades, que son las cualidades que diferencian entre sí a los tres signos que componen cada elemento.

Estas cualidades se pueden asociar, simbólicamente, a las fases de desarrollo de una planta: la primera fase serían las semillas con todo su potencial que representan a los signos de inicio y comienzos (los primeros de cada elemento, llamados signos cardinales). Después llega la fase de gestación y desarrollo interno, en sintonía con los signos que interiorizan y crean conciencia (los segundos de cada elemento, llamados signos fijos). Y, por último, la fase del crecimiento exterior (tallo, hojas, flores, frutos) que se corresponde con los signos que exteriorizan y muestran abiertamente la naturaleza de su elemento (los terceros de cada elemento, llamados signos dobles o mutables).

Así, los primeros signos de cada elemento son los signos Cardinales, iniciadores e impulsivos, que juegan un papel importante en el comienzo de las cosas y establecen bases, cimientos y raíces. De hecho, son los signos que marcan el inicio de cada de estación del año (tomamos como referencia el hemisferio Norte).

Los signos Cardinales son:
♈ Aries, cardinal de Fuego.
Donde comienza el equinoccio de primavera.
♋ Cáncer, cardinal de Agua.
Da paso al solsticio de verano.
♎ Libra, cardinal de Aire.
Marca el inicio del equinoccio de otoño.
♑ Capricornio, cardinal de Tierra.
Comienzo del solsticio de invierno.

Después de los signos cardinales, vienen los signos Fijos, es decir, los segundos de cada elemento. Estos son signos de interiorización donde se asume y se vive de una forma más íntima, idealizada y pura la naturaleza del elemento en sí.

Los signos Fijos son:
♌ Leo, fijo de Fuego.
♏ Escorpio, fijo de Agua.
♒ Acuario, fijo de Aire.
♉ Tauro, fijo de Tierra.

Y finalmente, están los signos Dobles o Mutables, que se dejan llevar por el impulso del elemento al que pertenecen, y así lo manifiestan de forma natural y espontánea en la convivencia y la sociedad.

LOS SIGNOS DOBLES O MUTABLES SON:

♐ Sagitario, mutable de Fuego.

♓ Piscis, mutable de Agua.

♊ Géminis, mutable de Aire.

♍ Virgo, mutable de Tierra.

	CARDINAL	**FIJO**	**DOBLE O MUTABLE**
FUEGO:	♈ Aries	♌ Leo	♐ Sagitario
AGUA:	♋ Cáncer	♏ Escorpio	♓ Piscis
AIRE:	♎ Libra	♒ Acuario	♊ Géminis
TIERRA:	♑ Capricornio	♉ Tauro	♍ Virgo

Polaridad: los signos de Fuego y Aire son de polaridad masculina (más activos y decisorios), mientras que los signos de Agua y Tierra son de polaridad femenina (más sensibles y emotivos). Ambas polaridades se van alternando signo a signo, desde la masculina Aries hasta la femenina Piscis.

Domicilios zodiacales

Antes de empezar el recorrido por el zodíaco, debemos tener en cuenta que cada planeta tiene su domicilio zodiacal en un determinado signo. Allí se encontrará como en su casa, estará en su territorio y será como el «casero o dueño o regente» de ese signo. Pero, aunque signo y planeta sean afines y compartan características comunes, existe entre ellos una diferencia importante, *ya que el planeta es la parte activa*, la que se mueve por el zodíaco y lo recorre, mientras que *el signo es la parte inmóvil que se mantiene fija*. Por eso, cada planeta, con independencia de la posición que ocupe en una carta natal (zodíaco en movimiento), mantiene la regencia (la propiedad) del signo que se corresponde con su domicilio zodiacal, y, por tanto, será también el regente de la Casa Terrestre que, en calidad de inquilina, se encuentre por nacimiento ubicada en dicho signo.

En los signos de Fuego:
♈ Aries es el domicilio zodiacal de Marte.
Luego, Marte rige Aries.
♌ Leo es el domicilio zodiacal del Sol.
Luego, el Sol rige Leo.
♐ Sagitario es el domicilio zodiacal de Júpiter.
Luego, Júpiter rige Sagitario.

En los signos de Agua:
♋ Cáncer, es domicilio zodiacal de la Luna.
Luego, la Luna rige Cáncer.
♏ Escorpio, es el domicilio zodiacal de Plutón.
Luego, Plutón rige Escorpio.
♓ Piscis, es el domicilio zodiacal de Neptuno.
Luego, Neptuno rige Piscis.

En los signos de Aire:
♎ Libra, es el domicilio zodiacal de Venus.
Luego, Venus rige Libra.
♒ Acuario, es el domicilio zodiacal de Urano.
Luego, Urano rige Acuario.
♊ Géminis, es el domicilio de Mercurio.
Luego, Mercurio rige Géminis.

En los signos de Tierra:
♑ Capricornio, es el domicilio de Saturno.
Luego, Saturno rige Capricornio.
♉ Tauro, es el domicilio zodiacal de Venus.
Luego, Venus rige Tauro.
♍ Virgo, es el domicilio zodiacal de Mercurio.
Luego, Mercurio rige Virgo.

Al ser diez planetas y doce signos, vemos que hay dos planetas que tienen doble domiciliación o regencia. Se trata de *Venus,* que es regente de Tauro y Libra, y de *Mercurio,* que es regente de Géminis y Virgo.

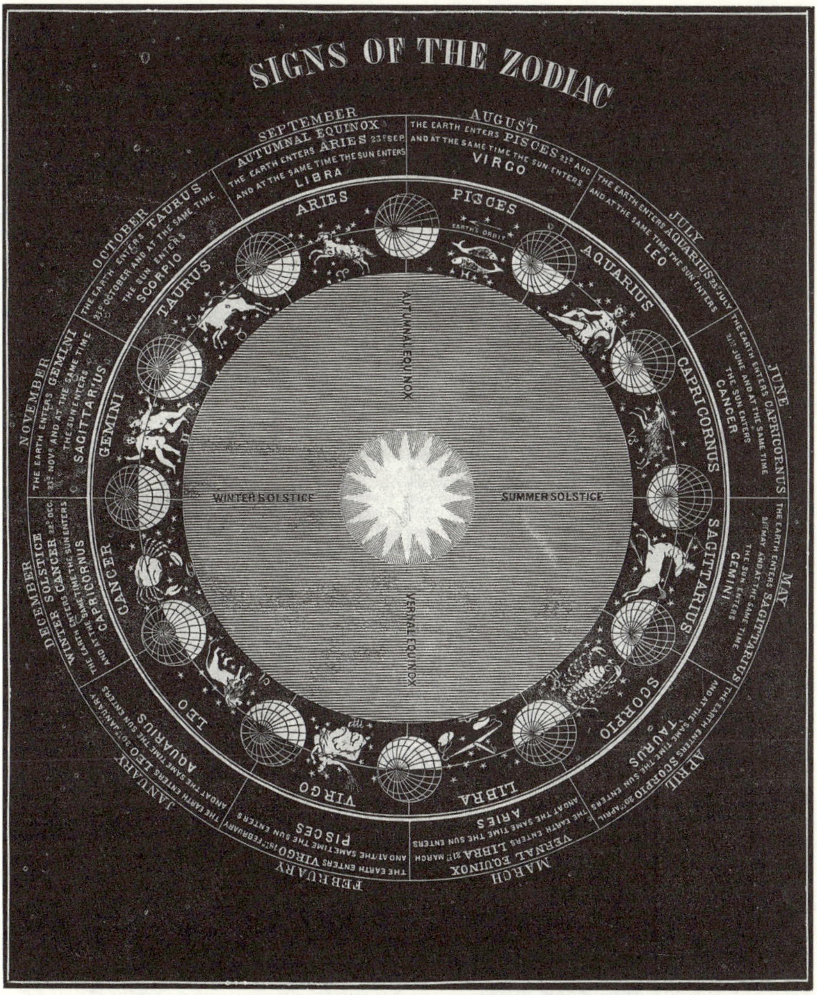

Signos del zodíaco, *lámina didáctica de Asa Smith, de su obra* Smith's Illustrated Astronomy *(1856).*

Un detalle del techo de la librería Albertine, en Nueva York.
En la página siguiente, reloj con signos del zodíaco en el Palacio Ducal de Venecia.

EL ZODÍACO: COMIENZA EL RECORRIDO

Como si se tratara de un museo, comenzamos la visita al zodíaco por las salas que representan el escenario natural de cada signo. La entrada principal se encuentra en Aries —el primer signo, del primer cuadrante y del primer elemento—. Cada año, la entrada del Sol en Aries, marca el comienzo de la primavera y también el inicio del nuevo año astrológico.

PRIMER CUADRANTE

Aries (21 de marzo al 20 de abril) - Cardinal
Tauro (21 de abril al 20/21 de mayo) - Fijo
Géminis (21/22 de mayo al 21 de junio) - Mutable

ARIES, *el dinámico*

SIGNO CARDINAL DE FUEGO, MASCULINO.
REGIDO POR MARTE ♂

Aries es el primer signo del primer elemento, y su 0° es el punto simbólico donde comienza el zodíaco y el año zodiacal. Aries lleva en su naturaleza la individualidad del número uno. Un número asociado con los líderes, los autodidactas y los emprendedores. Y así es como se sienten estos nativos: emprendedores y dispuestos a todo, con la confianza siempre puesta en sus capacidades y recursos.

Si a esto le añadimos las cualidades propias del Fuego —energía, audacia, empeño, voluntad, impulsividad e impaciencia—, queda justificado que la Astrología identifique a Aries con el arquetipo del héroe y del guerrero intrépido que se lanza hacia su objetivo sin pensar en los posibles riesgos.

Esta impulsividad tan típica del signo empuja a sus nativos a meterse en líos y compromisos casi sin darse cuenta. Pero también es verdad y, ellos lo saben, que la providencia a menudo juega a su favor y les ayuda a salir airosos de las dificultades.

Qué necesitan

Los Aries necesitan tener, a cualquier edad, una motivación que les mantenga activos y les permita ilusionarse. Y entre esas motivaciones, el amor ocupa uno de los primeros lugares. Son vitalistas y resistentes, y cuando algo les interesa, no escatiman esfuerzos para conseguirlo.

Su facilidad para apasionarse y su afán de abordar nuevos proyectos, hace de ellos unos promotores natos capaces de

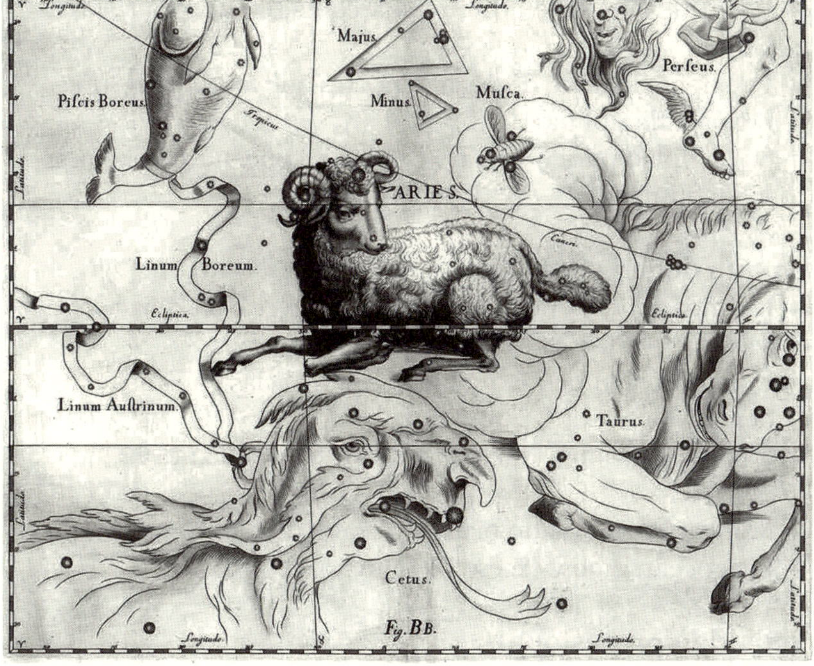

Esta imagen de la constelación de Aries y las siguientes que ilustran cada signo, provienen del atlas celeste Prodromus Astronomiac *(1690), del astrónomo polaco Johannes Hevelius.*

mantener varios frentes abiertos a la vez. Además, su buena intuición les dice dónde encontrar las mejores oportunidades para cada ocasión y procuran no perdérselas.

Les atraen los desafíos y los retos en cualquier área de la vida, de ahí que sentimentalmente les guste seducir y conquistar, aunque también saben corresponder y cuando se enamoran, se entregan.

Por otra parte, suelen desoír consejos, y tampoco escarmientan en cabeza ajena. Necesitan experimentar por sí mismos y aprender de sus errores.

Lo mejor de sí mismos

— Su entusiasmo juvenil. Receptividad, creatividad e iniciativa.

— La decisión y la valentía. Son luchadores y no se asustan con facilidad.

— El optimismo, saben divertirse y contagiar alegría a los demás.
— La buena disposición para deportes que impliquen superación y disciplina.
— Su facilidad para inventarse juegos y conectar con la mentalidad infantil.

Lo que deben controlar

— La impaciencia y poca constancia, que les hace dejar proyectos a medias.
— El espíritu competitivo y la exigencia hacia sí mismos y los demás.
— La precipitación y la inconsciente temeridad ante el peligro.
— Mostrarse demasiado bruscos y sinceros.
— El egocentrismo y exceso de seguridad.

Actividad profesional

La influencia de Marte sobre el signo hará que las profesiones que impliquen riesgo, esfuerzo y disciplina tales como militar, policía, bombero, servicio de rescate o emergencias médicas (cirugía), resulten gratificantes para ellos. También les va el deporte profesional, sobre todo de competición individual: atletismo, piloto de carreras (coches, motos), ciclismo, alpinismo y tenis, así como las artes marciales. Tienen, además, un don especial para ser entrenadores deportivos y monitores de tiempo libre para niños y jóvenes.

Profesionalmente, los Aries se encontrarán mejor cuando su trabajo conlleve dosis de incertidumbre, sea competitivo o esté empezando casi desde cero. Como decimos, este signo tiene empuje emprendedor y se ilusiona con negocios y proyectos que tengan algo de pioneros. En los comienzos es donde ponen sin reservas todo su potencial. Luego, cuando su trabajo prospera y llegan los primeros resultados, posiblemente Aries ya piense en hacer cambios o empezar otra cosa, de ahí que apenas disfrute del éxito porque cuando este se da, su interés y su energía estarán pendientes de nuevas batallas que librar.

Las profesiones relacionadas con el cine (delante de las cámaras), desde la de actor y actriz, hasta los efectos especiales y el doblaje de escenas peligrosas, también cuadran con estos nativos, ya que podrán encontrar en ellas un inagotable filón de personajes, aventuras y situaciones con las que vivir nuevas experiencias, aunque sea en la ficción.

Y todo esto sin descartar la opción de poner un negocio propio, ya que la idea de tomar decisiones libremente sin acatar órdenes siempre será un sueño dorado para ellos. Entre los negocios con mayores posibilidad de éxito están los relacionados con la mecánica (talleres de coches), el deporte (gimnasios), la ferretería industrial (bricolaje) y el mundo de la infancia (juguetería, guardería, alimentos, accesorios de bebés y moda infantil).

Aries es un abre-caminos, un pionero. De ahí que su profesión ideal sea la que consiga mantener en activo su forma física, su imaginación y su espíritu inquieto.

Correspondencias con Aries

PLANETA: Marte. Casa I.
COLOR: rojo.
DÍA DE LA SEMANA: martes.
METAL: hierro.
MINERAL: pirita, hematites.
PIEDRA: rubí.
PLANTAS: arbustos con espinas, zarzamora.
FRUTOS: pimientos, arándanos y especias picantes.
PARTES DEL CUERPO: la cabeza (cráneo, cara).

TAURO, *el exquisito*

SIGNO FIJO DE TIERRA, FEMENINO.
REGIDO POR VENUS ♀

♉ En Tauro se juntan tres factores que suman entre sí: el elemento Tierra, que aporta a sus nativos realismo, contundencia y sentido práctico; la condición de signo fijo, que interioriza esa firmeza y les hace mostrarse seguros y convencidos de sus criterios (esto justifica en parte la fama que tiene Tauro de tenaz y cabezota); y, por último, también suma y mucho, la influencia de Venus como regente y la polaridad

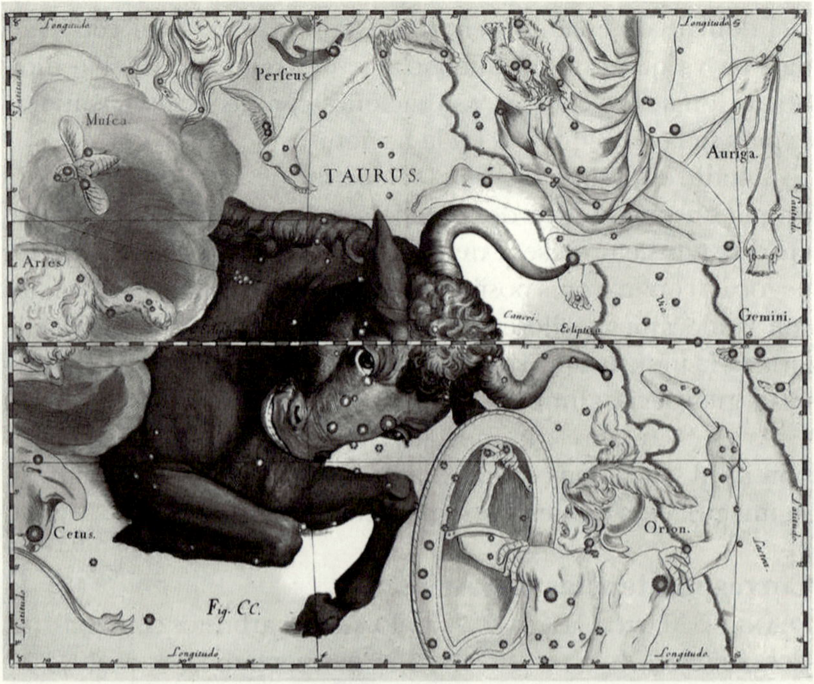

femenina del signo, que inclinan su sensibilidad y sus gustos hacia el arte, la belleza y los placeres sensoriales. Los Tauro saben apreciar como nadie las posibilidades que ofrecen los cinco sentidos, y procuran disfrutarlas al máximo, eso sí, sin perder la compostura ni la tranquilidad.

Qué necesitan

Quienes pertenecen al signo de Tauro necesitan estabilidad material, sentir que su entorno es seguro y fiable. Y desde esta premisa, ya se encargarán ellos de añadir las mejoras que permitan tener una vida más cómoda y relajada. Para Tauro, por ejemplo, es importante tener casa en propiedad, así como objetos valiosos de cierto lujo o de diseño exclusivo. También son sensibles a las piezas de coleccionista, sobre todo si provienen del mundo del arte. Por otra parte, necesitan llevar razón, no por el gusto de porfiar ni querer ser más que otros, sino porque cuando asumen una evidencia, esta pasa a formar parte de su ser, y resultará muy difícil que cambien de opinión o cedan posiciones. De ahí su tendencia a ser conservadores y recelosos.

Lo mejor de sí mismos

— Elegancia, buen gusto y saber estar.
— Lealtad y paciencia para dejar que las cosas maduren a su tiempo.
— Estabilidad emocional, con sentimientos profundos y duraderos.
— Tenacidad, perseverancia y capacidad de ahorro.
— Su risa fácil y el aprecio por los pequeños placeres cotidianos.

Lo que deben controlar

— La tentación de dejarse seducir por lujos que exceden sus posibilidades.
— Las explosiones furibundas de carácter cuando se sienten provocados.
— Dar prioridad a las comodidades que inducen a la pereza.
— El perfeccionismo, la obstinación y la autocomplacencia.
— La tendencia a sentirse merecedores de halagos.

Actividad profesional

Como signo fijo de Tierra que busca estabilidad, Tauro suele tener sus raíces bien arraigadas. Muchas veces se trata de raíces genealógicas, por haber nacido en familias bien situadas social y económicamente, familias de terratenientes, políticos, empresarios, artistas y famosos de la escena, la música o el deporte. Pero, en cualquier caso, aunque Tauro no tenga una familia destacada, sabrá como posicionarse bien por sí mismo. En parte, debido a la buena suerte propia del signo, que garantiza poder encontrar trabajos bien pagados y alcanzar prestigio profesional. Y en parte también, por su habilidad para patentar diseños y marcas exclusivas, sin olvidar su buen olfato para los negocios y las inversiones. En todo Tauro hay un empresario en potencia, pues estos nativos desarrollan un sexto sentido para manejarse bien en asuntos financieros. De hecho, Tauro, como signo, rige la Banca y la Bolsa.

La influencia de Venus mueve su sensibilidad artística, y así podemos encontrar a Tauros felices en trabajos relacionados con gestión de museos, de teatros, galerías de arte, salas de subasta, antigüedades, joyas, *resort* de vacaciones, viajes de placer... También serán de su gusto las profesiones relacionadas con el mundo de la estética y la belleza, como la dirección de balnearios, spa, centros de belleza, *boutiques* de moda y *delicatessen*, e incluso las que requieren mayor entrenamiento y preparación, como la danza clásica y el patinaje artístico. Asimismo, con su buen paladar, se adaptan perfectamente a las actividades de alta cocina, *chefs* de restauración, degustación de vinos, críticos gastronómicos. Valoran igualmente la decoración de interiores, las flores, la música, el paisajismo, los jardines, la pintura y todo lo que pueda crear ambientes agradables y acogedores.

En suma, Tauro siempre pondrá antes la calidad que la cantidad, y se identificará profesionalmente, con todo aquello que permita apreciar lo bueno de la vida y las experiencias sensoriales.

Correspondencias con Tauro

PLANETA: Venus. Casa II.
COLOR: verde.
DÍA DE LA SEMANA: viernes.
METAL: cobre.
MINERAL: jade y malaquita.
PIEDRA: esmeralda.
PLANTAS: aromáticas.
FLORES: rosas, tulipanes.
FRUTOS: almendras, avellanas, patatas (tubérculos).
PARTES DEL CUERPO: el cuello, la nuca, la garganta y la laringe.

GÉMINIS, *el curioso*

SIGNO MUTABLE DE AIRE, MASCULINO.
REGIDO POR MERCURIO ☿

El Aire es el elemento de la comunicación, el pensamiento y la palabra. Y Géminis, como signo mutable de este elemento, es el que exterioriza y difunde dichas cualidades, es decir, Géminis es el más sociable y abierto del elemento Aire. Si a esto le añadimos que Mercurio —el mensajero celestial— es su regente, no es extraño ver a los nativos de este signo de un lado para otro, inmersos en múltiples actividades.

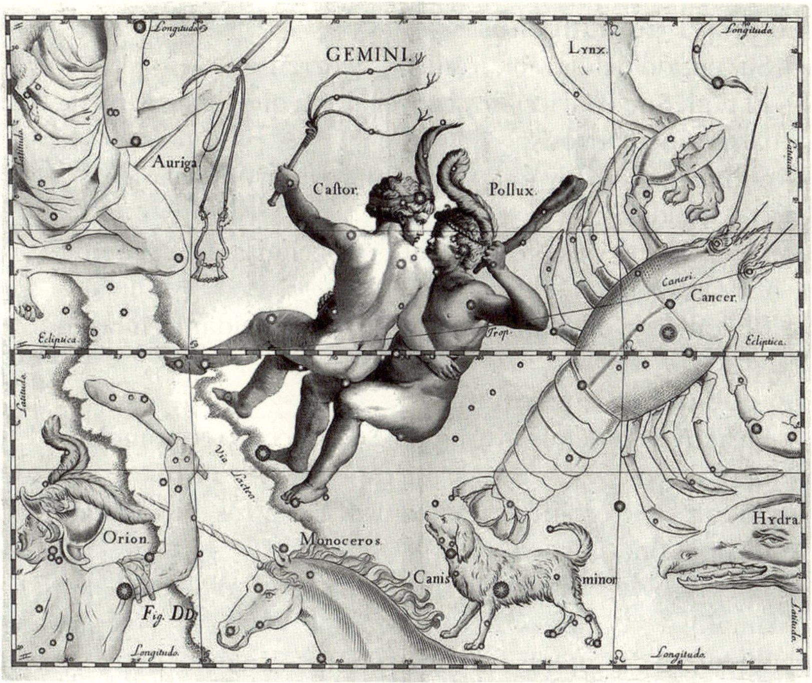

Cuando un Géminis se interesa por algo, se informa, busca, pregunta y asocia. Sus reflejos mentales son rápidos y le basta con unos cuantos titulares para estar al día de lo que pasa. Son nativos que tienen capacidad para abarcar bastante, aunque no siempre profundizan. No les da tiempo.

Qué necesitan

Los Géminis necesitan mover su inteligencia, pero sin encerrarse en una biblioteca a estudiar, ni en un laboratorio a investigar, a menos, claro está, que les interese sacarse algún título o formación y se pongan a ello.

Pero por lo demás, Géminis deduce, analiza, intuye, contrasta y aprende de su día a día, de sus actividades cotidianas, de la familia, de la gente con quien habla, de sus compañeros y de sus amigos que, por cierto, suelen ser muchos. Es un signo participativo y con carisma social, que interactúa en su entorno, se integra y comparte aficiones.

Al nativo Géminis todo le interesa, su curiosidad y sus ganas de saber son insaciables. Y gracias a esa curiosidad, no le faltan alicientes para mantener viva la capacidad de ilusionarse.

Lo mejor de sí mismos

— Su sentido del humor, irónico y ocurrente.
— El poder de convicción y convocatoria que les hace populares y mediáticos.
— Su ingenio creativo, capaz de improvisar y asociar ideas con rapidez.
— La excelente visión comercial y publicitaria para promocionar y vender.
— El don de la oportunidad y saber cómo cuidar su imagen.

Lo que deben controlar

— Su afán de polemizar y su sentido crítico, a veces implacable y mordaz.
— Su carácter versátil y camaleónico, con giros inesperados de opinión.
— El exceso de sociabilidad que les hace ser volubles en el amor.
— Su forma de ignorar los compromisos que desajustan sus planes.
— Tener su guardarropa repleto de prendas que casi no usan.

Actividad profesional

Todas las formas de comunicación y expresividad que pueda desarrollar el ser humano van bien con Géminis, desde la música, el baile y el mimo como forma de expresión, hasta el lenguaje hablado y escrito en sus múltiples facetas: locución, oratoria, idiomas, traducciones, doblaje, literatura, periodismo, presentación de programas TV, editoriales, librerías y enseñanza, sobre todo de lenguas extranjeras y de cursos de escritura. Sin olvidar el lenguaje de imágenes propio de la publicidad, los medios audiovisuales, la fotografía y el mundo del cine (detrás de las cámaras), especialmente la adaptación de guiones. También el dibujo, humor gráfico, diseño de páginas web, venta *on-line*, relaciones públicas, *marketing* y asesoramiento de imagen. No será extraño tampoco encontrar Géminis que destaquen en política.

Se trata, asimismo, de un signo viajero con facilidad para adaptarse a diferentes medios de transporte, ya sea como usuario, como conductor o como empresario de agencias de transporte en cuanto a logística, mensajería y reparto. Géminis sabe integrarse sin problemas en diferentes entornos y culturas, y en sus viajes aprende y enseña a la vez, pues en realidad, al ser el signo mutable de Aire, hace las veces de portador ocasional de semillas que recoge en unos lugares y deja caer en otros.

Hay otras ocupaciones que también parecen hechas para ellos, como las terapias de autoayuda y *coach*, pues Géminis puede ser un magnífico instructor y conferenciante; además, sabe por propia experiencia que el poder del pensamiento y la actitud pueden cambiar una realidad que disgusta, en otra más gratificante y prometedora. Y como añadidura se trata de un signo que goza de habilidad y destreza manual.

Correspondencias con Géminis

Planeta: Mercurio. Casa III
Color: amarillo y gris claro.
Día de la semana: miércoles.
Metal: mercurio.
Mineral: cuarzo citrino.
Piedra: topacio.
Plantas: anís, helechos, eucalipto.
Frutos: cereales (maíz, avena), nueces.
Partes del cuerpo: hombros, brazos, manos, bronquios y pulmones.

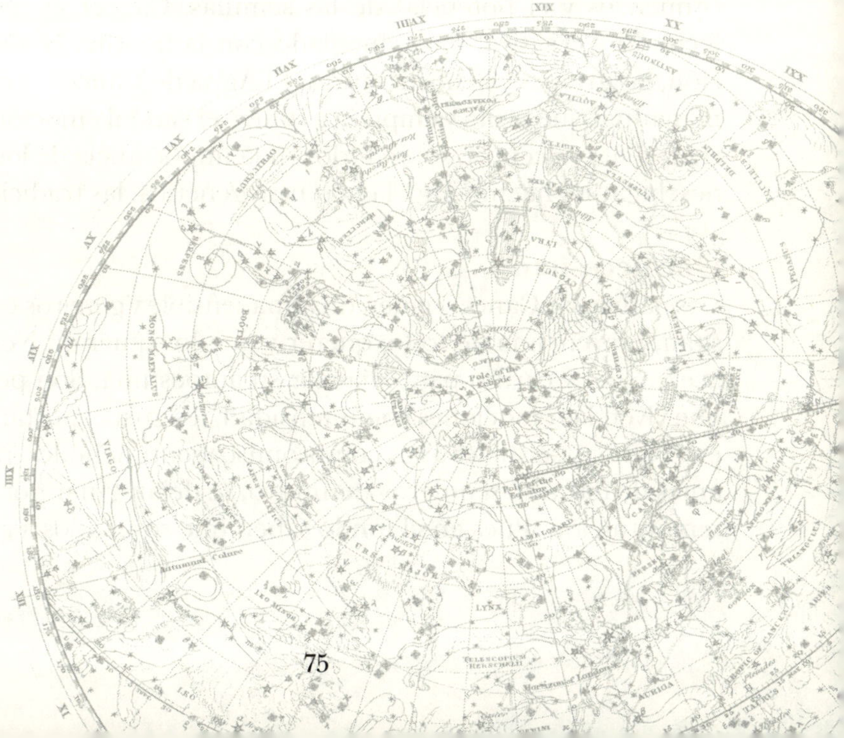

SEGUNDO CUADRANTE

Cáncer (22 de junio al 21/22 de julio) - Cardinal
Leo (23 de julio al 22 de agosto) - Fijo
Virgo (23 de agosto al 22 de septiembre) - Mutable

CÁNCER, *el hogareño*

SIGNO CARDINAL DE AGUA, FEMENINO.
REGIDO POR LA LUNA ☽

En Cáncer comienza el segundo cuadrante del zodíaco, y también una nueva estación, pues cuando el Sol entra en este signo se produce el solsticio de verano en el hemisferio Norte y el de invierno en el Sur.

Cáncer incorpora a su naturaleza las cualidades del Agua, es por tanto un signo acuoso, sentimental y emotivo, además de intuitivo, misterioso y sensible, pues tenemos a la mismísima Luna domiciliada en él.

En su condición de signo cardinal está relacionado con los comienzos y el potencial de las semillas. Cáncer es un signo fecundo y creativo, muy vinculado con la familia, la alimentación, las granjas y la horticultura. El Agua de Cáncer es como el manantial que brota y empieza a fluir, y el caudal emocional que representa se centra, sobre todo, en la importancia de los orígenes: lugar de nacimiento, la herencia genética, las tradiciones…

Qué necesitan

Los nativos de Cáncer tienen un alma sensible y generosa, y necesitan, por encima de todo, querer y que los quieran. Necesitan aceptación y cariño para afianzar su autoestima. Son personas que viven las emociones con intensidad, les gusta apostar fuerte en el amor y ser fieles a sus compromisos sentimentales, por eso, antes de dar un «si quiero» definitivo, se dejan guiar por su certera intuición. Pues en el fondo saben que son dados a generar

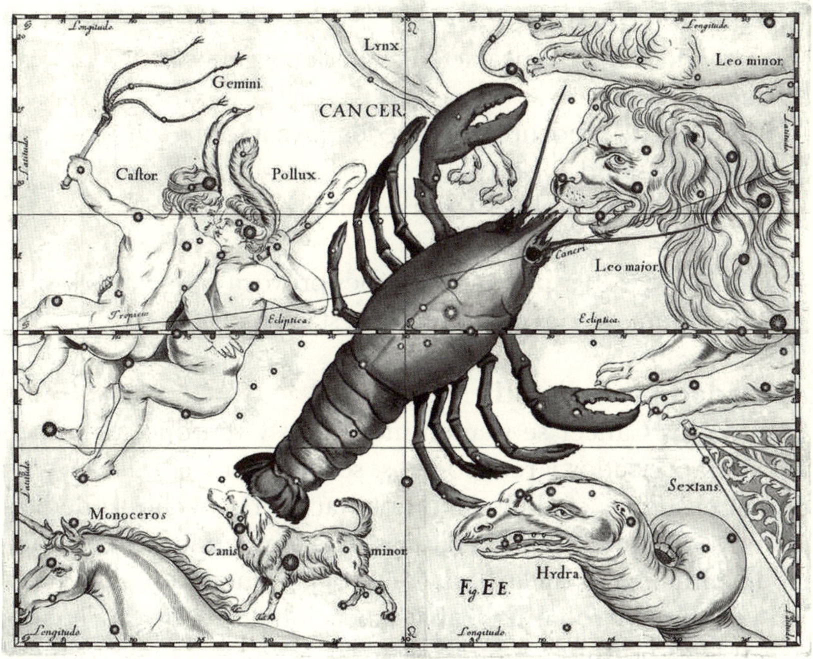

apegos y querencias con facilidad, y luego, si la relación fracasa, les cuesta superarlo.

Por otra parte, son muy familiares a la vez que buenos anfitriones. Para ellos es un placer organizar eventos y reuniones en su propia casa, y no les importa dedicar el tiempo y esfuerzo que haga falta con tal de que todo quede agradable y acogedor. También son buenos cuidadores y no dudan en abrir su abanico protector a vecinos, conocidos y amistades. Sin olvidarnos de las mascotas y su amor por los animales.

Lo mejor de sí mismos

— Su especial psiquismo para adivinar problemas ajenos.
— La sensibilidad por los más débiles, a quienes suelen ayudar y defender.
— Su espíritu de sacrificio, su gran corazón y su sincera naturalidad en el amor.
— La gran capacidad creativa para visualizar y soñar despiertos.
— Su fantástica imaginación y talento para narrar cuentos y leyendas.

Lo que deben controlar

— La tendencia a estancarse en el pasado y generar dependencias.
— El exceso de preocupación que los lleva a somatizar trastornos de salud.
— Su facilidad para sugestionarse con presagios y presentimientos.
— El miedo a sufrir por amor, que les provoca celos y recelos.
— Que las emociones controlen sus estados de ánimo.

Actividad profesional

Cuando los Cáncer se sienten motivados y ven que sus esfuerzos son apreciados y reconocidos, se superan a sí mismos y no dudan en poner el alma en lo que hacen. De hecho, la dedicación y creatividad de estos nativos, que a menudo tienen geniales inspiraciones, suele destacar y dejar huella en el tiempo. Para ellos, desarrollar un trabajo vocacional se convierte en una necesidad tan fundamental como el hecho en sí mismo de trabajar. Sin embargo, cuando su economía depende de ello, no pondrán pegas a lo que ya tienen y se esforzarán por hacerlo bien. Aunque eso sí, nunca abandonarán la esperanza de dedicarse algún día, en cuerpo y alma, a la vocación de sus sueños.

La línea profesional que, desde la infancia, hayan visto y vivido en la familia, también puede influirles emocionalmente, y no es extraño que entre varios hermanos sea, el del signo Cáncer, quien continúe con el negocio familiar o quien elija la misma profesión que el padre o la madre.

Entre las actividades laborales que mejor se adaptan al carácter de estos nativos están todas aquellas que implican cuidados a los demás como la nutrición, la medicina y enfermería, el trabajo social y las terapias, en especial psicología y cuidado de ancianos y niños (maternidad, guardería, preescolar). También actividades relacionadas con animales domésticos y de granja, agricultura ecológica, apicultura, industrias conserveras y hostelería. En este último ramo, daremos preferencia a los restaurantes de cocina casera, los bares con especialidad en tapas, las casas rurales y los balnearios de aguas termales. Destacan igualmente las profesiones que tengan vinculación con el pasado, como la historia, en especial historia del arte, la lingüística, antropología, folklore, arqueología y antigüedades. Por cierto, poseen una certera intuición para tasar antigüedades, y se les da bien la restauración y las reformas. Asimismo, su creatividad natural encuentra otra forma de expresión en la decoración de interiores y la jardinería. Y con su fantástica imaginación, la creación literaria de grandes novelas y sagas está igualmente entre sus notables capacidades.

Correspondencias con Cáncer

PLANETA: la Luna. Casa IV.
COLOR: blanco.
DÍA DE LA SEMANA: lunes.
METAL: plata.
MINERAL: cuarzo transparente y ahumado.
PIEDRAS: nácar, piedra de luna.
PLANTAS: acuáticas, jazmín y los tés para infusión.
FRUTOS: peras, melón, sandía.
PARTES DEL CUERPO: el pecho. Esófago y estómago. Páncreas.

LEO, *el dramaturgo*

SIGNO FIJO DE FUEGO, MASCULINO.
REGIDO POR EL SOL ☉

♌ Los nativos de Leo suelen mantenerse seguros y orgullosos de sí mismos, pues en su calidad de signo fijo, tienen interiorizada toda la fuerza y la luz del Fuego, y eso les imprime un arraigado sentido del honor, la nobleza y la dignidad que llevan muy a gala. Además, al ser el domicilio zodiacal del Sol, cuentan también con el suplemento de luz exterior que les aporta el astro solar. Con tanta luminosidad no es de extrañar que, vayan donde vayan, estos nativos sean siempre el centro de atención y acaparen las miradas. Leo sabe que su presencia no pasa desapercibida y lo acepta como algo natural. Su única preocupación al respecto es no defraudar las expectativas que los demás depositan en su persona.

Qué necesitan

Quienes han nacido bajo el signo de Leo necesitan sentirse admirados, necesitan público a su alrededor y recibir atenciones. Ya procurarán ellos, para estar a la altura, cuidar con esmero su imagen personal y profesional. Todos los detalles serán importantes: la forma de hablar, de sonreír, de vestir, la forma de ser y de estar.

Son también personas generosas y lo demuestran a menudo con sus ofrecimientos de ayuda y sus invitaciones. No esperan grandes muestras de agradecimiento, pero cuando estas llegan también lo agradecen.

El respeto y la sinceridad son otras de las virtudes que forman parte de su naturaleza. Les gusta ser respetuosos, y con su innata capacidad de mando, infunden igualmente respeto a los demás. Si se equivocan lo reconocen y procuran buscar soluciones, pero siempre con discreción, pues si hay algo que Leo trata siempre de evitar es el rechazo y el ridículo.

Lo mejor de sí mismos

— Su entusiasmo por la vida, que les aporta buena salud y resistencia.
— Conseguir que personas influyentes quieran compartir sus proyectos.
— La forma sincera, directa y sin tapujos, de expresar lo que piensan.
— Su gran capacidad de resolución cuando asumen el papel de líder.
— La fuerza emocional que derrochan cuando algo o alguien les apasiona.

Lo que deben controlar

— Su teatralidad para realzar y exagerar los temas que le interesan.
— La arrogancia cuando se sienten únicos y se muestran exigentes.
— El gusto por el ordeno y mando cuando quieren hacer valer sus derechos.
— Su peculiar sentido de la dignidad y el inconformismo.
— Su afán por destacar, marcar estilo y hacer su voluntad.

Actividad profesional

Los Leo son majestuosos y refinados, adoran ser protagonistas, se encuentran a gusto siendo el centro de atención, cuidan su imagen, son fotogénicos y saben desenvolverse en público de maravilla. Con todas estas virtudes, está claro que son personas bien dotadas para las artes escénicas, y efectivamente así es. Los Leo son actores y actrices natos, sobre todo de teatro, donde se vive en directo el contacto con el público y los aplausos. Las profesiones relacionadas con la docencia y la enseñanza universitaria también se adaptan perfectamente a sus capacidades, pues saben cómo trasmitir conocimientos de forma agradable y sugerente.

Por otra parte, detestan sentirse ignorados, y tampoco se les da bien acatar órdenes o normas que no comparten, por eso es fácil encontrar a estos nativos al frente de sus propios negocios y empresas. Al fin y al cabo, el elemento Fuego les empuja a ser emprendedores y creativos. Si la empresa es suya, fenomenal, porque son muy buenos en estrategias de marketing, y sabrán poner luz en sus proyectos para hacerlos visibles y atractivos. Y si trabajan para otras empresas, en especial multinacionales, constructoras y empresas de energías renovables, ya procurarán situarse en cargos directivos, pues dotes financieras de organización y producción tampoco les faltan.

Los nativos Leo tienen un don, la distinción, y con él pueden transformar cualquier actividad que realicen en un arte. Lo suyo es la puesta en escena, de ahí su buen hacer como directores de cine y grandes espectáculos: obras teatrales, musicales y conciertos. También destacan en la gestión y dirección de empresas de vacaciones y entretenimiento, como parques temáticos, viajes exóticos, cruceros, cadenas de hoteles, deportes de alta competición, así como el mundo de la moda, en especial las firmas de diseño, las pasarelas, el atrezo, escenografía y vestuario para óperas y grandes producciones. Por último, destaquemos su buena disposición para crear historias de ficción, con personajes únicos y héroes inolvidables que adquieren vida propia y llegan a ser universalmente conocidos.

Correspondencias con Leo

Planeta: el Sol. Casa V.
Color: tonos dorados y anaranjados.
Día de la semana: domingo.
Metal: oro.
Mineral: ópalo de fuego, berilo dorado.
Piedra: diamante.
Plantas: laurel, olivo, girasol, vides.
Frutos: uvas y naranjas.
Partes del cuerpo: el corazón y la espalda (columna vertebral).

VIRGO, *el investigador*

Signo mutable de Tierra, femenino.
Regido por Mercurio ☿

♍ Si consideramos el zodíaco según el orden de los elementos, Fuego, Agua, Aire y Tierra, vemos que la posición que ocupa Virgo, como tercer signo de Tierra, es importante, ya que con él se cierra el ciclo zodiacal de los elementos. Esto, sin duda, influye en su naturaleza, y hace que sus nativos a menudo tengan la extraña sensación de estar de vuelta de muchas cosas, de tener que cerrar una etapa o de tener que realizar la tesis final de algo. Son sensaciones, por otra parte, justificadas, ya que en su inconsciente acumulan experiencias y sabiduría de otras vidas. Y si a esto le añadimos que el intelectual Mercurio es su regente, no es de extrañar que Virgo sea considerado el signo de los grandes analistas e investigadores.

Qué necesitan

Los Virgo son realistas y previsores. Saben que se cosecha lo que se siembra y procuran ser prudentes en sus iniciativas. Les gusta apostar sobre seguro y necesitan saber que cuentan con recursos y cierta estabilidad económica antes de arriesgarse en negocios e inversiones. Generalmente no aspiran a grandes fortunas, pero sí es fundamental para ellos tener cubiertas las necesidades básicas, además de ahorros para hacer frente a los imprevistos que puedan surgir, sobre todo en relación a la salud.

Son serviciales por naturaleza, les gusta compartir ideas y dar buenos consejos. Necesitan sentir que son honestos consigo mismos y con los demás y suele prevalecer en ellos, por encima de otros intereses, la conciencia del grupo y del bien común.

Lo mejor de sí mismos

— Su gran capacidad de observación, análisis y deducción.
— La buena disposición que tienen para valorar y aprovechar el tiempo.
— Su eficiente sentido del orden, el trabajo, la organización y el ahorro.
— Cuando ayudan a los demás a superar defectos y adicciones.
— Su manera de agradecer y corresponder, con oportunos detalles.

Lo que deben controlar

— El agobio que les produce no poder hacer todo lo que su mente programa.
— La vena perfeccionista y ser meticulosos en exceso.

— Su obsesiva preocupación en cuestiones de salud e higiene.
— Cuando saben que llevan razón y no descansan hasta demostrarlo.
— La manía de acumular cosas por si algún día las necesitan.

Actividad profesional

A Virgo le gusta el orden y la planificación, por eso estos nativos tienen muy asumido el sentido de la profesionalidad y llegan a ser expertos de las tareas que realizan. Para ellos es fundamental comprender bien lo que hacen y se entregan al trabajo con tesón y disciplina. Además, al tratarse de un signo previsor y con sentido práctico, se manejan bien en todas las actividades relacionadas con la economía y administración de empresas, así como las tareas propias de funcionarios del Estado, asesoría, secretaría, contabilidad y análisis de sistemas.

Por otra parte, la capacidad que tienen para sintetizar, asociar ideas y cuidar los detalles, unida a la comunicadora influencia de Mercurio —su regente— les capacita para las profesiones de bibliotecarios, editores, profesores, periodistas, publicistas y maquetistas.

Aunque estos no son los únicos trabajos que van bien con Virgo, ya que hay que tener en cuenta que les gusta sentirse útiles y que son muy buenos cuidadores, por eso todo lo que requiera de atención especial estará bien atendido en sus manos. Les gusta ayudar y saber que su trabajo goza de buena acogida, de ahí que se identifiquen con profesiones que se relacionan con el mantenimiento de la salud: terapeutas, educadores de personas con discapacidad, enfermeros, farmacéuticos, médicos, nutricionistas, biólogos y veterinarios. También ecologistas, expertos en reciclaje e ingenieros agrónomos. Su capacidad para la investigación científica es alta, en especial para desmenuzar la materia y observarla al microscopio. Asimismo, son buenos especialistas en epidemiología y conservación de las especies.

Y como curiosidad, descubrimos en Virgo al gran coleccionista del zodíaco. Su afición por las colecciones puede ir desde las más insólitas hasta las más costosas. Y muchas veces lo que empieza como un simple pasatiempo, acaba por hacer de ellos auténticos maestros.

Correspondencias con Virgo

PLANETA: Mercurio. Casa VI.
COLOR: tierra y tonos tostados.
DÍA DE LA SEMANA: miércoles.
METAL: mercurio.
MINERAL: fluorita amarilla.
PIEDRA: ámbar, ágatas.
PLANTAS: lechuga, coles, hinojo, perejil.
FRUTOS: calabaza, cereales (trigo, cebada).
PARTES DEL CUERPO: los intestinos y la función del metabolismo.

Tercer cuadrante

♎ Libra (23 de septiembre a 23 de octubre) - Cardinal
♏ Escorpio (23 de octubre al 22 de noviembre) - Fijo
♐ Sagitario (22/23 nov. al 21 de diciembre) - Mutable

♎

LIBRA, *el diplomático*

Signo cardinal de Aire, masculino.
Regido por Venus ♀

En Libra comienza la segunda mitad del zodíaco, donde los signos adquieren un carácter más múltiple y social. Esto es así porque de Aries a Virgo prevalece el yo, por ejemplo, Aries (yo soy y estoy), Tauro (yo tengo y necesito), Géminis (yo pienso y me comunico), Cáncer (yo amo y añoro), Leo (yo realizo y creo) y Virgo (yo sirvo y trabajo). Pero, al llegar a Libra el «yo» cambia a «nosotros». Libra es el signo que descubre el sentido de la convivencia con los demás, y su primer impulso es tratar de quedar bien con todos, incluso a veces estos nativos se dejan influenciar por pura cortesía, pues lo que en ellos prevalece con más fuerza es la búsqueda de consenso, la consideración y la voluntad de agradar. Además, disfrutan aportando ideas que por lo general suelen ser bien recibidas.

Qué necesitan

Aunque los Libra son sociales y les gusta compartir, la balanza que los representa no siempre consigue mantener el equilibrio, y muchas veces el platillo de los intereses ajenos tiene más peso que el platillo de sus propios intereses. En parte, esto es así, porque a estos nativos les resulta más cómodo adaptarse a las iniciativas de otros que plantear y poner en marcha las suyas. De hecho, tardan en tomar decisiones y necesitan empujoncitos de ánimo y motivación para desarrollar sus talentos.

La amistad significa mucho para ellos y necesitan compañía. Asimismo, les gusta coquetear, son dados al romanticismo

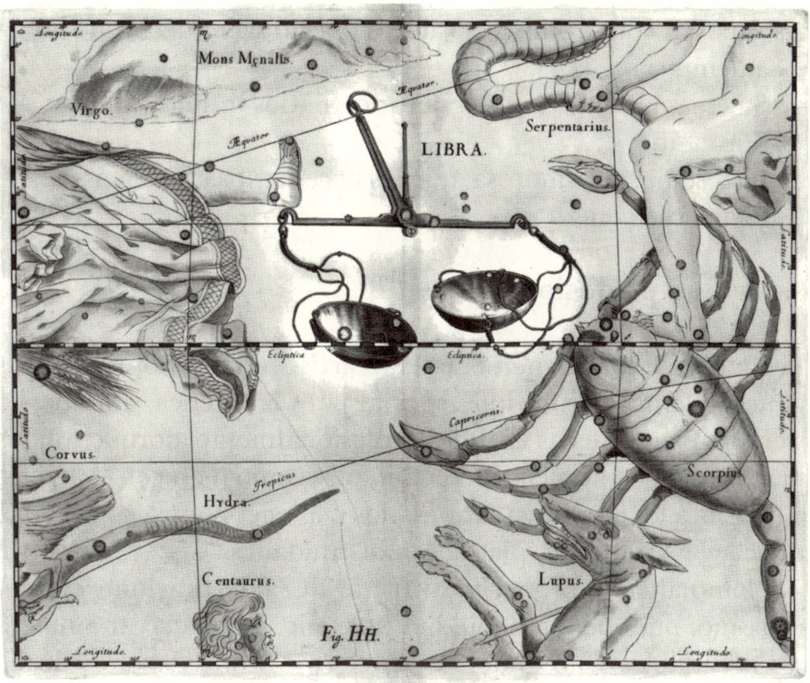

y tienen tendencia a idealizar el amor, incluso a veces, idealizan también la amistad y el compañerismo.

Lo mejor de sí mismos

— El respeto y la consideración que muestran con todo el mundo.
— Su sutil sentido de la estética, el equilibrio y la creación artística.
— El gusto por las cosas naturales y sencillas y su capacidad de aceptación.
— Su carácter pacifista y equilibrado que les convierte en buenos mediadores.
— La modestia y discreción que les hace ruborizar cuando alaban sus méritos.

Lo que deben controlar

— El tormento de la duda cuando tienen que elegir entre dos opciones.
— La tendencia a perder el tiempo por falta de decisión y contradicciones.

— Verse en compromisos absurdos por no saber decir que no a tiempo.
— Su escasa disposición para el ahorro y los trámites burocráticos.
— La fascinación amorosa, que les hace dar bastante más de lo que reciben.

Actividad profesional

Los nativos Libra tienen el talento artístico incorporado en sus genes, además de un don especial para la estética, aunque no siempre ejercen estas virtudes profesionalmente, porque son los primeros en no apreciar sus cualidades como merecen. Además, a los Libra les horroriza ser pesados y, a veces por exceso de prudencia y no molestar, pierden oportunidades.

Como afición, procuran disfrutar de la decoración y el interiorismo, pues tienen habilidad para ello y saben crear ambientes agradables y acogedores. Lo cierto es que decorar, desde atractivos escaparates y exposiciones hasta grandes decorados escénicos, está dentro de las profesiones que mejor le van. Al igual que la música y la danza, por ejemplo, dirigir una academia de baile sería ideal para ellos. También el diseño y las artes plásticas, en especial la pintura, donde puede expresar a la vez ideas y creatividad.

Por otra parte, la regencia de Venus en este signo de Aire permite a sus nativos gozar de una buena voz, bonita y modulada, por lo que un buen número de ellos se defienden bien en profesiones relacionadas con el canto, la locución, el doblaje y la narración.

Para Libra relacionarse es un arte, y así lo demuestran cuando se trata de ejercer de relaciones públicas, portavoz o mediador. Se identifican, asimismo, con la jurisprudencia y la abogacía, en especial cuando se trata de asesoría matrimonial, separaciones y divorcios. También destacan en psicología y trabajo social, sobre todo en temas relacionados con terapias y ayudas familiares (familias desestructuradas). En política se distinguen como portavoces, en periodismo como corresponsales y en diplomacia podrían ejercer perfectamente cualquier cargo representativo de una embajada.

Correspondencias con Libra

PLANETA: Venus. Casa VII.
COLOR: verde pálido y rosa.
DÍA DE LA SEMANA: viernes.
METAL: cobre.
MINERAL: cuarzo rosa.
PIEDRA: crisocola.
PLANTAS: abedul, aloe.
FLORES: margaritas, violetas.
FRUTOS: espárragos, alcachofas.
PARTES DEL CUERPO: riñones, vejiga y zona lumbar.

ESCORPIO, *el misterioso*

SIGNO FIJO DE AGUA, FEMENINO.
REGIDO POR PLUTÓN ♇

El Agua es el elemento de los sentimientos, deseos y emociones, y Escorpio —signo vinculado con el mítico Plutón, dios de las profundidades— deja que sus emotivas aguas fluyan por cauces subterráneos. Solo salen al exterior cuando alguna motivación las empuja, pero si el empuje se convierte en presión, pueden irrumpir con la fuerza de un geiser.

No olvidemos que antes de ser descubierto Plutón (en 1930), el regente de este signo era Marte, planeta que ahora permanece en calidad de co-regente. La influencia de Marte y Plutón juntos infunden en Escorpio carácter y disciplina, a la vez que le aportan una extraordinaria fuerza regeneradora. De hecho, a Escorpio se le asocia con el ave fénix capaz de resurgir de sus cenizas.

Qué necesitan

Los Escorpio necesitan estar seguros de sus sentimientos, pues bajo una apariencia apacible, hay un torrente emocional que no siempre controlan. Su amor propio les hace exigentes consigo mismos y procuran, porque así lo necesitan, que se reconozcan sus méritos. Los nacidos Escorpio son desconfiados por naturaleza y juegan al despiste, ya que emocionalmente son herméticos

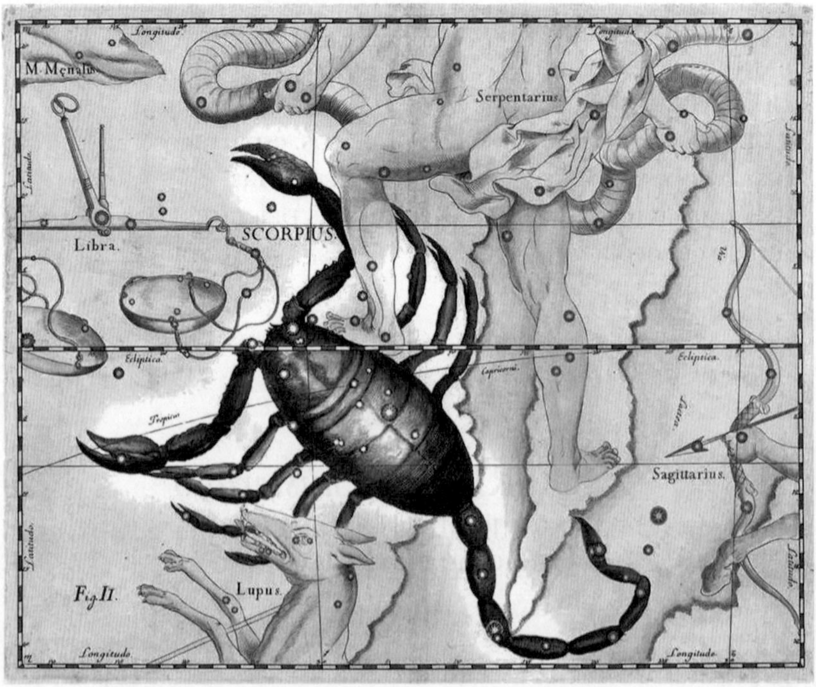

y saben disimular muy bien sus estados de ánimo. También son introvertidos y celosos de su intimidad, por eso guardan silencio mientras exploran las luces y sombras de su mundo interior. Quien quiera conocer bien a un Escorpio, deberá entrar en su mundo y tener presente que corre el riesgo de quedarse, voluntariamente, atrapado en él.

Lo mejor de sí mismos

— La fuerza moral para afrontar las dificultades y superarlas.
— El don de saber escuchar y de guardar secretos.
— La curiosidad por investigar todo lo que represente un enigma.
— Saber estar y mantener su imagen impecable.
— Su natural capacidad para la percepción extrasensorial.

Lo que deben controlar

— El carácter huraño que muestran cuando quieren estar a solas.

— Su dualidad cambiante entre fríos y apasionados, duros y sensibles.
— El juego de la seducción, cuando despliegan su natural carga erótica.
— El recuerdo de experiencias del pasado que guardan con resentimiento.
— La costumbre de fijar la mirada en alguien hasta conseguir intimidar.

Actividad profesional

Los nacidos Escorpio conocen bien sus capacidades y no dudan en ponerse metas elevadas que, gracias a su tesón y fuerza de voluntad, alcanzan sin mayores esfuerzos. Se trata de un signo que sabe comprometerse con la vida y se entrega totalmente cuando tiene la oportunidad de desarrollar profesionalmente su vocación. De ahí que su actividad laboral se convierta muchas veces en un desafío personal, donde los retos resultan estimulantes y los competidores son asumidos como una parte más de la dinámica de trabajo.

Todas las profesiones que de alguna forma tengan que ver con «el interior» se adaptan a las capacidades de este signo. Profesiones tan diversas como la cirugía y psiquiatría en medicina. También las relacionadas con parapsicología y ciencias ocultas. O bien la arquitectura técnica, la fontanería, la ingeniería de minas y túneles, la espeleología, sismología, oceanografía y buceo, así como los trabajos relacionados con petróleo y combustibles fósiles, además del tratamiento de explosivos (artificieros).

Su intuitiva visión interior unida a su natural perspicacia y poder de observación, hace que estos nativos se manejen muy bien en trabajos de investigación policial y forense. De hecho, tienen sobradas cualidades para ejercer como detectives, comisarios y criminólogos.

Por otra parte, los Escorpio gozan de una habilidad especial para las matemáticas, el álgebra, la contabilidad, informática, gestión empresarial, *consulting* y macroeconomía.

Y con su natural capacidad de regeneración y recuperación, podrían ejercer con eficacia profesiones cuya base sea la rehabilitación, tanto física como psíquica, por ejemplo, en centros de atención a drogodependientes, malos tratos, psicología clínica y fisioterapia. Y en otras áreas, la remodelación de edificios y restauración del patrimonio artístico.

Correspondencias con Escorpio

PLANETA: Plutón. Casa VIII.
COLOR: granate.
DÍA DE LA SEMANA: martes.
METAL: níquel, hierro.
MINERAL: ónix negro y turmalina negra.
PIEDRAS: volcánicas, granate.
PLANTAS: ciprés, rizomas, cactus.
FRUTOS: berenjena, granada.
PARTES DEL CUERPO: los órganos genitales.

SAGITARIO, *el aventurero*

SIGNO MUTABLE DE FUEGO, MASCULINO.
REGIDO POR JÚPITER ♃

♐ Con Sagitario se completa la trilogía del Fuego, un fuego que en Aries comenzó como la chispa que enciende motores. En Leo pasó a ser la hoguera que irradia luz y calor a su alrededor, y ahora en Sagitario nos encontramos con el fuego que ilumina horizontes. Sagitario es el resplandor del faro que orienta en la oscuridad y que lleva incorporadas, asimismo, cualidades propias de Júpiter, como el idealismo y la generosidad. Pero, también hay que tener en cuenta que Sagitario es un signo doble, cuyo símbolo es un centauro —mitad hombre y mitad caballo—. Por tanto, en su naturaleza conviven juntos la espiritualidad y los instintos emocionales, de forma que su flecha unas veces apunta hacia elevados objetivos y, otras, no tanto.

Qué necesitan

Desde pequeños, los Sagitario necesitan rodar y volar. Sienten que el mundo es grande, muy grande, y quieren conocer todas sus posibilidades, quieren vivir distintas experiencias sin que importen demasiado los riesgos que puedan correr. Necesitan estar activos, incluso con varios frentes abiertos a la vez y sentir

la adrenalina por sus venas para sentirse verdaderamente vivos. Sagitario es también el filósofo de lo cotidiano, el eterno buscador del sentido de la vida y del universo.

Por otra parte, estos nativos necesitan dar rienda suelta a su generosidad, y cuando se les pide ayuda, no escatiman esfuerzos con tal de solucionar el problema que se les ha confiado.

Lo mejor de sí mismos

— Su natural optimismo y sentido del humor.
— El carácter social y amigable, que hace de ellos excelentes compañeros.
— Su facilidad para enseñar con el ejemplo y motivar a otras personas.
— El empuje emprendedor para alcanzar nobles ideales.
— Su espíritu humanitario, abierto a la tolerancia y la comprensión.

Lo que deben controlar

— La tentación de vivir libres sin compromisos ni responsabilidades.

— Su discurso filosófico cuando quiere darse importancia y destacar.
— Los sentimientos santurrones y el paternalismo sacerdotal.
— Empeñarse en perseguir imposibles, sin reconocer sus propias debilidades.
— Sus repentinos cambios de planes sobre la marcha.

Actividad profesional

Sagitario es un signo sin fronteras, fuerte y con buena capacidad de adaptación y aprendizaje, de manera que son realmente pocas las actividades profesionales que se le resisten.

Pero, puestos a establecer preferencias, comenzaremos por la aviación, la astronomía o la ingeniería aeronáutica y aeroespacial, ya que explorar el espacio bien podría ser una de sus ambiciosas metas. En cualquier caso, estos nativos tienen actitudes de sobra para ser buenos pilotos y buenos navegantes. Sin olvidar su especial habilidad para navegar por la Red.

Sagitario se siente igualmente atraído por los deportes de riesgo como el alpinismo, *rafting*, caída libre, parapente, vuelo sin motor y deportes de alta competición. Y pueden desempeñar también un buen trabajo en la gestión de clubes deportivos y entrenamiento de equipos. Aunque no solo en equipos deportivos, ya que el apelativo «sin fronteras» que les define, los lleva a participar también en equipos humanitarios de rescate y sanitarios que trabajan en lugares de conflicto.

Los nativos del signo son trotamundos y se sienten identificados con todo lo que esté relacionado con viajes, sin excluir el viaje interior y espiritual con la práctica de técnicas orientales de autoayuda, sanación y meditación, que procurarán aprender en los lugares de origen. Y aunque los viajes sagrados y esotéricos no les disgustan, su carácter se identifica más con los viajes exóticos y de aventura. Descubrir nuevos horizontes es un placer para ellos, como también lo es poder contarlo, y aquí descubrimos otras profesiones que se adaptan a la naturaleza nómada de estos nativos, tales como documentalistas, reporteros fotográficos de rutas especiales, de fauna y espacios naturales. O bien, directores de su propia agencia de viajes, donde tendrán cabida los intercambios culturales y universitarios.

También escritores especializados en viajes, aventuras juveniles y ciencia ficción.

Los parques temáticos y de atracciones es otro de los sectores profesionales que se identifica con Sagitario, así como las casas de apuestas deportivas, las administraciones de loterías y los casinos.

Correspondencias con Sagitario

PLANETA: Júpiter. Casa IX.
COLOR: azul.
DÍA DE LA SEMANA: jueves.
METAL: estaño, bronce.
PIEDRAS: turquesa, sodalita y lapislázuli.
PLANTAS: romero, árboles frutales, palmeras.
FRUTOS: piña y tropicales.
PARTES DEL CUERPO: el hígado, los muslos y caderas.

Cuarto cuadrante

Capricornio (21/22 dic. al 20/21 enero) - Cardinal
Acuario (21 de enero al 19 de febrero) - Fijo
Piscis (20 de febrero al 20/21 de marzo) - Mutable

CAPRICORNIO, *el precavido*

Signo cardinal de Tierra, femenino.
Regido por Saturno ♄

Con Capricornio llegamos al cuarto de los signos Cardinales, el cardinal de Tierra, el que marca el inicio del solsticio de invierno en el Hemisferio Norte y de verano en el Sur. Capricornio es por tanto un signo de comienzos y semillas como lo es Aries (en Fuego), Cáncer (en Agua) y Libra (en Aire). Pero ahora, al tratarse del elemento Tierra, nos encontramos en un escenario más práctico y tangible y, por tanto, más real y cercano a los resultados materiales.

Por otra parte, la presencia de Saturno en calidad de regente hace de Capricornio un signo concienzudo y responsable, quizá algo lento de resolución, pero siempre seguro de los objetivos que quiere alcanzar y que, de hecho, alcanza a base de tesón y paciencia. No olvidemos que Saturno es la versión romana de mítico Cronos griego —Señor del Tiempo—, y así, el tiempo se convierte en aliado de estos nativos, que incluso logran mejorar con los años su aspecto físico y se sienten más jóvenes y dinámicos.

Qué necesitan

Los Capricornio necesitan confianza en sí mismos y seguridad en sus recursos. Son personas realistas y con gran sentido práctico, motivo por el que no suelen emprender ningún proyecto ni cambio importante, sin evaluar antes las posibilidades de éxito que puedan tener. Necesitan prever de antemano los posibles resultados, aunque también es cierto que esa previsión les falla

cuando se trata de gestionar las emociones. En el amor lo mejor es dejarles a su aire, sin presiones ni prisas, hasta que se sientan seguros de sus sentimientos. Pues como decimos, si hay algo que de verdad necesita Capricornio es saber que cuenta con tiempo suficiente para poder hacer planes y saber a qué atenerse.

Lo mejor de sí mismos

— La ternura y comprensión que esconden bajo una apariencia distante.
— Su irónico sentido del humor que consigue dar la vuelta a la cruda realidad.
— La perseverancia y responsabilidad para lograr sus aspiraciones.
— Su honradez y fiabilidad de hechos y de palabra.
— La lealtad moral a sus principios y a lo que consideran su deber.

Lo que deben controlar

— El sentido del ridículo y el exceso de prudencia que frena sus iniciativas.

— Tratar de no esperar hasta el último minuto para resolver trámites.
— Sentirse insatisfechos por no poder aprender todo lo que desearían.
— Considerar que el éxito de sus esfuerzos se mide por resultados prácticos.
— El uso excesivo del verbo «hacer» para llenar su tiempo libre.

Actividad profesional

La profesión estrella de este signo relacionado con la montaña y la roca es la construcción, desde la arquitectura e ingeniería, hasta los grandes imperios empresariales. Capricornio es el constructor nato, el que afianza los cimientos de grandes y sólidas estructuras, ya sean materiales, sociales o políticas, y por si esto fuera poco, la influencia de Saturno pone el foco en otro sector no menos importante: la legislación.

El abanico de profesiones que se adaptan a las capacidades y aptitudes de Capricornio es muy amplio. Por una parte, tenemos a las empresas que se dedican a la explotación y fabricación de materiales de construcción: piedra, mármol, madera, fabricación de cementos, porcelanas, azulejos, cristales... más los oficios asociados a ellas: albañilería, carpintería metálica, ebanistería. También topógrafos, canteros, geólogos, gemólogos y joyeros. Y en una faceta más artística, los escultores en piedra y metales.

En cuanto a legislación, tenemos todas las profesiones relacionadas con temas jurídicos, administrativos y legales, también trabajadores sociales y funcionarios del Estado, además de diversos cargos relacionados con la administración de justicia y el ordenamiento de nuevas leyes. Asimismo, dado el sentido de disciplina de estos nativos, y su facilidad para cumplir las normas, tienen capacidad para trabajar en las fuerzas de orden público como agentes de policía o guardia civil. De igual modo, su claridad de ideas sobre consumo, producción y ahorro hace que sean buenos economistas y gestores, sobre todo en áreas de gestión de presupuestos para organismos oficiales. También destacan como agentes de seguros, agentes comerciales e inmobiliarios y administradores de fincas.

Y si hablamos de otras estructuras como puede ser el cuerpo humano, allí encontramos a los Capricornio ejerciendo de entrenadores deportivos y preparadores físicos. Sin olvidar la rehabilitación, la ortopedia y la especialidad médica de traumatología. Por otro lado, a estos nativos les gusta entregarse en cuerpo y alma a lo que hacen, y no abandonan la parte psíquica y espiritual de las personas, con profesiones como la psicología, el sacerdocio, la filosofía, la teología y pedagogía.

Correspondencias con Capricornio

PLANETA: Saturno. Casa X.
COLOR: negro, gris oscuro.
DÍA DE LA SEMANA: sábado.
METAL: plomo.
PIEDRAS Y MINERALES: obsidiana, azabache.
PLANTAS: hiedra, pinos, abetos.
FRUTOS: ajos, piñones.
PARTES DEL CUERPO: las rodillas, los dientes.

ACUARIO, *el independiente*

SIGNO FIJO DE AIRE, MASCULINO.
REGIDO POR URANO ♅

La fuerza del pensamiento se interioriza en el signo fijo de Acuario, mientras la innovadora influencia de Urano —el planeta de los cambios necesarios, la rebeldía y el progreso—, añade su toque inconformista. Esta unión de signo y planeta universaliza la conciencia de estos nativos y les hace amantes de la libertad. Una libertad bien entendida que se esfuerza por defender derechos y erradicar injusticias, pues en este signo también pesa la influencia de Saturno como planeta co-regente. Así, siempre habrá Acuarios adelantados a su tiempo que asumen el compromiso de romper viejas estructuras. Su forma de ver la vida es poco convencional, y a veces cargan con la etiqueta de ser personas extravagantes y raras, pero esto no los disgusta, al contrario, lo llevan a gala.

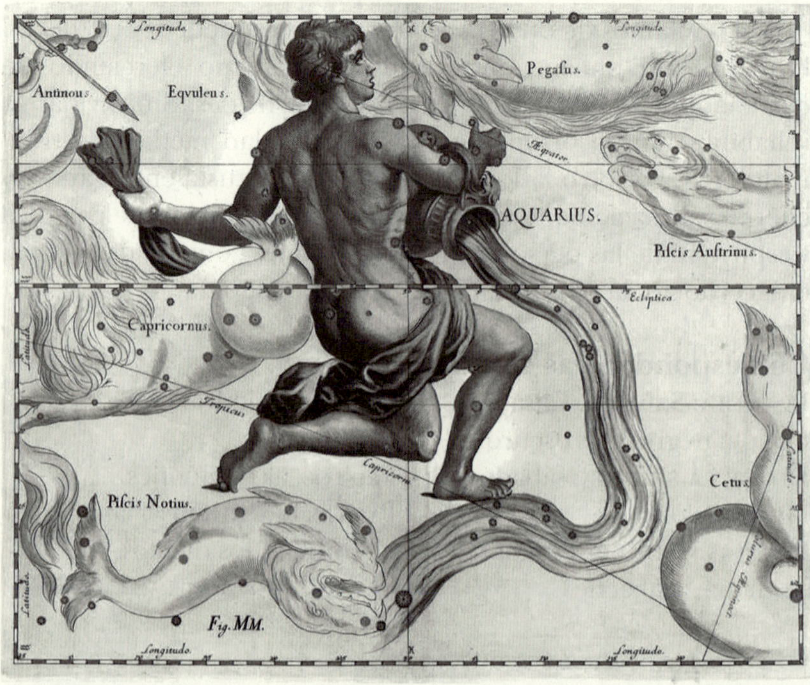

Qué necesitan

Los Acuarios necesitan sobre todo sentirse independientes, y contar con un amplio espacio físico y social para moverse libremente y batir sus alas. Ir y venir «a su aire» para ellos es fundamental, de ahí que les cueste formalizar compromisos, al igual que mantener horarios de rutina y costumbres monótonas. Su carácter abierto e introvertido al mismo tiempo, permite a estos nativos sentirse bien, tanto en soledad como integrados en diferentes agrupaciones; de hecho, cuentan con numerosos amigos, admiradores secretos y también algunos detractores, porque lo cierto es que su compañía a nadie deja indiferente. Acuario, además, necesita estímulos intelectuales, así como cambios, novedades y sorpresas que den sabor a su vida.

Lo mejor de sí mismos

— El afán innovador y progresista que les sitúa a la vanguardia de su tiempo.
— Su despreocupación por las modas, el qué dirán y las tendencias sociales.

— La sinceridad. Si les pides opinión, te dirán abiertamente lo que piensan.
— Su original capacidad para el diseño y para idear y crear inventos.
— Su conciencia global e igualitaria que les hace ser líderes natos.

Lo que deben controlar

— Las reacciones imprevisibles y su desconcertante rebeldía.
— El excesivo afán de libertad que les hace ser excéntricos y solitarios.
— Identificarse con su rol de persona especial y aceptarlo como inevitable.
— Su rechazo al compromiso, en especial, al compromiso sentimental.
— No reconocer abiertamente su debilidad por las adulaciones y el éxito.

Actividad profesional

Acuario es idealista y se esfuerza por conseguir un mundo mejor, por eso no es extraño que en ciertas etapas de su vida estos nativos hayan colaborado de forma activa con alguna ONG, aportando trabajo e iniciativas. Aunque su verdadera meta profesional se centra en llegar a ejercer libremente su vocación. Para Acuario, trabajo y vocación son términos inseparables y no conciben el uno sin el otro. Pero mientras llega la oportunidad que buscan, no van a poner reparos en ganarse la vida con otras ocupaciones. Así, puedes encontrar a Acuarios atendiendo bares de moda en zonas de pinchos y copas, en tiendas de telefonía y videojuegos, en galerías de arte y diseño, en concesionarios de coches y en agencias inmobiliarias y de viajes. Sitios en general, donde puede haber gente interesante que conocer o gente que quiere realizar cambios en su entorno y busca orientación.

También la inquieta mentalidad de Acuario se siente atraída por todo lo que conlleve un toque científico y se preste a la investigación. Los Acuario son inventores en potencia y les fascina la electrónica, las nuevas tecnologías, la robótica y los aparatos de alta precisión, entre ellos los utilizados en medicina nuclear y los telescopios, pues la astronomía puede ser una de sus grandes aficiones. También la astrología y todo lo que represente adelantarse al futuro de alguna forma. Las profesiones liberales tienen igualmente un particular atractivo para ellos, en particular la fotografía y cortometrajes, el diseño gráfico y de páginas web.

Por otra parte, tienen una facilidad innata para la pedagogía, y se les da bien explicar y hacer comprensible cualquier tema por enrevesado que parezca. Y harían igualmente buen papel como trabajadores sociales en sectores de población conflictivos o que requieran mayor apoyo para su integración. Sin olvidar que Acuario es el signo de los sindicalistas, donde su vena reivindicativa e inconformista encaja a la perfección.

Correspondencias con Acuario

Planeta: Urano. Casa XI.
Color: naranja tostado.
Día de la semana: sábado.
Metal: uranio, cromo.
Piedras y minerales: cornalina, calcita.
Plantas: algodón, lino, cáñamo.
Flores: jacinto, orquídeas.
Partes del cuerpo: piernas (pantorrillas y tobillos).

PISCIS, *el compasivo*

Signo mutable de Agua, femenino.
Regido por Neptuno ♆

♓ Piscis es el tercer signo de la trilogía del Agua, un agua que en Cáncer se asocia con la imagen del manantial, en Escorpio con las aguas profundas de cauces subterráneos y en Piscis con la inmensidad del mar.

Emociones y sentimientos se exteriorizan con fuerza en este signo, cuyo símbolo son dos peces que nadan en direcciones contrarias. Para los nacidos Piscis no siempre resulta fácil controlar el movimiento de sus aguas y, a veces, entre olas y corrientes, se ven inmersos en algún que otro vaivén emocional. Pero, aunque

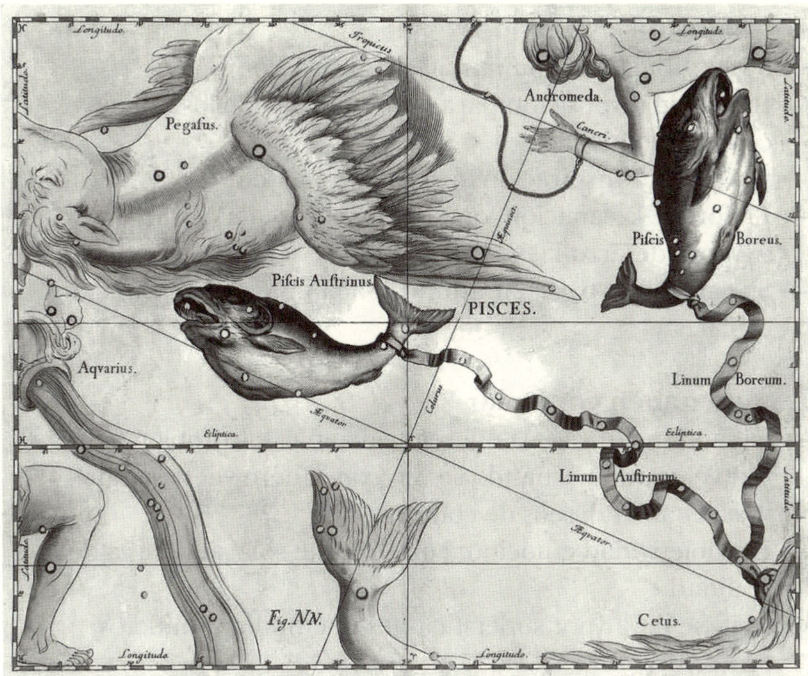

a veces se sientan desconcertados por sus propias emociones, tienen, sin embargo, la capacidad de sintonizar con las preocupaciones y el dolor ajeno. En este sentido, los Piscis empatizan fácilmente con los demás y son muy comprensivos.

Qué necesitan

Los nacidos Piscis necesitan una motivación de vida a la que entregar su corazón. Podría tratarse de una causa humanitaria o religiosa, de una reivindicación social, de un trabajo vocacional, o incluso de su propia familia o pareja, a quienes dedicarían tiempo y cuidados sin límite. Aunque teniendo en cuenta que hablamos de Piscis, unas cosas no tienen por qué excluir otras, ya que ellos son muy capaces de abarcar todo en una entrega total. Por otra parte, la influencia de Neptuno envuelve a estos nativos en una particular neblina que no siempre les deja ver la realidad tal cual es. Por eso, Piscis más que ningún otro signo, necesita tener los pies en el suelo y comprobar el terreno que pisa para no dispersarse.

Lo mejor de sí mismos

— Su sensibilidad y compasión siempre a flor de piel.
— La buena disposición para el voluntariado y los trabajos comprometidos.
— Su intuitiva inspiración artística y espiritual.
— El don de la sanación, que Piscis suele tener, aunque no siempre desarrolla.
— Su capacidad para dar ánimos y acompañar en momentos difíciles.

Lo que deben controlar

— Su fatal inclinación a querer solucionar los problemas de todo el mundo. Cuando se ven con dinero y les asaltan irrefrenables deseos de comprar.
— La subjetividad emocional que admite solo su versión de la realidad.
— Dejarse llevar por supersticiones y acumular amuletos protectores.
— La autocompasión, que los lleva a cambiar del rol de héroe al de víctima.

Actividad profesional

El espíritu inquieto de Piscis se adapta a múltiples terrenos: social, político, científico, sanitario, religioso... aunque quizás sea en las artes plásticas y, sobre todo en la música, donde pueden llegar a ser auténticos expertos, además de componer y desarrollar la inspiración creativa que llevan dentro. Una inspiración que muchas veces surge guiada por Neptuno como un regalo de genialidad.

Pero, centrados en la actividad del día a día, Piscis suele orientar sus capacidades hacia profesiones que tienen como base las relaciones sociales y humanitarias, en especial la sanación, la enfermería y el trabajo social comprometido, relacionado en especial con inmigración, refugiados, albergues de acogida, rehabilitación y reinserción de quienes han tenido problemas con las drogas, el alcohol, los malos tratos, tienen antecedentes penales o aún están en prisión. Asimismo, son buenos en las dinámicas de grupo como el yoga y el tai-chi.

Piscis es un signo mutable y su forma de ver la vida, además de compasiva, es múltiple y colorista. Le costará, por tanto, mantener horarios fijos durante etapas prolongadas, porque necesita emociones, conflictos que solucionar, cambios y también ver caras nuevas cada cierto tiempo, por lo que sin duda disfrutará en sectores relacionados con la publicidad, los medios de comunicación, los viajes y, curiosamente también, en lugares como centros comerciales y grandes almacenes, donde hay de todo, se promocionan novedades y hay gran trasiego de público.

Para Piscis la curiosidad es su veleta, y descubrir secretos una de sus mayores motivaciones, por eso encaja bien en sectores como el periodismo de investigación y en el mundillo de los detectives privados. Por otra parte, es muy intuitivo por lo que no es extraño que el espionaje y la adivinación sean de su agrado.

Correspondencias con Piscis

PLANETA: Neptuno. Casa XII.
COLOR: violeta.
DÍA DE LA SEMANA: jueves.
METAL: cobre, silicio
PIEDRAS Y MINERALES: cuarzo amatista.
PLANTAS: sauce, tomillo, lavanda.
FRUTOS: hongos y setas.
PARTES DEL CUERPO: los pies.

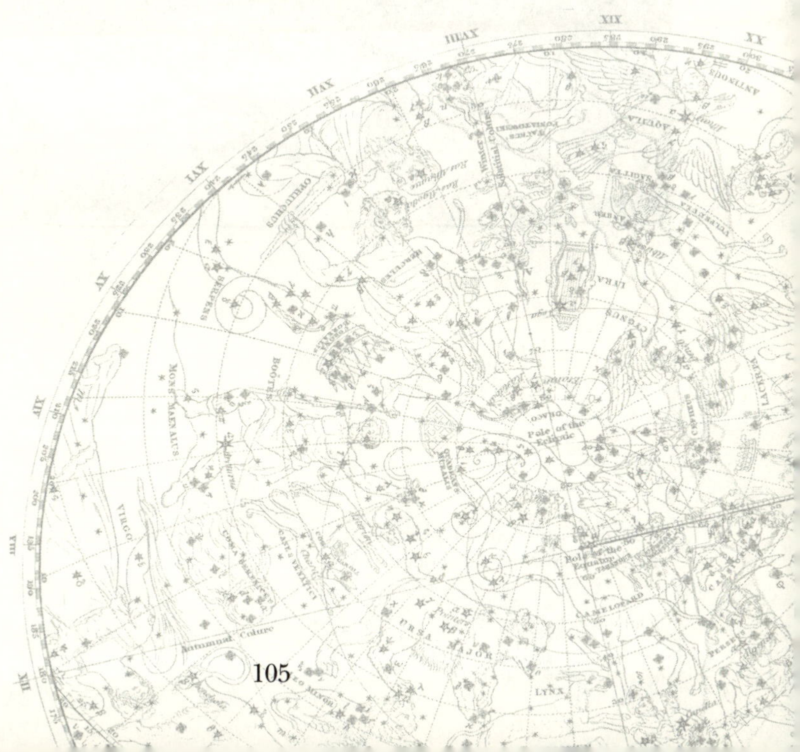

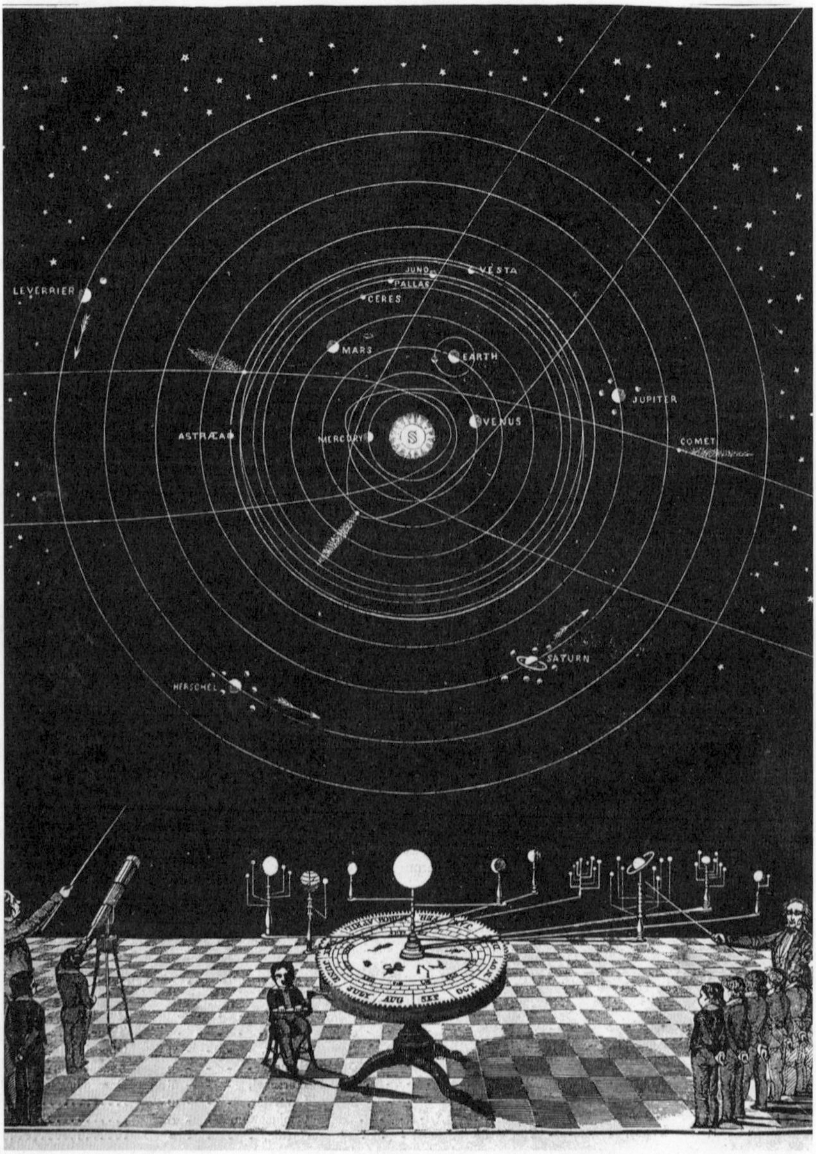

El Sistema Solar con un planetario, *lámina didáctica de Asa Smith, de su obra* Smith's Illustrated Astronomy *(1856).*

LOS PLANETAS

En la introducción del libro, explicábamos cómo la astrología nos permite observar los movimientos de nuestro sistema solar de una forma más personal y cercana. Esto se debe a que la filosofía astrológica parte de un sistema geocéntrico, donde la Tierra (Geo) y el Hombre se sitúan en el centro, mientras que el resto de los astros, incluido el Sol y la Luna, giran a su alrededor. Así, desde la distancia, los planetas y estrellas nos hacen notar su influencia.

Planetas y posiciones zodiacales

Vimos al hablar de los domicilios zodiacales, que cada planeta tiene «su hogar o regencia» en un determinado signo (salvo Mercurio y Venus que rigen dos signos cada uno). Cuando un planeta, por ejemplo, Marte, se encuentra en su signo de *domicilio* (en este caso Aries), estará como en su propia casa, más cómodo y fuerte. Sin embargo, cuando Marte se encuentre en el signo opuesto al de su regencia (Libra), estará en *exilio o detrimento,* es decir, en desarmonía con el entorno. Por otra parte, están los llamados signos de *exaltación*, donde el planeta es recibido con todos los honores y se encuentra con mayor poder y reconocimiento. El signo de exaltación de Marte es Capricornio. Y, por último, se considera al signo opuesto de la exaltación, como signo de *caída,* en este caso para Marte será Cáncer, donde se encontrará más débil y disminuido en sus funciones.

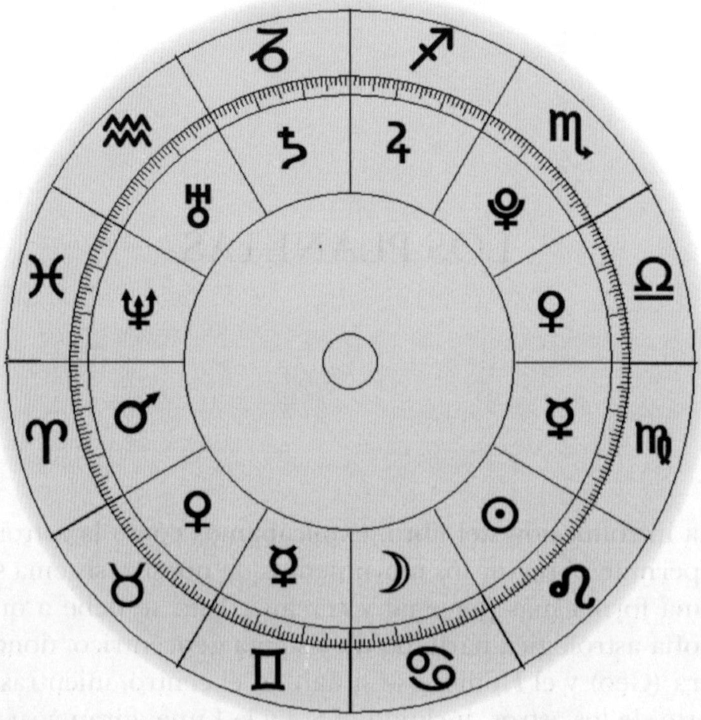

Tabla de domicilios y dignidades planetarias

PLANETA	DOMICILIO Regencia	EXILIO Detrimento	EXALTACIÓN	CAÍDA
☉ Sol	Leo	Acuario	Aries	Libra
☽ Luna	Cáncer	Capricornio	Tauro	Escorpio
☿ Mercurio	Géminis Virgo	Sagitario Piscis	Virgo	Piscis
♀ Venus	Tauro Libra	Escorpio Aries	Piscis	Virgo
♂ Marte	Aries	Libra	Capricornio	Cáncer
♃ Júpiter	Sagitario	Géminis	Cáncer	Capricornio
♄ Saturno	Capricornio	Cáncer	Libra	Aries
♅ Urano	Acuario	Leo	Géminis	Sagitario
♆ Neptuno	Piscis	Virgo	Escorpio	Tauro
♇ Plutón	Escorpio	Tauro	Leo	Acuario

El Sol y la Luna en un grabado del libro de emblemas alquímicos Atalanta Fugiens *(La fuga de Atalanta, 1617) de Michael Maier.*

Las Luminarias: Sol y Luna

El Sol y la Luna, conocidos en astrología como *las luminarias*, trasmiten luz a la Tierra y forman una inseparable pareja que se complementa en perfecto equilibrio, tanto en lo que se refiere al interior del ser humano, como a sus circunstancias y a la propia Naturaleza.

El tándem Sol-Luna (yang y yin zodiacal) es uno de los muchos pares de opuestos que comparten un mismo eje y forman, por asociación, largas cadenas de analogías. Vemos, a modo de ejemplo, algunos de ellos:

☉ SOL	☽ LUNA
masculino	femenino
consciente	inconsciente
activo	receptivo
voluntad	intuición
exterior	interior
día	noche
luz	sombra
blanco	negro
fuego	agua
caliente	frío

☉

EL SOL: *vitalidad y luz*

El Sol invierte 365 días en recorrer las doce constelaciones del zodíaco (360°). Y permanece una media de 30 días (o poco más) en cada signo. De esta forma, la fecha personal de nacimiento se identifica con las cualidades del signo por donde transita el Sol en ese momento. Cualidades que, por tanto, definen la base del carácter de la persona y su natural forma de ser.

Pero el Sol es mucho más, es el dador de vida, es energía y luz, y como tal infunde un impulso único de alegría, confianza, vitalidad y salud.

El Sol anuncia el amanecer y, por analogía, representa la actividad consciente y la visión de futuro. Recrea también los rasgos de la personalidad y determina la fuerza de voluntad, así como la capacidad de decisión, motivación e iniciativa.

El Sol representa la verdad personal, los principios y el concepto de poder, autoridad, autoafirmación y confianza en los propios recursos. A la vez que incorpora a la conciencia el aprendizaje y el fruto de las experiencias vividas.

Por otra parte, representa la paternidad y las figuras que ejercen una autoridad directa como pueden ser los jefes. Por ejemplo, en la carta oficial o anual levantada para un determinado país (con las coordenadas de su capital), el Sol representaría al presidente, rey o jefe de Gobierno.

Los aspectos que forma el Sol con otros planetas indican cómo serán, en líneas generales, las circunstancias de vida de la persona. Ya que los aspectos armónicos auguran una vida cómoda sin grandes sobresaltos, mientras que los aspectos tensos, hablan de crisis y momentos difíciles que habrá que superar.

Entre los defectos solares más destacados están el egocentrismo, la soberbia, la desconfianza, la pérdida de autoestima y la falta de voluntad.

CORRESPONDENCIAS ANATÓMICAS DEL SOL: El corazón y la circulación sanguínea. La oxigenación de la sangre. La columna vertebral y la médula espinal. La glándula timo. El sistema inmunitario y el bazo.

RECUERDA: el Sol tiene su domicilio en Leo y está exaltado en Aries

☽

LA LUNA: *imprescindible y misteriosa*

La Luna, es la más rápida de los cuerpos celestes, pues solo tarda 28 días en recorrer los 360° del zodíaco. Su ciclo (de lunación a lunación) comienza en la fase de Luna Nueva y pasa después por otras tres fases diferenciadas: Luna creciente, Luna llena y Luna menguante, hasta que alcanza de nuevo al Sol y se produce la siguiente Nueva Luna o lunación.

Si en el masculino Sol destacaban cualidades como la actividad consciente y externa, la dinámica de la voluntad y la visión de futuro, en la femenina Luna encontramos su complemento en opuestos tales como la fluidez del inconsciente, el trabajo interior, la sabiduría intuitiva y el recuerdo del pasado.

La Luna es el planeta de la gestación en un amplio sentido, pues además de la maternidad, la fertilidad y fecundación, tiene que ver también con todos los procesos internos de crecimiento personal, donde están presentes igualmente, la imaginación, los sueños, la fantasía, las ilusiones, los estímulos, la creatividad y las reacciones instintivas, entre ellas el instinto de supervivencia.

La Luna se identifica con el hogar, la madre, la familia, los rasgos heredados, las tradiciones, las costumbres y el aprendizaje en la infancia. Asimismo, su influencia comienza con las primeras vivencias durante el periodo de gestación (inconsciente activo).

Para un hombre, la Luna representa, además, a las principales mujeres de su vida, empezando por la propia madre.

El astro nocturno nos habla igualmente de la fuerza del deseo, de las necesidades emocionales y la intimidad, a la vez que expresa nuestra receptividad al entorno y la natural tendencia a la popularidad.

Por otra parte, la Luna tiene que ver con la memoria, ya que no hay verdadera memoria si no hay emoción. La memoria intelectual de datos se pierde, pero la memoria emocional e intuitiva de la Luna siempre está presente, y surge espontánea en forma de corazonadas, en momentos que recuerdan experiencias pasadas o que recrean sensaciones felices.

Con buenos aspectos, la Luna habla de creatividad, inspiración, conexión con la parte inconsciente, buena intuición y capacidad receptiva para el aprendizaje. También de sensibilidad, ternura e instinto de protección.

Con malos aspectos, la Luna lleva a la distorsión de la realidad, unas veces por exceso de fantasía y otras por subjetividad y sensiblería. Los aspectos tensos también provocan apatía, frialdad, tristeza, miedo, susceptibilidad, desconfianza y esterilidad. Por otra parte, las etapas prolongadas de preocupación y sufrimiento emocional suelen ser somatizadas por la Luna y acaban causando diversos tratarnos de salud.

Correspondencias anatómicas de la Luna: el aparato digestivo superior, esófago, estómago y páncreas. El pecho y las glándulas mamarias, el sistema linfático, el útero y el proceso del embarazo y del parto. Los fluidos corporales que mantienen la hidratación interna.

Recuerda: la Luna tiene su domicilio en Cáncer y está exaltada en Tauro.

Diagrama selenográfico que representa las diferentes fases y apariencias de la Luna, del atlas Harmonia macrocosmica *(1661), de Andreas Cellarius.*

Las fases de la Luna y su influencia en la carta natal

La lunación o Luna Nueva se produce con la conjunción exacta del Sol y la Luna en un grado del zodíaco. En ese momento comienza un ciclo lunar que durará 29,5 días aproximadamente, ya que la Luna tarda 28 días en dar la vuelta al zodíaco más un día y medio en alcanzar de nuevo al Sol y comenzar así, la siguiente lunación.

La fase de Luna Nueva abarca entre tres y cuatro días, y durante este tiempo la Luna no es visible en el cielo. En una carta natal, se considera que la persona nace con Luna Nueva cuando esta, se sitúa en la rueda zodiacal después del Sol entre los 0° y los 45° de distancia. Se trata de una posición (o fase) que aporta al nativo un suplemento de vitalidad, impulso y energía, además de un toque juvenil y una actitud positiva ante la vida que mantendrá siempre.

La fase de Luna creciente. Cuando la Luna está situada después del Sol entre los 45° y 150°, se considera que está en fase creciente. Quienes nacen con esta posición en su carta natal suelen ser personas creativas, dinámicas y emprendedoras. También activas y valientes a la hora de afrontar riesgos y desafíos.

La fase de Luna Llena se produce cuando la Luna forma oposición con el Sol (dos semanas después de la Luna Nueva). En esta fase, los grados de distancia zodiacal de la Luna respecto al Sol se dividen entre los 150° y 180° después del Sol (punto de oposición), y ya pasada la oposición, entre los 180° y 150° de retorno antes del Sol. La Luna Llena es la fase de la madurez y el sentido práctico. Quienes han nacido con esta posición lunar serán personas realistas y con facilidad para conocerse bien a sí mismas. Les gustará sentirse útiles a la sociedad y sus criterios serán objetivos y equilibrados.

La fase de Luna menguante se da cuando la Luna se encuentra posicionada entre los 150° y los 45° antes que el Sol. Su influencia despierta el deseo de trasmitir el conocimiento adquirido con la experiencia. De hecho, quienes tienen esta posición suelen ser expertos en alguna materia y tienen capacidad para la enseñanza. Por otra parte, esta posición da cierta tendencia a la añoranza espiritual y facilidad para desprenderse de apegos tanto sentimentales como materiales.

Si la Luna ya está muy menguante, es decir, si se encuentra entre los 45° y 20° antes de alcanzar al Sol y, más en especial entre los 20° y 0°, puede dar falta de energía al nacer y, posteriormente, falta de consistencia en las realizaciones. La persona tendrá que esforzarse más para conseguir logros profesionales o de orden práctico, ya que la dinámica de esta posición, propia de místicos y visionarios, se aleja del éxito social y la abundancia material.

1

2

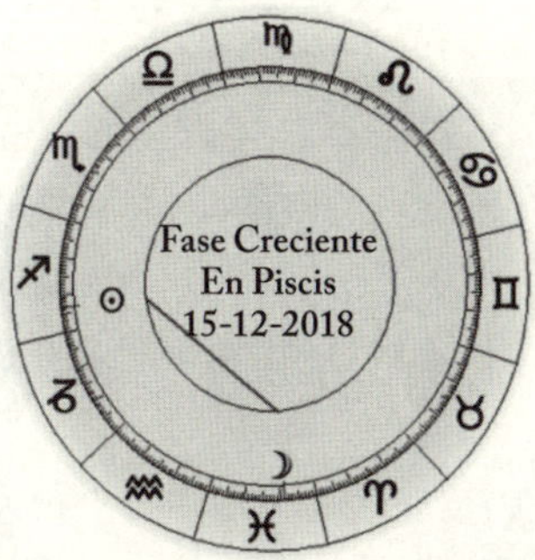

3

4

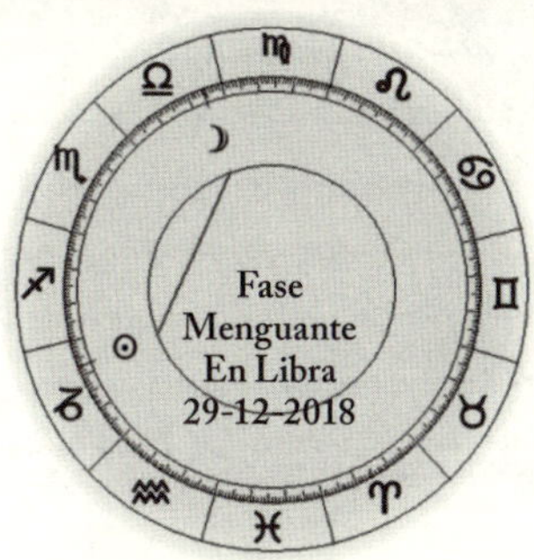

5

En los siguientes gráficos, vemos el recorrido de la Luna respecto al Sol, durante los 29,5 días de una lunación. La fecha elegida como ejemplo es la última Luna Nueva de 2018 (conjunción Sol-Luna), que se produjo el 7 de diciembre en el signo de Sagitario (rueda nº 1). Siete días después, el 15 de diciembre, la Luna ya está en Piscis y en fase creciente (rueda nº 2). Pasados siete días más (22 de diciembre), llegamos a la fase de Luna Llena, cuando el Sol y la Luna están en oposición (rueda nº 3). Una vez transcurridos estos quince días, el Sol que avanza aproximadamente 1º cada día, ya se encuentra en Capricornio, y la Luna que avanza una media de 12,5º diarios, se encuentra en Cáncer. Vuelven a pasar otros siete días y la Luna ya en Libra comienza la fase de Luna menguante (rueda nº 4). Esta fase se prolonga hasta que de nuevo la Luna alcanza al Sol, unos ocho días y medio después (rueda nº 5). Los dos días previos a cualquier Luna Nueva son días de muy poca energía lunar, pues la Luna (muy menguante), ya completó su recorrido y su programa de la lunación anterior (en este caso Sagitario), y todavía no ha iniciado el siguiente ciclo lunar (Luna Nueva en Capricornio).

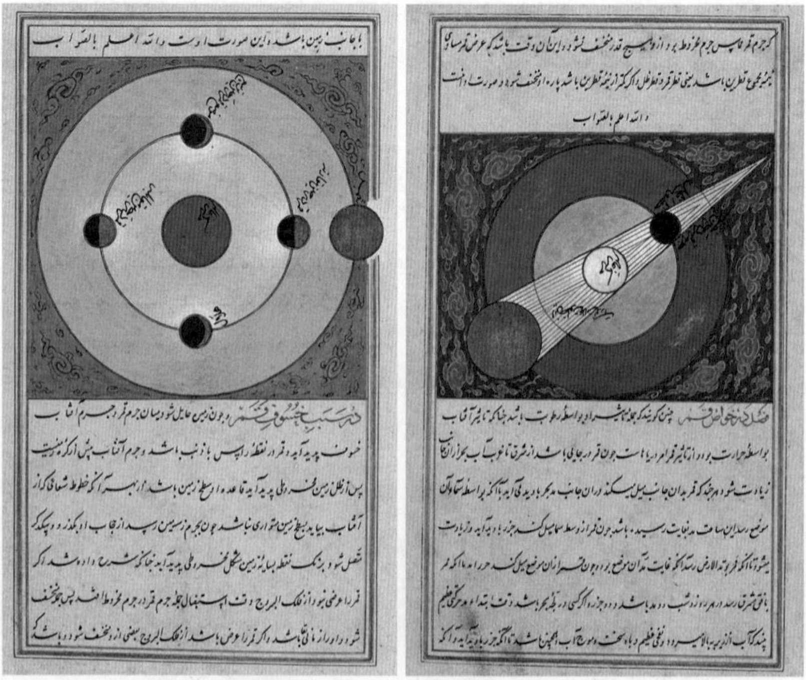

El ciclo lunar y la trayectoria de los rayos del Sol interrumpidos por el globo terráqueo en un eclipse lunar, en una edición de 1566 del manuscrito persa Maravillas de la creación, *del astrónomo y geógrafo persa del siglo* XIII *Zakariya ibn Muhammad al-Qazwini (1203-1283). A la derecha, litografía del* Atlas de astronomía, *de Robert Ball, del s.* XIX.

Algo sobre los eclipses de Sol y de Luna

Los eclipses se producen durante la fase inicial de Luna Nueva (eclipse de Sol) o en la plenitud de la Luna Llena (eclipse de Luna). En ambos casos quedan alineados el Sol, la Tierra y la Luna. Los eclipses pueden ser parciales, de penumbra, anulares o totales. Y en conjunto, se pueden producir al año (como media) entre cuatro y seis eclipses.

Los eclipses de Sol siempre se dan en la fase de Luna Nueva, cuando la Luna pasa delante del disco solar y tapa su luz. Para que un eclipse de Sol sea total, la posición del astro rey tiene que estar también muy cerca de alguno de los Nodos lunares. Así, cuando la Luna Nueva (conjunción Sol-Luna) se produce a menos de 18° de distancia del Nodo, habrá eclipse de Sol,

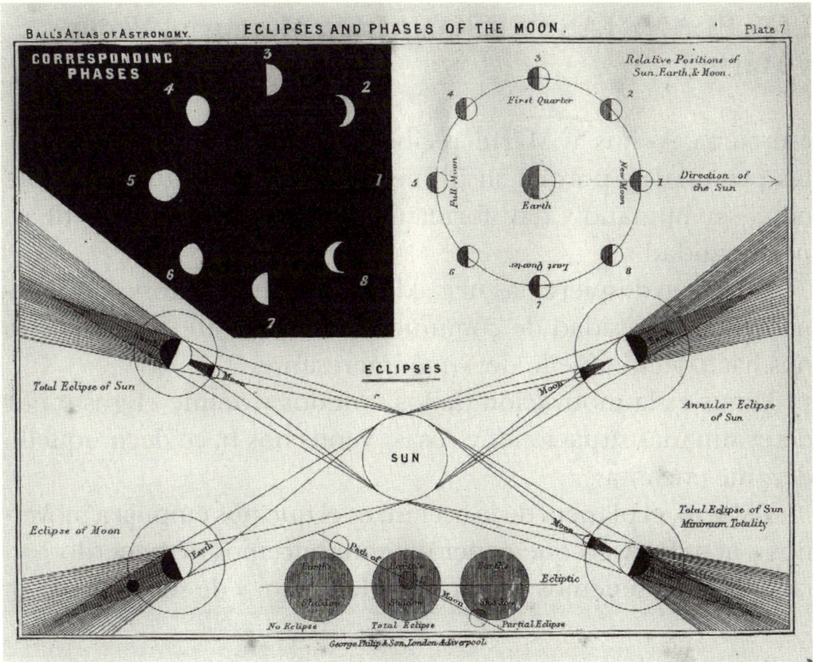

y este llegará a ser total en los casos en que esa distancia sea mínima.

Los eclipses de Luna siempre se dan en la fase de Luna Llena (Luna en oposición al Sol), cuando la Tierra se sitúa entre el Sol y la Luna, y esta queda oculta por la sombra de la Tierra.

Los eclipses, sobre todo los de Sol, tienen gran repercusión mediática como evento astronómico, y suelen levantar cierta expectación en cuanto a su influencia. Desde un punto de vista astrológico, si consideramos que el Sol representa la voluntad, la iniciativa y la actividad consciente, al quedar oculta su luz (energía) por la Luna, estas cualidades solares pierden fuerza frente a otras consideraciones más subjetivas y emocionales. Por tanto, se aconseja no tomar iniciativas que sean decisivas para el propio futuro, durante los tres días previos al eclipse solar, ni tampoco en ese mismo día y el siguiente.

En los eclipses de Luna, cuando esta queda oculta por la sombra de la Tierra, se considera que son días (incluidos anterior y posterior) en los que aumenta la actividad inconsciente, afloran emociones nuevas o poco reconocidas, y resulta más fácil descubrir las verdaderas motivaciones que empujan a actuar.

LOS PLANETAS PERSONALES: Mercurio, Venus y Marte

Mercurio, Venus y Marte reciben el sobrenombre de planetas personales, porque su influencia incide más directamente en el ser humano y dan forma a las distintas tendencias de su personalidad.

Mercurio despierta la curiosidad y las ganas de aprender, además de la necesidad de comunicarse. El estímulo de Mercurio nos hace decir aquello de: «qué interesante»

Venus es la motivación de los sentidos y define el gusto por determinadas situaciones y cosas. Venus nos hace decir aquello de: «me encanta»

Y Marte, el planeta de la acción, es el que nos empuja a movernos y actuar. Algo que generalmente hacemos de acuerdo con la forma que tenemos de pensar (Mercurio) y de sentir (Venus).

☿

MERCURIO: *el estímulo intelectual*

Mercurio tarda casi 88 días en recorrer el zodíaco y es, junto con Venus, uno de los llamados planetas interiores, ya que sus órbitas se mantienen entre el Sol y la Tierra. De los dos, Mercurio es el más cercano al Sol y eso se refleja en el zodíaco, ya que en su tránsito por la rueda zodiacal nunca se aleja del astro rey más de 28°. Por esta razón, los únicos aspectos que se pueden formar entre el Sol y Mercurio son la conjunción y el semisextil.

Como planeta, Mercurio está relacionado con la destreza manual y la agilidad mental. Indica la necesidad que tenemos de comunicarnos con los demás, así como la capacidad de comprensión y aprendizaje. También se identifica con la memoria, la lógica, la inteligencia práctica y la facilidad de expresión, ya sea con el habla, la escritura, los gestos o el movimiento. De esta forma, Mercurio en armonía con la Luna favorece las dotes

Mercurio. *Grabado de Hans Sebald Beham, de su serie* Los siete planetas con los zodíacos *(c. 1539).*

literarias. En armonía con Venus facilita la buena disposición para la danza y el canto y en armonía con Marte aumenta la agilidad física y resistencia para el deporte.

Por otra parte, Mercurio también tiene que ver con los transportes urbanos, con el correo, el teléfono y los medios de comunicación: prensa, radio, televisión y redes sociales, además del entorno habitual de la persona, como puede ser el vecindario, los locales que frecuenta y el ambiente laboral y de compañerismo en el trabajo.

Por su vinculación con Géminis, Mercurio guarda relación con el don de la oportunidad y el poder de convicción. También con el comercio, las transacciones de compraventa y las negociaciones económicas.

Y por su vinculación con Virgo, la influencia de Mercurio —más estudiosa y científica—, se centra en la investigación, el cálculo, el análisis y la observación.

Con buenos aspectos, Mercurio favorece el humor inteligente, la sagacidad y los reflejos mentales. También la facilidad de oratoria y la habilidad para entretener de forma amena y divertida. Potencia igualmente la memoria y la buena disposición para los idiomas, así como la capacidad de síntesis, la habilidad negociadora y el sentido práctico.

Con malos aspectos, Mercurio da tendencia al sarcasmo, la crítica y la burla. También puede ser causa de defectos en el habla (tartamudeo) y en la comprensión lectora (dislexia). Por otra parte, puede dar torpeza social, timidez extrema para expresarse en público, o por el contrario, indiscreción y meteduras de pata por no saber callar a tiempo. Además, Mercurio con malos aspectos provoca mala memoria, costumbre de mentir, tendencia a ser repetitivo, lentitud de reflejos mentales y dispersión en el aprendizaje.

Correspondencias anatómicas de Mercurio: tráquea, faringe, bronquios y pulmones. Los intestinos. La glándula tiroides y el sistema nervioso. El oído. Mercurio afligido puede dar problemas respiratorios como el asma, neurológicos tipo ansiedad y estrés o incluso de locomoción (espasmos, calambres, vértigos).

Recuerda: Mercurio tiene su domicilio en Géminis y en Virgo, y está exaltado igualmente en Virgo.

♀

VENUS: *saber vivir, saber amar*

Venus, a excepción del Sol y la Luna, es el astro más brillante del cielo. Se le conoce como «lucero del alba» por ser visible al amanecer incluso antes de salir el Sol. También de noche su brillo destaca sobre el resto de las estrellas.

En su recorrido por el zodíaco, Venus invierte 225 días. Y al igual que ocurría con Mercurio, la cercanía de su órbita al Sol hace que en la rueda zodiacal no se aleje del astro rey más de 48°. Por tanto, los únicos aspectos que se pueden formar entre

Venus. *Grabado de Hans Sebald Beham, de su serie* Los siete planetas con los zodíacos *(c. 1539).*

Venus y Sol son una conjunción, semisextil (30°) y semicuadratura (45°).

Venus es el planeta de la armonía, la belleza, el arte, el erotismo y el amor. Favorece la capacidad de saber dar y recibir en equilibrio, especialmente en las relaciones personales y afectivas. También trasmite paz, armonía y reconciliación. Representa los valores estéticos, el buen gusto y los placeres sensoriales que llegan a través de los sentidos. Permite, por ejemplo, disfrutar y emocionarse con las artes plásticas y escénicas, con la música, la belleza natural y decorativa, los sabores, los perfumes y la suavidad del tacto y la piel (tejidos, cosmética).

En buena conexión con Neptuno eleva el espíritu y la inspiración artística. En armonía con Júpiter permite descubrir la auténtica vocación, y en unión a Marte despierta la pasión amorosa.

Su posición en un horóscopo habla de la forma de expresar los sentimientos, del grado de delicadeza y elegancia en las relaciones. Señala también la capacidad para ilusionarse, el carisma personal y la buena disposición para el agradecimiento. Venus tiene relación directa con la música, la voz, la decoración, las modas, los jardines, las flores, los dulces y los regalos. Y por su vinculación con Tauro también está relacionado con el lujo y las finanzas.

Con buenos aspectos, Venus trasmite encanto y seducción, además de potenciar el don de la oportunidad que permite caer bien, agradar, llegar en el momento adecuado y ser diplomático. Asimismo, concede una habilidad especial para el arreglo personal y para crear un ambiente acogedor en decoración.

Con malos aspectos, da frivolidad, coquetería, amoríos, falta de gusto, atracción por el lujo, comodidad, pereza, dejadez, vanidad, presunción, glotonería y celos en el amor.

Correspondencias anatómicas de Venus: la garganta, laringe, las cuerdas vocales, la lengua, el paladar y el sentido del gusto, los ojos y el sentido de la vista. La sangre venosa. Los riñones, la vejiga. El sistema hormonal femenino.

Recuerda: Venus tiene su domicilio en Tauro y en Libra. Y está exaltado en Piscis.

♂

MARTE: *pasamos a la acción*

Marte —el planeta rojo— mantiene varias afinidades físicas con la Tierra, entre ellas, la inclinación de su eje de rotación y el tiempo que invierte en la misma que son veinticuatro horas, también la presencia de hielo en sus polos, los cambios estacionales y los grandes cañones formados, previsiblemente, por la erosión del agua. Aunque al estar más alejado del Sol, emplea casi el doble de tiempo que nuestro planeta, 687 días, en recorrer su órbita zodiacal.

En astrología se considera a Marte como un planeta activo y masculino que representa el deseo de conquista, la disciplina, la voluntad y determinación, el impulso y la pasión. Su imagen simbólica se identifica con el guerrero, el luchador, el deportista

Marte. *Grabado de Hans Sebald Beham, de su serie* Los siete planetas con los zodíacos *(c. 1539).*

de élite y todo aquél que acepte desafíos y persevere para vencer obstáculos. Quienes tienen a Marte bien posicionado no se rinden con facilidad, ya que este planeta lleva en su naturaleza el afán de supervivencia y la autoafirmación que ayuda a superar dificultades.

Por otro lado, Marte también resulta reivindicativo y empuja a exigir y defenderse, a resistir y luchar. De ahí que su posición y aspectos en un tema natal explique hasta qué punto la persona es valiente, arriesgada y emprendedora o, por el contrario, es temerosa, agresiva y competitiva.

Relacionados con Marte están los ejércitos, las armas, los mandos militares y policiales. También el atletismo, las artes marciales y el mundo laboral vinculado con trabajos que requieran esfuerzo físico, manejo de maquinaria pesada o guarden relación con la metalúrgica, la forja, las fábricas de coches y los talleres mecánicos.

Con buenos aspectos, Marte potencia la autodisciplina y el amor propio. Da fuerza, impulso, energía, eficacia, espíritu combativo, capacidad de heroísmo y también de entrega y sacrificio por causas que lo justifiquen, así como autoridad de carácter, disciplina en el día a día y vigor sexual.

Con malos aspectos, Marte se embrutece y puede resultar pendenciero, bravucón y violento. Favorece también la intolerancia, el rencor, la ira y los deseos de venganza. Propicia, asimismo, las imprudencias temerarias, el gusto por el riesgo y la velocidad, la sinceridad agresiva y un estilo de lenguaje que puede resultar irreverente y grosero.

Correspondencias anatómicas de Marte: la nariz y el sentido del olfato. Los músculos y tendones. El sistema hormonal masculino. Los glóbulos rojos, el nivel de hierro en la sangre y los cambios de temperatura corporal (fiebres). La glándula pituitaria o hipófisis.

Recuerda: Marte tiene su domicilio de regencia en Aries y está exaltado en Capricornio.

LOS PLANETAS SOCIALES: Júpiter y Saturno

Hemos visto cómo los planetas personales, Mercurio, Venus y Marte, nos permiten conocer mejor nuestra forma de pensar, de comunicar y de expresar los sentimientos, además de nuestra actitud ante la vida. Y tras ellos, según el orden de distancia al Sol, encontramos a Júpiter y Saturno, dos planetas ya descubiertos y estudiados en la antigüedad, que recibieron el nombre de «cronocratores» o señores del tiempo. Esta denominación se debe a la influencia que, a nivel mundial, ejercen sus grandes ciclos de conjunciones (el ciclo mayor que completa el zodíaco se da cada 800 años y las conjunciones menores cada veinte años). Con el paso del tiempo se ha podido comprobar la sincronicidad de estos períodos con los cambios históricos y geopolíticos que se han ido sucediendo.

Pero al margen de sus grandes ciclos, la astrología moderna considera a Júpiter y Saturno «planetas sociales», ya que ambos generan el «contrato social» necesario que facilita la convivencia de cada individuo en sociedad, y a la sociedad misma como sistema de protección y apoyo.

A nivel personal estos planetas hablan de cómo nos afectan e interactuamos en los movimientos de cambio social, cultural, ideológico, moral, ético e incluso laboral que se dan generación tras generación.

Ambos planetas se complementan a la perfección, de forma que en una carta natal la posición de Júpiter (signo, Casa y aspectos) indicará el área donde se encuentran las mejores oportunidades de progreso y satisfacción personal. Mientras que la posición de Saturno indicará donde están las limitaciones y compromisos que por «karma o destino» hay que asumir.

Júpiter es expansivo, generoso y despreocupado.

Saturno es concreto, conservador y responsable.

♃

JÚPITER: *fuente de oportunidades*

Júpiter es el planeta más grande de nuestro sistema solar. Es gigantesco, ya que su masa es superior al doble de la masa de todos los demás planetas juntos. Alrededor suyo orbitan hasta doce lunas reconocidas, aunque entre lunas y satélites se sabe que hay bastantes más. Sus cuatro lunas mayores que ya fueron descubiertas por Galileo Galilei en 1610 son Ganimedes, Calixto, Io y Europa.

Júpiter tarda casi 12 años en dar la vuelta completa al zodíaco, por lo que se mantiene un año (de media) en cada signo.

Conocido como el planeta de la abundancia, Júpiter aporta confianza y optimismo ante la vida. Su positiva filosofía invita al crecimiento y la prosperidad. Ayuda a expandir horizontes y a reconocer el valor de las propias creencias y principios. Asimismo, induce a buscar el dios personal que cada uno lleva dentro, de forma que su posición natal representa también el área donde se encontrará más fácilmente el sentido y significado de la propia existencia. De igual modo alimenta los grandes ideales y el afán de hacerlos realidad.

Júpiter. *Grabado de Hans Sebald Beham, de su serie* Los siete planetas con los zodíacos *(c. 1539).*

En suma, Júpiter impulsa a la expansión vital y al deseo de crecer en abundancia, prestigio, conocimiento, filosofía, ética, aceptación y también espiritualidad.

Por otra parte, representa la capacidad adquisitiva, el poder y el triunfo. Bajo su influencia están los mecenas, los magnates y grandes empresarios, así como los políticos de élite y altos funcionarios. También las universidades, las creencias religiosas y los grandes viajes.

Con buenos aspectos. Júpiter atrae circunstancias afortunadas y oportunidades de éxito. Aporta generosidad, optimismo, tolerancia y buen humor, además de un equitativo sentido de la justicia. Por otra parte, favorece la plenitud emocional, la jovialidad, el entusiasmo y la determinación para ver cumplidas las más íntimas aspiraciones.

Con malos aspectos. Al ser Júpiter portador de bienestar y abundancia, sus cualidades negativas no siempre son apreciadas por la persona como un defecto, y a veces provocan una falsa sensación de poder y merecimiento que puede llevar a la hipocresía y la perversión. También los aspectos tensos de Júpiter inclinan al derroche, los excesos, el afán de protagonismo, la prepotencia y el ansia de poder. Provocan, asimismo, adicciones difíciles de controlar, en especial con el juego (ludopatía) y la comida (gula).

Correspondencias anatómicas de Júpiter: la sangre arterial, el hígado y las reservas de grasa. La vesícula biliar. Júpiter regula también el crecimiento de las células.

Recuerda: Júpiter tiene su domicilio zodiacal en Sagitario. Y está exaltado en Cáncer.

♄

SATURNO: *señor del tiempo y los ajustes*

Saturno, al igual que Júpiter, es un planeta de gran envergadura, con un radio diez veces mayor al de la Tierra. A su alrededor también orbitan varios satélites, entre los que destaca Titán por su tamaño superior al resto. Aunque la característica astronómica más conocida de Saturno la forman los círculos concéntricos que, a una distancia equidistante, giran paralelos a su plano ecuatorial. Estas inmensas formaciones circulares de partículas son conocidas coloquialmente como los «anillos de Saturno».

Hasta bien avanzado el siglo XVIII, puesto que Urano fue descubierto en 1781, se consideraba a Saturno como el planeta más alejado de nuestro Sistema Solar, el último por así decirlo, el que envolvía al resto. De ahí que se le atribuyera, con respecto al cuerpo humano, la regencia de la piel. Saturno tarda en recorrer el zodíaco (ciclo sidéreo) algo más de 29 años y se mantiene de media dos años y cuatro meses en cada signo.

La naturaleza de Saturno implica la aceptación de las propias limitaciones y responsabilidades. Su posición en una carta natal suele indicar el terreno donde todavía queda algún aprendizaje pendiente, y donde aparecen con claridad los miedos e inseguridades que hay que superar. A menudo se le considera

Saturno. *Grabado de Hans Sebald Beham, de su serie* Los siete planetas con los zodíacos *(c. 1539).*

un planeta maléfico, aunque en realidad no lo es, ya que simplemente se ocupa de crear las condiciones adecuadas para que cada uno recoja lo que sembró con anterioridad. De esta forma solo genera circunstancias restrictivas y cargas cuando son necesarias para la propia evolución. Por otra parte, Saturno establece las reglas, normas y leyes que ayudan a mantener la seguridad y el orden en la convivencia social. Y en este sentido va asociado a los estamentos oficiales y judiciales (ministerios, ayuntamientos, juzgados).

Propicia, asimismo, la paciencia y la austeridad, a la vez que da estabilidad, constancia, madurez de criterio, capacidad de organización, de estudio y de orden. Otras de sus cualidades son: la buena administración, el ahorro, el sentido del deber, el respeto, la ética, la dignidad moral y el espíritu de sacrificio. Como señor del tiempo, permite tomar conciencia de todo aquello que toca a su fin y debe ser abandonado, de ahí que ayude a superar apegos y obsesiones.

CON BUENOS ASPECTOS, Saturno favorece la honradez, la fidelidad, la rectitud, la sencillez y la modestia. Garantiza igualmente la estabilidad material (no da abundancia, pero sí mantiene lo más necesario). Ayuda también a sacar buen provecho de las experiencias vividas.

CON MALOS ASPECTOS, Saturno provoca pesimismo, soledad, tristeza y estados depresivos. Da también frialdad emocional, tacañería y rigidez de carácter, además de sensación de pérdida, melancolía, incomprensión, amargura y aislamiento voluntario.

CORRESPONDENCIAS ANATÓMICAS DE SATURNO: el sistema óseo (esqueleto completo, articulaciones y cartílagos). Los dientes y el equilibrio del calcio. La piel, el pelo y las uñas.

RECUERDA: Saturno tiene su domicilio zodiacal en Capricornio y está exaltado en Libra.

PLANETAS TRANSPERSONALES: Urano, Neptuno y Plutón

Estos tres planetas son conocidos también como planetas exteriores por estar mucho más alejados del Sol que Júpiter y Saturno, y por mantener una órbita irregular de largo recorrido. Pero el nombre de transpersonales les define igualmente bien, dado que su influencia es más colectiva que personal. Permanecen varios años en cada signo y marcan claras tendencias generacionales. Además de influir en las correspondientes modas, líneas de pensamiento, avances científicos, cambios económicos y sociopolíticos.

Resulta curioso observar cómo en las distintas etapas en que fueron descubiertos sucedían, a nivel mundial, acontecimientos muy en sintonía con la naturaleza de cada uno de ellos. De hecho, antes de que fueran reconocidos oficialmente como nuevos planetas de nuestro Sistema Solar, su influencia ya se había hecho notar en la sociedad y los acontecimientos históricos.

El innovador e independiente Urano, considerado como el planeta de las libertades, los cambios revolucionarios y las rupturas, fue descubierto en 1781 por un apasionado de la astronomía, sir William Herschel, con ayuda del potente telescopio que él mismo se fabricó.

Durante la etapa de observación del planeta, el mundo estaba inmerso en un período de levantamientos y luchas por conseguir derechos. Así, Estados Unidos reclamaba su independencia a Gran Bretaña en una guerra que finalizó en 1783. La Revolución Francesa, con su uraniano lema de «libertad, igualdad y fraternidad», no tardaría en estallar (1789), seguida de las guerras napoleónicas y el final de varias monarquías europeas. El progreso libertador de Urano ya estaba en marcha y con él, también se comenzó a erradicar la esclavitud y a tener en cuenta los derechos de los trabajadores.

El etéreo y compasivo Neptuno, fue descubierto oficialmente en 1846 por el alemán Johann Galle, aunque ya había sido observado con anterioridad por el francés Le Verrier y el británico John Adams. Durante el período de su descubrimiento empezó a utilizarse el vapor en la industria, el gas en la iluminación y la anestesia en medicina. Por otra parte, la sociedad y los organismos oficiales comenzaron a concienciarse sobre la necesidad de atender en gratuidad a pobres, huérfanos y enfermos. Además, durante la segunda mitad del siglo XIX, aumentó la difusión y el interés por los temas ocultos, la hipnosis, las sesiones espiritistas, la libre espiritualidad y todo lo relacionado con la vida después de la muerte física.

El polémico Plutón —señor de las profundidades— fue descubierto en febrero de 1930 por el norteamericano Clyde W. Tombaugh, en base a los cálculos realizados anteriormente por su colega Percival Lowell. El nombre de este planeta se identifica bastante con el mito romano del dios del inframundo, y los tesoros ocultos del interior de la tierra (minerales, fósiles).

Durante la etapa de su observación y posterior descubrimiento, se consolidó la era del petróleo y la macroeconomía. Por otra parte, también nacía una nueva ciencia: la psicología del inconsciente y el psicoanálisis, que permitía profundizar en esa parte aún desconocida del ser humano. Plutón está muy relacionado con la regeneración y transformación personal (trabajo interior), la superación y la idea de la muerte como renacimiento.

♅

URANO: *maestro del cambio y la improvisación*

Urano fue el primer planeta descubierto con telescopio, pues aunque había sido observado con anterioridad, su condición de planeta generaba dudas, sobre todo por su escasa luminosidad, su lentitud de movimiento y su aparente forma, ya que su eje de rotación está tan inclinado (casi un 98%) respecto al plano de su órbita, que parece que «camina» tumbado. Posee, como Saturno, un sistema de anillos a su alrededor y dos satélites destacados conocidos con el nombre de Titania y Oberón.

Su ciclo de recorrido zodiacal alcanza los 84 años, por lo que su media de permanencia en cada signo es de siete años.

Urano es el planeta del progreso, la innovación y los inventos. Está relacionado con el afán de independencia y la libertad individual, además de ser el promotor de los cambios repentinos y necesarios. Actúa como despertador de conciencias y aviva la capacidad de rebelarse contra lo que se considera injusto, caduco o abusivo. Su posición en la carta natal señala el área donde la persona muestra su inconformismo y tiende a rebelarse. Aunque también será el área donde encontrará su mayor inspiración para improvisar y descubrir nuevas capacidades y recursos.

Urano también representa el altruismo, la benevolencia y la capacidad de renuncia. Bajo su regencia está la electricidad, la energía nuclear y la física cuántica. También la fotografía, el cine (en especial de ciencia ficción), las astronomía, la informática y robótica.

Con buenos aspectos, Urano se muestra creativo, audaz, ingenioso, original y solidario. Favorece la aceptación y adaptación para sacar provecho de los propios errores. Promueve, asimismo, la libertad de espíritu, las sorpresas y coincidencias afortunadas. Los flases de inspiración y la percepción intuitiva.

Con malos aspectos, Urano se vuelve arbitrario, inestable, imprevisible, conflictivo y rebelde sin causa. Genera tendencia a rechazar cualquier tipo de compromiso (sentimental, moral) y rehúye las rutinas (laboral, doméstica, familiar). Provoca asimismo rupturas y tensiones.

Correspondencias anatómicas de Urano: sistema nervioso autónomo o neurovegetativo que controla las funciones involuntarias como el ritmo cardiaco, presión arterial, los espasmos musculares, salivación, sudoración, etc. Las reacciones alérgicas.

Recuerda: Urano tiene su domicilio zodiacal en Acuario y está exaltado en Géminis.

♆

NEPTUNO: *místico y soñador*

El sutil y perceptivo Neptuno fue descubierto, gracias a la intuición del matemático francés Urbain de Le Verrier, quien, al observar ciertos comportamientos de Urano, presintió la presencia de otro planeta aún más lejano. Hizo cálculos sobre su posible posición y encargó su localización telescópica al astrónomo alemán Johann Galle, quien finalmente confirmó el hallazgo de un nuevo planeta en nuestro Sistema Solar.

Neptuno tarda casi 165 años en realizar su recorrido zodiacal completo, y permanece en cada signo entre trece y catorce años. Su satélite más destacado es Tritón.

Neptuno está relacionado con el deseo de sublimación y ejerce su influencia sobre lo que está más allá de lo real y establecido. Para Neptuno no existen límites físicos ni materiales y permite desarrollar la percepción extrasensorial. Es visionario, sutil, sensible, soñador, mediúmnico y sanador. Transciende la conciencia cotidiana y la encamina hacia el idealismo, la compasión y la espiritualidad. Potencia también la receptividad y la inspiración más elevada.

Con buenos aspectos, inspiración artística, plenitud emocional, paz interior, elevación espiritual, visión de futuro, sueños reveladores y de premonición.

Con malos aspectos, Neptuno puede provocar confusiones, despistes, engaños (autoengaños) e intrigas. También alucinaciones, psicopatías, locura, escapismo mental, fanatismo y trastornos de la personalidad. Se le relaciona igualmente con las intoxicaciones, las drogas, los fármacos y el alcohol.

Correspondencias anatómicas de Neptuno: el tálamo (transmisión de estímulos sensoriales), la glándula pineal (melatonina, endorfinas) y el ritmo circadiano (patrones del sueño).

Recuerda: Neptuno tiene su domicilio zodiacal en Piscis y está exaltado en Escorpio.

♇

PLUTÓN: *tocar fondo y resurgir*

Plutón es el planeta más lejano, más pequeño y más contradictorio de nuestro Sistema Solar. Su recorrido completo por el zodíaco alcanza los 248 años. Y aunque la media de permanencia por signo quedaría 20 años, debido a la excentricidad de su órbita, su recorrido puede oscilar entre los 12 y los 23 años, según mantenga su inusual movimiento en uno u otro signo.

Plutón es el planeta de la transformación, la superación y la regeneración en un amplio sentido. Es un planeta de poder y magnetismo que representa las fuerzas colectivas del inconsciente y que, a nivel personal, nos enfrenta a las emociones más oscuras y profundas.

Su posición en la carta natal indica el área donde se pondrá a prueba nuestra capacidad de superación y firmeza ante la adversidad, además de aportar energía y poder de recuperación para hacer frente a las crisis. Aunque a veces, también puede generar sensación de culpa o exceso de responsabilidad en relación a la Casa donde se encuentra.

Plutón es radical y pasional, puede ser sanador y revitalizador, pero también controlador, destructivo y tirano.

A nivel general, Plutón está relacionado con los subterráneos, las cuevas, el petróleo, los cementerios y los volcanes.

Con buenos aspectos, Plutón da carisma y magnetismo. Potencia la capacidad de renovación y recuperación (sobre todo en la salud si armoniza con el Sol). Permite reconstruir sobre las propias ruinas. Reinventarse. Da aptitudes para la investigación científica, la hipnosis y la psicología clínica. También para la mediumnidad y el ocultismo.

Con malos aspectos, propicia las obsesiones (en especial por el control). Da rarezas, complejos, excesos, extravagancias y perversiones sexuales, y celos patológicos. Fuerza incontrolada, estallidos violentos, explosiones de carácter.

Correspondencias anatómicas de Plutón: los órganos sexuales, la función reproductora, y la capacidad sanadora de recuperación.

Recuerda: Plutón tiene su domicilio zodiacal en Escorpio y está exaltado en Leo.

Los Nodos Lunares

☊ Nodo Norte ☋ Nodo Sur

Los Nodos Lunares —Norte y Sur— también conocidos como Cabeza y Cola de Dragón, se corresponden con los puntos de intersección de la órbita de la Luna con la eclíptica del Sol. Ambos Nodos, durante su recorrido por el zodíaco, se mantienen en oposición (eje nodal) y se mueven hacia la derecha (sentido de las agujas del reloj), justo al contrario que los planetas que avanzan hacia la izquierda. Su velocidad media de recorrido es de casi dos grados por mes, de forma que tardan unos dieciocho años y medio en dar la vuelta completa al zodíaco.

La posición que ocupan los Nodos en la carta natal tiene su particular significado, y su influencia se nota igualmente, cuando por tránsito cambian de signo o bien alcanzan otras posiciones destacadas de la carta.

El Nodo Norte habla de futuro, de potencial aún por desarrollar, de nuevas experiencias y aprendizajes, así como del propósito de la presente vida. Señala, en definitiva, el camino a seguir para el crecimiento espiritual y evolutivo. El Nodo Norte se identifica con el avance y la integración, mientras que el Nodo Sur representa el eslabón de unión con el pasado, los apegos, miedos y limitaciones que impiden avanzar. Habla también del karma de vidas anteriores que aún queda por resolver, y de la necesidad de disolver traumas y culpas. El Nodo Sur se identifica con el estancamiento y la necesidad de superación.

Hay que viajar hacia las metas que señala el Nodo Norte, y para ello, hay que soltar el lastre que aún queda en el Nodo Sur. La vuelta de los Nodos a su punto inicial de nacimiento marca ciclos de edad como los 19, 38, 57 y 76 años, ciclos que resultan interesantes por las claves y oportunidades que aportan de cara a la evolución personal. La vuelta de los Nodos ayuda a crear conciencia sobre la tarea que cada uno trae para la presente vida.

Vemos algunas de esas claves teniendo en cuenta la posición de los Nodos solo en signos:

— Para el Nodo Norte en Aries con el Sur en Libra: potenciar la propia iniciativa, la decisión y autonomía, sin esperar la aceptación de los demás. En una palabra, ser más individualista y menos dependiente de la opinión ajena. El lastre a superar es la inseguridad personal.

— Para el Nodo Norte en Tauro con el Sur en Escorpio: aprender a ser más firme de carácter, estable y práctico, evitando emociones y egoísmos que perturben el sentido de la realidad. El lastre para soltar es la desconfianza.

— Para el Nodo Norte en Géminis con el Sur en Sagitario: escuchar y aprender del entorno cercano, de una forma ágil y directa. Sin dispersarse en metas muy altas, ni divagaciones que lleven a perder el tiempo. El lastre a superar sería no obsesionarse con querer alcanzar metas poco viables, mientras se dejan pasar oportunidades reales.

— Para el Nodo Norte en Cáncer con el Sur en Capricornio: sentirse integrado en el grupo familiar, compartir sentimientos con ellos y expresar lo mejor de uno mismo. En la familia siempre se encontrará apoyo. Por otra parte, conviene dejar en un segundo plano las ambiciones personales y los intereses materiales que generen dilemas o lleven a forzar situaciones.

— Para el Nodo Norte en Leo con el Sur en Acuario: aprender a tener más autoconfianza y seguridad en la propia valía. Hay que sentir el poder interior y agradecerlo, pero sin sentirse especial, ni buscar ambientes exclusivos. El lastre a superar es la tendencia al aislamiento.

— Para el Nodo Norte en Virgo con el Sur en Piscis: tener actitud de servicio y disponibilidad de hacer favores a los demás, esto es, dedicarles tiempo, consejo y ayuda práctica cuando sea necesario y lo pidan. El lastre que puede generar el Nodo Sur en Piscis es esperar agradecimientos, reconocimientos o dependencias emocionales por el servicio prestado.

— Para el Nodo Norte en Libra con el Sur en Aries: la clave está en compartir ideas y aceptar sugerencias y críticas. Mientras se evita imponer la propia voluntad y la toma de las decisiones que se antojan más rápidas y mejores. El lastre a superar es la impaciencia.

— Para el Nodo Norte en Escorpio con el Sur en Tauro: caminar ligeros de equipaje y asumir los cambios necesarios que traen nuevas experiencias. Sin olvidar que para ello hay que soltar apegos y no acumular bienes materiales.

— Para el Nodo Norte en Sagitario con el Sur en Géminis: la objetividad deberá estar siempre en el punto de mira. La clave está en ampliar la visión de conciencia y la tolerancia, sin distraerse con trivialidades, modas, famoseos y otras frivolidades pasajeras. El lastre a superar es la dispersión.

— Para el Nodo Norte en Capricornio con el Sur en Cáncer: ser responsable y honesto consigo mismo, sin eludir los compromisos del ámbito familiar. El lastre de este nodo Sur suele identificarse con apegos sentimentales no superados (viejos rencores) que condicionan el comportamiento.

— Para el Nodo Norte en Acuario con el Sur en Leo: ser humanista y abierto a la diversidad de una forma natural y altruista. Favorecer también la integración en grupos que sepan respetar la individualidad de cada uno. El lastre que conlleva el Nodo Sur en Leo es sentirse superior y hacer concesiones, a modo de favor, a la hora de integrarse.

— Para el Nodo Norte en Piscis con el Sur en Virgo: creer en la propia intuición y elevar el espíritu, con una actitud comprensiva hacia los demás. Nadie es perfecto y para mitigar el lastre que arrastra el nodo Sur en Virgo hay que ser más tolerante y tratar de restar importancia a los defectos y detalles que no agradan.

El hombre zodiacal, de Les Très Riches Heures du Duc de Berry *(1411 - 1416), un libro de horas realizado por el taller de los hermanos Herman, Paul y Johan Limbourg, por encargo del duque Juan I de Berry,*

SIGNOS, PLANETAS Y CUERPO HUMANO

Resumen de afinidades entre los signos y planetas con las distintas partes y funciones del cuerpo humano.

♈♂ ARIES Y MARTE: la cabeza (cráneo, cara), la nariz, el olfato. Los músculos y tendones. El sistema hormonal masculino. Los glóbulos rojos, el nivel de hierro en la sangre, la temperatura corporal (fiebre). La glándula pituitaria o hipófisis, que es considerada también glándula maestra por regular la función de otras glándulas importantes.

♉♀ TAURO Y VENUS: el cuello, la nuca, la garganta, laringe y las cuerdas vocales. La lengua, el paladar y el gusto. Los ojos y la vista. La sangre venosa. El sistema hormonal femenino.

♊☿ GÉMINIS Y MERCURIO: los hombros, brazos, manos y parte superior del tórax. La glándula tiroides. Tráquea, faringe, bronquios y pulmones. El sistema nervioso. El oído y el tacto. Mercurio afligido puede dar problemas respiratorios como el asma. Y neurológicos tipo ansiedad y estrés, o incluso de locomoción (espasmos, calambres, vértigos).

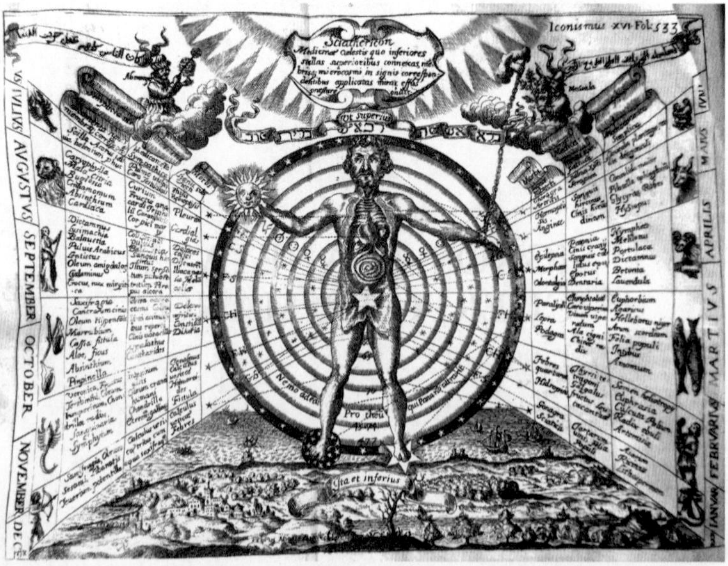

Sciathericon, *lámina de la obra de Athanasius Kircher,* Ars Magna Lucis Et Umbrae, *con las correspondencias entre el zodíaco, los planetas y las partes del cuerpo. Siglo* XVII.

♋☽ Cáncer y la Luna: el aparato digestivo superior: esófago, estómago y páncreas. El pecho y las glándulas mamarias, el sistema linfático, el útero y el proceso del embarazo y del parto. Los fluidos corporales que ayudan a la hidratación del organismo.

♌☉ Leo y el Sol: el corazón y la circulación sanguínea. La oxigenación de la sangre. La espalda, columna vertebral (en especial vértebras dorsales) y la médula espinal. La glándula timo que regula el crecimiento. El sistema inmunitario y el bazo.

♍☿ Virgo y Mercurio: el aparato digestivo inferior (intestino grueso, delgado, duodeno, recto). El sistema nervioso cuando es afectado, sobre todo, por obsesiones y preocupaciones. La función del metabolismo.

♎♀ Libra y Venus: los riñones, uréteres, vejiga y zona lumbar (vértebras lumbares). Las glándulas suprarrenales que controlan las reacciones al estrés y activan la producción de hormonas como la adrenalina y el cortisol.

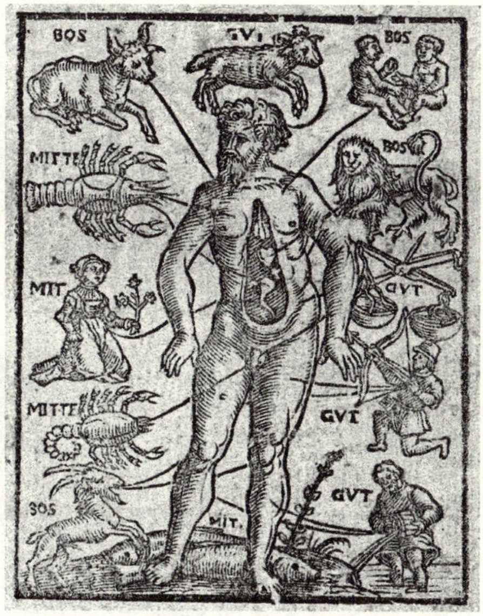

Correspondencias entre el zodíaco y las partes del cuerpo en una ilustración de un almanaque alemán del s. XVI.

♏♇ Escorpio y Plutón: los órganos genitales y su función reproductora. La capacidad de recuperación y resistencia. Las glándulas sexuales (gónadas).

♐♃ Sagitario y Júpiter: caderas y muslos. La sangre arterial. El hígado y las reservas de grasa. La vesícula biliar. Júpiter regula también el crecimiento de las células.

♑♄ Capricornio y Saturno: el sistema óseo y los cartílagos (esqueleto completo, médula ósea o tuétano y articulaciones, en especial las rodillas). Los dientes y el equilibrio del calcio. La piel, el pelo y las uñas.

♒♅ Acuario y Urano: pantorrillas y tobillos. Sistema nervioso autónomo o neurovegetativo que controla las funciones involuntarias del organismo: ritmo cardiaco, tensión arterial, espasmos musculares, sudoración, salivación etc. Las reacciones alérgicas.

♓♆ Piscis y Neptuno: los pies. El tálamo (transmisión de estímulos sensoriales) y la glándula pineal que regula la producción de melatonina y endorfinas. El ritmo circadiano (patrones del sueño).

Xilografía que ilustra un horóscopo natal para Leonhard Reymann, 1515. La imagen central muestra el mundo, rodeado de personificaciones de los siete planetas conocidos por la astrología pre-moderna. Esto está rodeado por los doce signos / constelaciones del zodíaco, y el anillo exterior representa las doce casas.

LAS CASAS TERRESTRES

Las Casas Terrestres, al igual que los signos, son doce y expresan de forma simbólica el movimiento de rotación de la Tierra en relación con el movimiento de la eclíptica (franja zodiacal).

Las posiciones de las Casas en la carta natal se establecen a partir del Ascendente, que es el signo del zodíaco, que asciende por el horizonte oriental en el momento de nacer. Así, conforme a la fecha, hora y lugar de nacimiento de la persona, se sabrá con exactitud en qué grado (dentro del signo Ascendente) se situará la cúspide de la Casa I.

Hacia el comienzo del amanecer (en cualquier lugar) el Sol y el Ascendente estarán en conjunción generalmente en el mismo signo, pero según avanza el día, la posición de los signos irá cambiando en relación con este punto del horizonte (Ascendente) con un ritmo aproximado de treinta grados cada dos horas. De forma que, a lo largo de las 24 horas del día, mientras el Sol recorre un solo un grado zodiacal, el Ascendente habrá dado la vuelta completa al zodíaco, o dicho de otro modo, en un día los doce signos habrán pasado por la posición Ascendente.

En el horóscopo individual hay dos signos que tienen especial importancia: *el signo del Ascendente* que representa la actitud personal ante la vida y las facetas más espontáneas del carácter, es decir, *lo que somos.* Y el *signo natal* donde se encuentra situado el Sol, que representa la actividad consciente, los principios, la toma de conciencia y, en definitiva, *lo que queremos llegar a ser.* Asimismo, la Casa que abarca el ámbito donde se posiciona el Sol tendrá un valor añadido, ya que será la más iluminada del zodíaco, de esta forma su protagonismo será mayor y sus competencias más decisivas en la vida de la persona.

Ascendente y Casa solar

Vemos a continuación, con un ejemplo teórico, la relación posicional del Ascendente respecto al signo solar, durante el transcurso de un día completo (sistema de Casas iguales).

— Quien nace al amanecer (hora solar), pongamos por ejemplo un 2 de julio, tendrá el Ascendente en su propio signo natal. En este caso Sol y Ascendente en Cáncer. El Sol, por tanto, ilumina la Casa I, lo que supondrá para el nativo, un plus de carisma y atractivo personal.

Aproximadamente dos horas después, será Leo (el signo siguiente a Cáncer) quien se sitúe en Ascendente, mientras que el Sol en Cáncer quedará desplazado hacia la Casa XII, y allí pondrá su luz en el aprendizaje que aporta la experiencia, la fuerza inconsciente y el descubrimiento de los potenciales ocultos.

Dos horas más tarde será el siguiente signo —Virgo— quien se encuentre en Ascendente, mientras que el Sol en Cáncer iluminará el sector de la Casa XI, una posición que destaca por la importancia de la amistad, la cooperación y el trabajo en equipo.

— Quien nace al mediodía, tendrá su Sol iluminando la Casa X (el Mediocielo). Lo que implica un mayor éxito en el área social y profesional. Y continuando con el ejemplo del nativo de Cáncer, veremos que al Mediodía su Ascendente estará en Libra.

Dos horas después, hacia las dos de la tarde (hora solar), Escorpio alcanzará el Ascendente mientras el

Sol en Cáncer iluminará la Casa IX, todo un estímulo para que la persona consiga sus ideales y se afane por conocer mundo. Pasadas otras dos horas, será Sagitario quien llegará al Ascendente, mientras el Sol iluminará el sector de la Casa VIII, lo que implica un conocimiento a fondo del propio mundo interior y una mayor capacidad intuitiva y transformadora.

— Quien nace a media tarde, tendrá el Sol iluminando la Casa VII (el Descendente), de forma que su interés y atención irá enfocado hacia «los otros» y más en especial hacia la pareja. En el ejemplo que seguimos del nativo Cáncer, a esta hora el Ascendente se situará en el signo opuesto, es decir, en Capricornio.

El día avanza y dos horas después encontramos al signo de Acuario en posición Ascendente y al Sol iluminando la Casa VI. Esto despertará en la persona cierta vocación de servicio hacia los demás, y buscará ser útil con su trabajo.

Pasadas dos horas más (hacia las diez de la noche, hora solar), el signo Ascendente estará en Piscis y la Casa iluminada por ese Sol en Cáncer será la 5, un área donde los hijos, las aficiones y la capacidad creativa tienen preferencia.

— Quien nace a media noche, tendrá su Sol iluminando la Casa IV (Fondo del cielo), de forma que la familia, las tradiciones y el pasado tendrán un peso añadido en sus condiciones de vida. A esta hora, el nativo Cáncer de nuestro ejemplo tendría el Ascendente en Aries.

De madrugada, dos horas después, encontraremos al signo de Tauro en posición Ascendente, mientras que el Sol en Cáncer iluminará la Casa III, dando importancia a la palabra y la comunicación en un amplio sentido.

Y ya completando la vuelta, dos horas más tarde, será Géminis el signo que ocupe la posición Ascendente, y el Sol en Cáncer iluminará la Casa II, la de la economía y los valores personales.

Miniatura del diagrama del horóscopo para el día en que se creó el mundo, que incluye un mapa del mundo dentro de una carta astrológica con doce triángulos con escenas simbólicas que representan aspectos de la vida asociados con las doce casas astrológicas. Del manuscrito iluminado Liber de optimo fato Henrici, *dedicado a Enrique VII de Inglaterra, obra de Guillelmus Parronus, astrólogo del siglo XV.*

El significado astrológico de las Casas, según su relación con signos y planetas, da mucho juego a efectos prácticos de interpretación, ya que representan experiencias vitales para el ser humano, como son la salud, la economía, las relaciones sociales, la familia, la pareja, los hijos, el trabajo, la vocación, las amistades, las aficiones o la propia imagen. Por eso, según el signo que ocupan, la posición de su planeta regente y la presencia, o no, de planetas en su área, se podrá apreciar cuales son las principales motivaciones de vida que tiene la persona, y en qué circunstancias se desenvuelven.

Signos interceptados

Cada Casa tiene su cúspide o comienzo en un grado zodiacal determinado, y su ámbito o área abarca hasta la cúspide o comienzo de la siguiente Casa.

En el ejemplo anterior de la persona nacida el 2 de julio (Cáncer), utilizamos para exponer con mayor sencillez la teoría, el sistema de Casas iguales, que mantienen entre ellas una distancia exacta de 30°. Pero, en la práctica, normalmente se utilizan sistemas de Casas desiguales, ya que se ajustan mejor a las diferentes latitudes del planeta y a la distinta velocidad de ascenso de los signos. Esto, a veces da lugar a que en un mismo signo y su opuesto (eje zodiacal) se encuentren ubicadas las cúspides de dos Casas seguidas, mientras que en otro signo (y su opuesto) no habrá ninguna. En este caso, los signos que están vacíos de Casas se consideran signos interceptados.

Para explicarlo de una forma más gráfica, imaginemos que las cúspides de las Casas hacen las veces de puerta de entrada y salida respecto al signo donde están. Son la conexión del signo con el exterior. De ahí, que cuando en un signo no hay ninguna cúspide de Casa, este se encuentra algo aislado o dependiente, ya que su «puerta» de comunicación se sitúa en el signo anterior, regida además por el planeta que se corresponde con este signo anterior. Pues como ya hemos visto, cada Casa está representada por el planeta que tiene su domicilio zodiacal, precisamente en el signo que ella ocupa.

Regencia de las Casas o «Casas regidas por...». Ejemplos

Una Casa III en Sagitario estará regida por Júpiter que es el planeta que tiene su domicilio en Sagitario (Júpiter es el casero de Sagitario). Y así, aunque Júpiter se encuentre en otro signo y en el ámbito de otra Casa, pongamos por caso *en Piscis y Casa VI*, no por eso dejará de tener cierta responsabilidad (regencia o tutoría) sobre la III, ya que esta se encuentra dentro de su domicilio (en calidad de inquilina).

A la hora de interpretar la posición indicada de Júpiter en Piscis y Casa VI, diremos que aporta a la persona un plus de generosidad, comprensión y tolerancia como actitud natural de vida, pero esa actitud se volcará, sobre todo, hacia sus hermanos, vecinos y compañeros, que son quienes están representados por la Casa III. Asimismo, un Júpiter regente de la Casa III, que también es la casa de la comunicación, favorece la expresión hablada y escrita y da facilidad para los idiomas.

Otro ejemplo: si nos fijamos en alguien que tiene el Sol en Capricornio y en Casa VIII, vemos que, en principio, las características del signo natal (Sol en Capricornio) hablan de una persona tenaz, responsable, realista y con sentido práctico, alguien que no arriesga fácilmente, porque prefiere moverse en terrenos que ya conoce y le dan seguridad. Pero, en este caso, la seguridad y la realidad pierden fuerza, ya que el Sol de Capricornio está bajo el paraguas de la VIII situada también en este signo. La VIII es una Casa de naturaleza transformadora, intuitiva y cambiante, que entre otras cosas habla de compartir y despierta el interés por los enigmas ocultos y otros misterios de la vida.

Entonces, esta combinación nos dice que nuestro nativo de Capricornio tiene inquietudes y curiosidades que le alejan de esa búsqueda de seguridad material que se le supone, y que si algo poco convencional le motiva, no le importará arriesgar ni aventurarse. Aunque aquí no acaba todo, ya que todavía quedan otros matices que considerar, como la posición del planeta que rige esta Casa VIII. En este caso Saturno, cuyo domicilio está en Capricornio.

Si, por ejemplo, esta persona tuviera a su Saturno natal en la Casa IV (y Virgo), deberíamos tener en cuenta para añadir a las conclusiones anteriores, la influencia de la educación y las tradiciones familiares, así como la situación de la propia familia (salud, economía) que podrían limitar sus expectativas. Si en cambio, nuestro nativo Capricornio con Sol en VIII, tuviera a Saturno (regente de esta Casa) situado en la Casa IX (y Acuario), veríamos a alguien más independiente que convierte sus ideales en metas y se esfuerza por alcanzarlos con el apoyo de otras personas (cooperativas, grupos). Y si su Saturno estuviera en la Casa XII (y Tauro), el nativo gozaría de un gran potencial interior y fuerza intuitiva. Su sentido de la realidad tendría algo de premonitorio y visionario, aunque seguramente existirían circunstancias poco favorables para poder desarrollar estas cualidades, empezando porque el propio nativo no se daría credibilidad a sí mismo.

Más adelante, con el *zodíaco en Movimiento*, veremos más ejemplos acerca de las cadenas de regencias que permiten apreciar el valor de cada posición por sí misma y por su integración en el conjunto de la carta natal.

Clasificación de las Casas

Antes de comenzar con el significado de cada Casa por separado, vamos a exponer una visión global de las mismas, para comprender mejor el porqué de su naturaleza.

La primera clasificación es sencilla y básica, ya que simplemente se trata de trazar una línea horizontal de Este a Oeste, es decir, una línea desde la Casa I (Ascendente) hasta a la Casa VII (Descendente), que divide el zodíaco en dos hemisferios o mitades iguales. La mitad inferior estaría en correspondencia con las Casas que van de la I a la VI. Y la mitad superior, por las Casas que van de la VII a la XII.

Con independencia del signo que ocupe el lugar del Ascendente (cúspide de la I), siempre se considera para una carta natal que las Casas de la I a la VI representan la parte más íntima y personal del nativo. Son las Casas del Yo, *las Casas personales*, las que representan el entorno cercano que atañe directamente a la persona.

Imaginemos las sensaciones de un recién nacido. Al principio se limita a ser, hasta que empieza a tomar conciencia de sí mismo: yo soy y estoy, es decir, la *Casa I*. Luego se da cuenta de que ser y estar genera necesidades. El bebé tiene hambre, tiene frío y junto al verbo tener aparece el verbo necesitar, ambos representados por la *Casa II*. Después, cubiertas las primeras necesidades, el bebé empieza a comunicarse con su entorno, sonríe, balbucea sonidos y palabras, se fija en las personas cercanas e incluso gatea y explora su entorno, *Casa III*.

Luego ya distingue quienes son afines a él (su grupo familiar), en especial, quien le alimenta y le protege: su madre, su hogar, *Casa IV*, también llamada *Fondo del cielo*. Afloran en esta

Casa los sentimientos y añoranzas, pues no en vano es la Casa de las raíces (ancestros, genética, tradiciones).

Más tarde, el niño crece y empieza a ser autónomo, experimenta la satisfacción de aprender, de crear y saber hacer las cosas, además de la ilusión de jugar y divertirse, *Casa V.* Aunque no tardan en aparecer también las primeras responsabilidades, en especial las del cuidado personal (salud e higiene) y las que hacen referencia a la utilidad del orden y las tareas diarias, *Casa VI.*

La mitad superior de la rueda natal que abarca de la Casa VII a la XII se corresponde con las *Casas sociales o colectivas,* donde el nativo interactúa con otras personas y comparte experiencias. Con la *Casa VII,* el Yo pasa a ser nosotros. La VII es la Casa de los otros, y en particular de la pareja. Es la que «rescata» a la persona del egocentrismo y le muestra otras acciones como dar, ceder, comprender, aceptar, amar y también comparar. Comparar las propias debilidades, esperanzas y aspiraciones con las de la persona que se tiene enfrente.

Tras la Casa VII encontramos a la *Casa VIII,* una de las casas más complejas por sus múltiples significados. En parte, vemos que se ocupa de los bienes y del dinero de otros, pero también es la Casa donde se aprende a compartir y a adaptarse. La Casa de las transformaciones personales, de los cambios profundos, los finales, la intuición y la capacidad evolutiva.

Y si en la VIII se dan cambios internos motivados por acontecimientos externos, en la *Casa IX* los cambios son totalmente voluntarios y conscientes, ya que la IX es la casa de los viajes, los traslados y las mudanzas. Además de los estudios superiores, la filosofía, las creencias religiosas y la búsqueda de ideales.

Y llegamos a la *Casa X o Mediocielo* (cúspide de X) que es el punto más elevado del horóscopo. La X es la casa más visible, la que más destaca y hace destacar a la persona, ya que se ocupa del área profesional y vocacional, además de la posición social.

Con la siguiente casa, la *Casa XI* seguimos ampliando relaciones y moviéndonos en sociedad, pues representa a las amistades, los grupos y los proyectos compartidos.

Sin embargo, al llegar a la *Casa XII,* que hace las veces de recapitulación final, el factor social se modifica hacia un sentimiento más *universal o transpersonal.* La XII es conocida como la

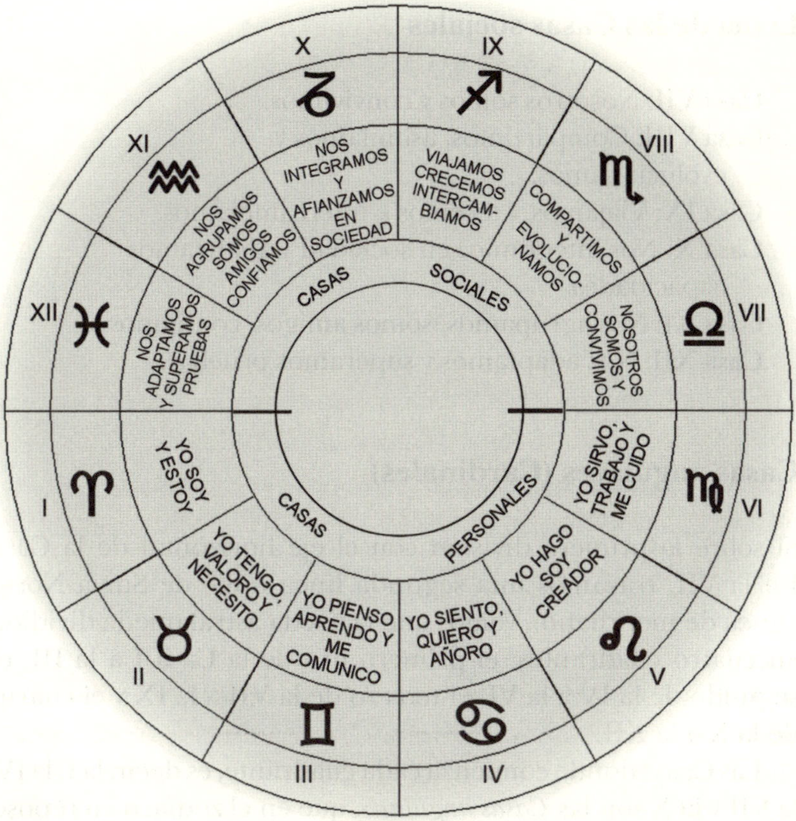

casa de lo oculto, de aquello que no se muestra fuera, pero que, interiormente, la persona sabe que debe aceptar y superar. Es la Casa de las limitaciones y las pruebas que permiten evolucionar y acceder a un nivel superior de conciencia.

Lema de las Casas personales

Casa I: Yo soy y estoy.
Casa II: Yo tengo, yo valoro y necesito.
Casa III: Yo pienso, aprendo y me comunico.
Casa IV: Yo siento, quiero y añoro.
Casa V: Yo hago, soy creador y me divierto
Casa VI: Yo sirvo, trabajo y me cuido

Lema de las Casas sociales

Casa VII: Nosotros somos y convivimos.
Casa VIII: Compartimos, asimilamos y evolucionamos.
Casa IX: Viajamos, crecemos e intercambiamos.
Casa X: Nos integramos en sociedad y afianzamos capacidades.
Casa XI: Nos agrupamos, somos amigos, confiamos.
Casa XII: Nos adaptamos y superamos pruebas.

Casas angulares (Cardinales)

Si sobre la primera división con el eje horizontal de la Casa I a la VII, trazamos una segunda línea o eje de Sur a Norte (línea de meridiano), vemos que la rueda astral queda dividida en cuatro cuadrantes: el primero iría de la Casa I a la III, el segundo de la IV a la VI, el tercero de la VII a la IX y el cuarto de la X a la XII.

Las Casas donde comienza cada cuadrante, es decir, la I, la IV, la VII y la X son las *Casas angulares*, que en el zodíaco en reposo se corresponderían con los cuatro signos cardinales: Aries (equinoccio de primavera), Cáncer (solsticio de verano), Libra (equinoccio de otoño) y Capricornio (solsticio de invierno). Los signos cardinales son signos de comienzo que empujan al cambio y ponen en marcha nuevas energías. Y las casas angulares, en consonancia, forman también una cruz cardinal que representan los sectores de la vida más influyentes y decisivos para la persona. Son casas susceptibles, por su posición en cruz, a generar conflicto y enfrentamiento entre ellas (aspecto de oposición y cuadratura). Pero también son casas conciliadoras, ya que obligan a buscar un equilibrio necesario.

Así, la Casa I que encarna la identidad personal y la individualidad, se opone a la Casa VII que representa las relaciones de pareja y la convivencia. Y, por otra parte, la Casa IV, que se identifica con el hogar, la familia y la parte más infantil de cada uno, se opone a la Casa X, que abarca la actividad profesional, vocacional y la parte más adulta y socialmente responsable.

Los planetas situados en estas casas que formen aspectos de cuadratura o de oposición entre ellos, generarán también conflictos personales de mayor envergadura que los situados, con iguales aspectos, en otros sectores del horóscopo.

Significado de las Casas

Casa I (Ascendente)

El Ascendente o cúspide de la Casa I es nuestra ventana al mundo, es la primera energía que «vemos y respiramos» en el momento de nacer. Por eso, en consonancia con el signo donde se encuentra, representa nuestra particular visión de las cosas y la actitud natural que nos define a la hora de afrontar experiencias. Así, la Casa I, junto a los planetas que están en su ámbito, marcan el color del cristal (la óptica) con la que miramos la vida. Y, por tanto, las respuestas que recibimos siempre serán acordes a esta actitud inicial que mostramos.

Un Ascendente en signos de Fuego conlleva la impronta dc este elemento, es decir, impaciencia, resolución, dinamismo, coraje, decisión, apertura... Con el Ascendente en signos de Agua, prevalecerá una actitud emocional y sensible, unas veces desconfiada y otras en cambio, generosa y compasiva.

La principal motivación de un ascendente en signos de Aire será la curiosidad, el aprendizaje, la comunicación y las relaciones. Y en signos de Tierra, prevalecerá el realismo, el sentido práctico y el afán de seguridad.

También La Casa I (signo Ascendente) refleja la primera impresión que se causa en los demás. Es la apariencia o sensación que se trasmite a primera vista. Por ejemplo, alguien con ascendente en Capricornio trasmite cierto aire de seriedad y una imagen responsable. El ascendente en Leo garantiza un porte distinguido. En Tauro elegancia y seguridad. En Aries se intuye un espíritu juvenil. En Acuario se percibe a la persona como alguien especial y poco corriente y en Escorpio como alguien misterioso. De esta forma, el signo donde se encuentre el Ascendente refleja, *a priori*, ese primer juicio de valor que se emite sobre la persona que se acaba de conocer.

También, la Casa I determina otros rasgos relacionados con la base del carácter y la personalidad, sobre todo cuando se trata de iniciar nuevas experiencias o tomar decisiones, pues como decimos, el Ascendente representa la actitud natural y espontánea que se mantiene ante la vida.

Por otra parte, teniendo en cuenta la posición de los planetas cercanos a la cúspide de la Casa I, y los aspectos que forman, se pueden apreciar otras características relacionadas con la salud, como pueden ser la vitalidad y buena forma física (Júpiter o Venus), la facilidad de recuperación (Plutón), o bien la tendencia a padecer ciertos trastornos (Marte y Saturno).

Cuando en el área de la Casa I se encuentra el Sol, la Luna o se juntan más de dos planetas, la persona tendrá don de gentes y será popular. Su presencia no pasará desapercibida y, le guste o no, en sus círculos de relación contarán con su participación para las cosas más dispares, sobre todo cuando haya que dar imagen o dar la cara.

Conviene destacar igualmente la importancia de la posición que ocupa el planeta regente del Ascendente, sobre todo con referencia a la Casa donde se ubica, ya que los temas relacionados con esa Casa serán esenciales para la persona. Pues… allí donde esté el regente del Ascendente, es donde la persona de alguna forma también quiere estar. Por ejemplo, un Ascendente Virgo, con su regente —Mercurio— situado en la Casa X, puede representar adicción al trabajo. La persona dará prioridad a su profesión (prestigio profesional) en detrimento de otras áreas de la vida, como pueden ser la familia, la pareja, la salud e incluso la propia economía.

Si, por ejemplo, el Ascendente estuviera en Aries y su regente —Marte— en la Casa VI, tendríamos una persona disciplinada, de voluntad fuerte, amante del orden y preocupada por mantenerse en buena forma, a base de practicar deporte y hacer ejercicio regularmente.

Casa II

Tradicionalmente la Casa II se asocia con la economía, los recursos y los bienes materiales que se obtienen mediante el esfuerzo individual y el trabajo personal. Pero también la Casa II se ocupa de los valores personales y de todo aquello que da seguridad, como las capacidades y facultades que se tienen y que, gracias a ellas, se consigue vivir dignamente.

La segunda Casa representa los recursos y cualidades innatas de cada persona, el potencial que posee y que puede llegar a desarrollar.

Por otra parte, su posición señala la forma de entender el consumo y el manejo del dinero, que puede variar desde una buena gestión en ahorro e inversión (con Saturno o Mercurio), hasta la tendencia a malgastar y generar deudas (con Júpiter, Marte o Urano). En este sentido, la II evidencia la necesidad de establecer los límites y topes adecuados.

Asimismo, la Casa II indica que actividades laborales pueden resultar más asequibles y rentables para la persona, además de orientar sobre las áreas donde se puede encontrar trabajo con mayor facilidad.

Por ejemplo, una Casa II en Tauro favorece las actividades relacionadas con restaurantes, estética y belleza, o bien genera oportunidades para trabajar en banca y gestión de empresas.

Una Casa II en Virgo es propicia para las tareas administrativas, por ejemplo, en una agencia de servicios (limpieza y mantenimiento), gestorías, administración de fincas y otras actividades relacionadas con recursos agrícolas, herbolarios, laboratorios o biología. Con la II en Géminis destacan los trabajos comerciales de publicidad, promoción y venta, además de los relacionados con telefonía, correos (paquetería) y transportes. En Capricornio, habrá más oportunidades en el sector de las inmobiliarias y la construcción. En Piscis, tienen preferencia los grandes almacenes y centros comerciales, además de las terapias de sanación. Y así cada signo indicará, según su naturaleza, el tipo de ocupación que resultará más fácil de encontrar para quien busque trabajo.

En suma, la Casa II además del dinero que se obtiene con las actividades laborales, muestra también aquello que más se valora y se espera obtener a lo largo de la vida; a veces puede ser un ideal, un sueño o un propósito. El planeta que se encuentre posicionado en la Casa II, o su planeta regente, pueden dar una idea de la motivación que mueve las aspiraciones personales. Con Venus en la II la preferencia en la valoración será la armonía en las relaciones de pareja. Con un Urano se valorará por encima de otras consideraciones la independencia y la libertad. Con Júpiter, serán los viajes y disponer del dinero suficiente para poder disfrutar de las cosas buenas de la vida y con Saturno posiblemente se dé prioridad al prestigio profesional.

Casa III

Con la Casa III comenzamos a explorar nuestro entorno cercano y cotidiano: vecindario, barrio, amistades, compañeros y conocidos. Esto hace que la curiosidad se despierte, que se aprendan recursos y que resulte más fácil relacionarse. En este aspecto, el mayor potencial que brinda la Casa III para establecer relaciones y ampliar conocimientos es el lenguaje.

Asimismo, dentro de las competencias de la Casa III destaca la relación con los hermanos y hermanas. Y de acuerdo a los planetas que se encuentren en su ámbito y al planeta regente, se podrá saber si la convivencia promete ser buena (con Venus, Júpiter o Mercurio), o por el contrario habrá discrepancias y poco trato familiar (Marte y Urano).

La Luna en esta posición habla de mayor número de hermanas que de hermanos, incluso puede anunciar familia numerosa. Mientras que Saturno apunta la posibilidad de ser hija o hijo único, Neptuno universaliza la idea de fraternización y pone de relieve el concepto de hermandad, mientras que Plutón genera fuertes vínculos familiares, quizás por alguna situación añadida de dependencia.

También la Casa III nos remite a la etapa escolar de primaria, los compañeros de colegio y los amigos de la infancia. Y por extensión, a la posterior relación con los vecinos y compañeros de trabajo.

Varios planetas en el ámbito de la Casa III auguran frecuentes cambios de lugar (barrio, colegio) en la época de niñez y adolescencia.

Por otra parte, la tercera Casa orienta sobre el ambiente más adecuado (según el signo que ocupe) para que el estudio cunda más. Y expone la forma óptima para aprender y entender las cosas. En este sentido y, sobre todo, durante la infancia, esta Casa indica «el tipo de idioma» que puede resultar más efectivo para que los niños (o la persona) pongan interés y comprendan mejor cualquier aprendizaje o explicación.

Por ejemplo, para abordar una cuestión delicada con alguien que tiene su Casa III en Cáncer, es preferible crear un ambiente familiar donde la persona se encuentre arropada y comprendida de antemano. Para una Casa III en Escorpio convendría abordar primero el tema añadiendo un toque de intriga. Para Aries, tendrán preferencia los ambientes exteriores y mejor aún, si a la vez que se habla del asunto se realiza alguna acción como puede ser conducir. El asiento del copiloto suele ser un buen lugar de aprendizaje para aquellos que tengan una Casa III en Aries o Sagitario.

Para convencer de las ventajas de algo a quienes tienen una Casa III en Tauro, lo mejor será invitarles primero a cenar y contárselo entre plato y plato. Para Géminis posiblemente baste con comentar sobre la marcha lo más destacado del tema que se quiere comentar (como si fueran titulares de prensa). Sin embargo, Leo necesitará toda una puesta en escena, y recalcar que la cuestión de la que se quiere hablar es importante. A Virgo conviene detallarle bien los pormenores, con sus pros y sus contras. Libra se conforma con poco, pero quizá haya que insistir y repetir porque acostumbra a pensar en varias cosas a la vez, y no siempre se entera.

Piscis entenderá mejor las cosas en formato de cuento o de leyenda. La fórmula de «erase una vez», suele ser muy eficaz en los niños Piscis.

Para que no se agobien quienes tienen la Casa III de Capricornio, conviene empezar por minimizar y restar importancia al asunto que se quiere abordar. Y para quien tenga la III en Acuario, lo más conveniente será ir directamente al asunto, sin rodeos.

Otras competencias de la Casa III son la agilidad mental, la inteligencia práctica, la facilidad de palabra y de comunicación. El don de gentes. El poder de convicción, el gusto por la lectura y las actividades culturales, además del talento literario. También la destreza manual, así como la habilidad comercial para invertir, comprar y vender, tienen que ver con la dinámica de esta Casa.

Los medios de comunicación y audiovisuales, prensa, radio, TV, internet, y las profesiones que de ellos se derivan, están igualmente relacionadas con la III, además de los medios de transporte urbanos, las empresas de mensajería y correos y las empresas publicitarias y de telefonía móvil.

Casa IV

La Casa IV, también llamada Imum Coeli (IC) o Fondo del cielo, es la casa angular que enraíza con nuestros orígenes, y esconde los secretos mejor guardados del mundo interior de cada uno. Habla, asimismo, de pureza de sentimientos, de emociones arraigadas, de receptividad y de habilidad para congeniar con los niños.

La Casa IV, en oposición con la Casa X o Mediocielo, forma el eje angular entre el área más social de la persona (Casa X) y el área más íntima y familiar (Casa IV). En general, la Casa IV habla del hogar y la familia, pero más en especial, de la familia materna y la figura de la madre.

En la IV encontramos igualmente información sobre nuestras raíces, ya que esta Casa se relaciona con los antepasados, el barrio natal, la educación familiar, las tradiciones y la etapa social que vivió la persona durante su infancia y adolescencia (la década generacional).

En la Casa IV afloran también los recuerdos, las añoranzas, la herencia psicológica y la herencia genética.

Además del hogar materno o familiar donde se ha nacido y que representa el principio de la vida, también la Casa IV habla del final de esta, es decir, de las condiciones de la vejez. De ahí, que a veces las motivaciones más escondidas del nativo no aparezcan hasta los últimos años de su vida.

Por otra parte, la IV se ocupa de las posesiones familiares, de las casas y tierras que pertenecen a la familia. Y habla igualmente del nuevo hogar familiar que forme la persona.

La Casa IV es «el lugar simbólico» donde se debe acudir para reponer fuerzas cada vez que se reciba un disgusto o haya que superar alguna crisis. El signo donde se encuentre la Casa IV indicará cuál es la forma más eficaz y rápida para recuperarse.

Por ejemplo, una Casa IV en signos de Fuego, aconseja no quedarse parado ante los reveses y contratiempos. Con la IV en Fuego lo mejor para superar traumas será moverse, seguir adelante, salir, hacer planes y poner en marcha iniciativas. Para la IV en signos de Agua, sin embargo, lo más eficaz será desahogarse al estilo tradicional, es decir, llorar a solas el tiempo que haga falta. La IV en signos de Aire aconseja compartir el disgusto con la familia y los amigos, contarlo, verbalizarlo en voz alta y escuchar distintas opiniones. Y para quien tenga la Casa IV en signos de Tierra, quizá una buena idea sea coger la tarjeta de crédito y darse un capricho. Ir de compras y guardar el ticket, por si unos días después, se decide devolver la compra realizada.

Casa V

La V es la Casa de la creatividad, de los hobbies, del tiempo libre y de la suerte. La que ayuda a descubrir el arte de vivir y enseña a practicarlo. Su naturaleza habla del amor y simpatía que la persona despierta en los demás, o al menos desea despertar, a la vez que descubre los motivos por los que quisiera ser recordada y apreciada.

La V aporta vitalidad, plenitud, alegría e ilusiones que aumentan las ganas de vivir. Entre esas ilusiones ocupan un lugar destacado los romances, los encuentros eróticos y los ligues, donde la pasión, las emociones, la entrega y el reconocimiento son compartidos y hacen crecer la sensación de dignidad y empoderamiento.

En la Casa V se esconde aquello que más atrae y seduce a la persona, ya sea un paisaje, una actividad, una afición, un aspecto físico o una forma de ser. Y en este sentido, lo que más seduce representa también un punto débil, donde apenas se pone resistencia y es más fácil caer en la tentación. Según el signo que ocupe la Casa V y los planetas que se encuentren en su área, podremos saber algo más sobre el tipo de personas y situaciones que resultan seductoras. Por ejemplo, si la Casa V está vinculada con Marte o con Aries, prevalece la jovialidad, el gusto por los ambientes deportivos y los trabajos de riesgo, así como las personas fuertes, dinámicas y decididas. Venus y Libra en relación con la V, crean tendencia al romanticismo y en cierto modo idealizan el amor y justifican el sufrimiento amoroso.

Saturno y Capricornio harán que el nativo se sienta atraído por la estabilidad que ofrecen las personas con madurez de criterio y experiencia de vida. Aquí el factor edad pierde importancia. La Casa V en relación con Acuario o Urano hace que resulte primordial la idea de mantener la propia independencia y libertad personal.

Con Géminis o Mercurio en V, el valor de la palabra se magnifica, y la persona se sentirá seducida por quienes hablen con elegancia y fluidez, escriban o que tengan aficiones literarias. Con Leo, Sagitario y Júpiter la atracción vendrá acompañada de la necesidad de admirar, de forma que aquellos que destaquen por su trabajo, sus méritos, su talento artístico u otras cualidades resultarán irresistibles para quien tenga esta posición en su carta natal.

Por otra parte, una de las claves más importantes de la Casa V son los propios hijos. La V habla de los hijos y su fondo de carácter, y orienta igualmente sobre la experiencia de ser padres y la responsabilidad que conlleva. También esta Casa se relaciona con la disposición y la capacidad para la enseñanza.

Por último, otras competencias de la Casa V son el ocio, las vacaciones, la inspiración artística y las obras creativas que nacen de la persona y se consideran como hijos. Se ocupa igualmente de las actividades lúdicas relacionadas con los juegos, festivales y disfraces. Así como del juego donde intervienen las apuestas y el azar.

Casa VI

Con la VI llegamos a la última de las Casas personales donde, de alguna forma, toca hacer balance del conocimiento y concepto que tenemos de nosotros mismos, empezando por la condición física. La sexta Casa se ocupa de la salud en su aspecto preventivo y de cuidados, a la vez que habla de higiene, de limpieza, de alimentación y depuración, es decir, que permite ver cuáles son las debilidades y límites naturales, a la vez que aconseja no sobrepasarlos.

Por otra parte, la Casa VI indica para qué servimos y para qué debemos de servir de forma altruista, ya que esta Casa habla de los dones que se traen y se deben ejercitar sin esperar por ello recompensa alguna. Todos nacemos con alguna cualidad incorporada (virtud natural) para la que estamos especialmente dotados. Puede ser, por ejemplo, un talento especial para la filosofía o la enseñanza (hacer pensar, aconsejar con sabiduría), un sexto sentido para descubrir las emociones ajenas y el origen del sufrimiento (psicología innata), o bien una capacidad extraordinaria para la sanación. Puede tratarse de la habilidad para interpretar los sueños y las casualidades de la vida, o bien de la disposición para proteger a los más débiles, para entretener a los niños, o para cuidar de animales y plantas (conectar con su energía). También valdría una mentalidad abstracta para entender las múltiples funciones de los números, de las figuras geométricas o de las analogías simbólicas. En cualquier caso, se trata de cualidades que se intuyen como propias y que surgen de forma natural en el trato cotidiano con otras personas.

También la VI habla de honradez y de fidelidad, de responsabilidad civil y de organización para el trabajo cotidiano y doméstico (las tareas diarias). La sexta Casa se ocupa igualmente de las relaciones laborales en cuanto a empleados, auxiliares y subordinados. Habla de las personas que trabajan para nosotros, así como de la actitud laboral que mostramos hacia quienes nos contratan. En definitiva, la VI se ocupa de los servicios que se reciben y de los que hay que prestar. Además de los servicios generales, el orden y la organización (estamentos oficiales, políticos y sanitarios) que mantienen activa a la sociedad.

Por último, las clínicas veterinarias y los animales de compañía están igualmente asociados a la Casa VI.

Casa VII

Si el Ascendente (cúspide de la Casa I) es la Casa «del Yo» por excelencia, la cúspide de la Casa VII o Descendente, es la Casa de «los otros» y, más en particular la Casa de la pareja o parejas. Aunque, también tienen cabida en este sector los socios y colaboradores, los enemigos declarados, los rivales, los competidores y los procesos judiciales, pues en caso de juicio, la VII encarna a la parte contraria.

En el eje Ascendente-Descendente, este último es el punto que permanece invisible en el momento de nacer, por tanto, simbólicamente representa lo que no llegamos a ver, ni reconocer en nosotros mismos. Y así, por analogía, la Casa VII lleva incorporadas las facetas ocultas de la personalidad de cada uno, aquellas que unas veces se rechazan y se niegan tener, y otras, por el contrario, producen una fascinación que enamora cuando se descubren en los demás.

Son facetas todas ellas que aparecen reflejadas como en un espejo, a través de la persona o personas que están representadas en la Casa VII. Cuando algo personal se queda dentro sin ser aceptado, no tarda en aparecer fuera la circunstancia o persona que obliga a pensar en ello y reconocer que también nos concierne como propio. Por eso, el signo, el planeta regente y los planetas que se encuentren en el ámbito de esta Casa, indicarán aquello que, conscientemente, se debe reconsiderar y asumir como parte nuestra.

Por otra parte, la Casa VII, representa la capacidad de convivencia ya sea laboral, trabajar en equipo, o doméstica, hacer vida en común. Y refleja, asimismo, la imagen del público en general, en cuanto a demanda, respuesta o acogida a lo que podemos ofrecer.

Casa VIII

Si en la Casa VII se decide compartir la vida con otra persona, en la Casa VIII comienza el aprendizaje de esa convivencia, con todos los pormenores que conlleva. Tanto las relaciones temporales como las estables, son el camino más recto hacia la transformación personal.

La convivencia continuada saca a la superficie los problemas, miedos y complejos no resueltos que se guardan dentro y que a menudo se olvidan, pues algunos permanecen intactos desde la niñez. Son, sobre todo, el miedo al abandono o la inseguridad de no saber hasta qué punto se es aceptado o querido. El temor de no estar a la altura de las expectativas que se generan y un largo etcétera. De ahí, que la octava Casa a veces esconda sentimientos poco aceptables, como la envidia, los celos, los prejuicios y el afán de posesión. La naturaleza de esta Casa es intimista y reservada y suele ser la gran desconocida. Sin embargo, como paradoja, es de las Casas que más contribuye al propio conocimiento interior. De hecho, la VIII está también relacionada con las terapias de recuperación y superación, bien de psicología o de tratamientos físicos de rehabilitación.

La VIII transforma, regenera, renueva y ayuda a soltar lastre (apegos, manías y malas costumbres adquiridas o heredadas), por eso se la considera como la Casa de la Muerte y los finales. Se trata sobre todo de cambios profundos, y de transformaciones que se suceden a través de las edades y las etapas de crisis que presenta la vida. La dinámica de la VIII es llegar a comprender la necesidad de abandonar relaciones tóxicas, malos hábitos y recuerdos tristes que ya no aportan nada. Esta Casa da paso a descubrir nuevas oportunidades que permiten renacer, crecer y evolucionar.

También, la Casa VIII se ocupa de la muerte física, y según los planetas en ella situados y la posición de su regente, se pueden intuir las circunstancias relacionadas con los últimos momentos. Un Saturno y Plutón en VIII, por ejemplo, pueden hablar de longevidad y resistencia, aunque sin descartar las enfermedades crónicas o las experiencias cercanas a la muerte.

Marte y Urano podrían anunciar muerte imprevista o repentina, aunque no tiene por qué ser temprana. Con la Luna y Neptuno habrá que tener en cuenta, además de la fortaleza espiritual, la influencia adversa de medicamentos y otras sustancias. Venus augura un tránsito tranquilo, Mercurio lucidez hasta el final, y el Sol y Júpiter hablan de reconocimiento de los méritos logrados en vida.

Por otra parte, y en un aspecto más práctico, si la Casa II se ocupaba del dinero que ganamos con nuestro propio esfuerzo, la Casa VIII que completa este eje, se ocupa del dinero de los otros, sobre todo del dinero que nos llega de forma indirecta, como son las herencias, testamentos y legados, los repartos de gananciales, las indemnizaciones, o incluso dinero acumulado por apuestas colectivas (loterías, quinielas). Esta Casa habla también de la rentabilidad de capitales y de inversión (acciones, depósitos).

Por eso, quien tiene varios planetas en este sector, suele ser muy hábil para la economía y las finanzas, y un buen gestor para rentabilizar el dinero de otras personas.

La energía sexual y todo lo relacionado con el sexo, la capacidad personal de seducción y la energía psíquica (percepción extrasensorial), son otras de las competencias de la Casa VIII. Así cómo el psiquismo y la facilidad para meditar y visualizar.

Casa IX

La IX es la Casa donde ampliamos horizontes, tanto internos como externos. Se supone que hemos crecido con las experiencias de la Casa VIII, y superado con éxito circunstancias difíciles, pero, sobre todo, se supone que hemos logrado expandir la conciencia. Y con esto, llegamos a uno de los principales atributos de la Casa IX, pues en ella se plantea la necesidad de un significado y una motivación para afrontar la vida. La IX es la Casa de la filosofía, los conceptos religiosos, los grandes ideales, la búsqueda de objetivos y el afán de adquirir conocimientos. Es la Casa que hace honor a las palabras del filósofo Friedrich Nietzsche: «Quien tiene un porqué para vivir puede afrontar cualquier cómo».

En el zodíaco en reposo, la Casa IX vinculada con Sagitario, forma eje zodiacal con la Casa III vinculada a Géminis. En la Casa III se daba importancia a la comunicación, al entorno cercano de la persona y a la etapa de los primeros estudios. Y ahora en la IX, ese entorno borra fronteras y se convierte en los grandes viajes que permiten descubrir otras culturas y hablar otros idiomas. La comunicación se universaliza y los estudios pasan a ser universitarios o de maestría. De hecho, a esta Casa se la conoce como la de «la mente superior» por tener una visión mucho más amplia, objetiva y humanista del mundo y del universo. En la Casa IX adquiere importancia la religión y Dios como concepto espiritual, como idea abstracta de un ser superior o doctrina filosófica que ayuda a establecer el orden frente al caos. Asimismo, esta Casa se ocupa de los tribunales superiores de Justicia y de las leyes constitucionales de cada nación.

Todo lo que esté relacionado con la Casa IX, signo, planetas y regente, será algo que adquiere para el nativo una importancia especial. Se magnifica, se idealiza y, de alguna forma, se «pone en un altar».

Por otra parte, si la III se relaciona con los hermanos, vemos que la IX va más allá y se relaciona con los hermanos de la pareja, y con las parejas de los hermanos, es decir, con los cuñados. Asimismo, en la IX (por Casas derivadas) están representados los nietos.

En suma, además de los viajes, los desplazamientos largos y las estancias en países extranjeros, la IX se ocupa también de los traslados y mudanzas. Y guarda relación con todos los lugares que tengan que ver con el movimiento de viajeros o asuntos de extranjería. Por ejemplo, aeropuertos, estaciones, embajadas, agencias de viajes, intercambios culturales y universitarios y academias de idiomas.

Casa X (Mediocielo)

El Mediocielo, o cúspide de la Casa X, representa la parte más elevada de la carta natal, la que domina y resulta más visible. El área de la Casa X es como un escaparate iluminado dentro del horóscopo individual, y tanto el signo donde esté, como los planetas allí situados y el planeta regente, representan nuestras señas de identidad social.

Si al hablar del Ascendente interpretábamos que era la primera impresión que se causa a los demás. Ahora, en el Mediocielo, ya no se trata de una impresión, sino de una imagen palpable y asequible a todos, que generalmente asumimos como lo más valioso que podemos ofrecer. La Casa X representa nuestro lugar en el mundo. De ahí que sus principales atributos sean la posición social (status) y la actividad profesional y vocacional.

La X es, por tanto, la Casa de la reputación donde se depositan las aspiraciones y se espera obtener admiración y reconocimiento por el trabajo que hacemos con agrado y nos hace sentir orgullosos. En este sentido, es también la Casa de la ambición, una ambición en principio sana y loable, pero sujeta, igualmente, a los avatares humanos y al propio ego.

Por otra parte, la Casa X se ocupa de la figura del padre, del tutor, de los jefes, las autoridades civiles y los jueces, en cuanto a justicia social. Aunque también representa una justicia superior que se podría definir como Destino. Encuentran igualmente lugar en esta Casa virtudes como la honradez, la solidez de principios y la confianza.

Casa XI

En la Casa XI sentimos la necesidad de poner al servicio de la sociedad las capacidades profesionales que descubrimos en la X. Por eso ahora, en la Casa XI, nos agrupamos y compartimos proyectos con amigos y personas afines. Con las agrupaciones se crece, se mejora y se avanza gracias a las ideas compartidas. Además, la fuerza de la unión (y del número) genera sensación de seguridad y aumenta la conciencia global y solidaria. De ahí, que la Casa XI represente también al voluntariado social, a las ONG, a las asociaciones ecologistas y las políticas de cooperación y desarrollo.

Asimismo, la Casa XI refleja de acuerdo con los planetas situados en ella, la forma de interactuar dentro del grupo. Por ejemplo, con Sol o Júpiter podría haber tendencia al liderazgo. Con Mercurio o Venus prevalecería el interés por hacer amigos, además de la imagen y la comunicación (portavoz, página web, publicidad, planificación de ideas). Y con Saturno la persona puede ocuparse, con gusto, de las normativas y la parte administrativa.

Pero, aparte de los grupos, la Casa XI se centra principalmente en los amigos personales y el trato con ellos. La XI habla, por ejemplo, de la habilidad para hacer amigos y mantenerlos, de la popularidad, la lealtad y sinceridad, también de cómo otras personas reaccionan a nuestras atenciones, detalles y muestras de cariño. Pues, si la Casa V se ocupaba de todo aquello que nos seduce y de la simpatía que despertamos, o queremos despertar en los demás, en la XI —su eje opuesto—, vemos la respuesta a estas expectativas. Por ejemplo, vemos si existe un equilibrio a la hora de dar y recibir. Pues, si no recibimos el agradecimiento esperado, quizá haya que reducir el afán de agradar y de hacer favores que no piden.

Por último, esta Casa habla de las esperanzas, metas, aspiraciones y proyectos de futuro, así como de innovación y progreso. También de las protecciones y ayudas que se reciben por parte de amigos influyentes, y de las ideas que «flotan» en la mente colectiva y que a veces se captan por inspiración, sobre todo con la Luna o Neptuno en esta posición.

Casa XII

La XII —conocida como la Casa de lo oculto o del karma— es la Casa más temida del horóscopo, ya que parte de su función es revisar el aprendizaje que aún tenemos pendiente, y presentar las «pruebas» adecuadas que permitan comprender errores y seguir avanzando. A veces, parte de esas pruebas consisten en limitaciones y etapas adversas relacionadas con percances y enfermedades.

La Casa XII forma eje con la Casa VI. Y si en la VI predomina el cuidado y prevención de la salud, en la XII, el protagonismo se centra más en la enfermedad y los imprevistos. En esta Casa las circunstancias mandan y a veces provocan un «parón» en el ritmo de vida. Lo que permite tomarse el tiempo necesario para la recuperación física y también para tomar conciencia de los caminos equívocos que se han elegido.

La Casa XII se asocia con hospitales, cárceles, hospicios, centros de refugiados y otros lugares que implican cambios radicales de vida, así como falta de libertad o movilidad. Aunque por contra, la dinámica de esta Casa despierta sentimientos como la compasión y la capacidad de confraternizar, comprender y cooperar. Sentimientos, en suma, que forjan la vocación de personas que trabajan en estas instituciones y en otras de índole religiosa. Pues en la XII también tienen cabida las religiones con sus preceptos y jerarquías.

En cualquier caso, en esta Casa de Agua es donde más se mueven las emociones, donde se vive intensamente la espiritualidad y donde nace el sentimiento universal de ser uno con el resto de la creación.

Por otra parte, como decimos, la XII es la Casa de lo oculto, en especial de los enemigos ocultos y de todo aquello que esconde algún secreto o misterio por descubrir. Se relaciona asimismo con las actividades de espionaje y las profesiones de detective e investigación policial.

Pero de vuelta a las pruebas que anuncian los planetas allí situados, sus aspectos y la posición del regente, vamos a encontrar en la XII nuestro particular «caballo de batalla». Un caballo que hay que montar para vencer las inseguridades, miedos y complejos que limitan y que, muchas veces, encarnan la figura de ese enemigo oculto que nos acecha.

Por ejemplo, para un *Mercurio en XII*, la inseguridad vendrá cuando haya que hablar o mostrar conocimientos en público, desde salir a la pizarra en la etapa de primaria y los exámenes, hasta las entrevistas de trabajo o el no saber qué decir cuando interesa quedar bien con alguien. La prueba de Mercurio será vencer la timidez que enmudece y para ello, la propia vida se encargará de atraer las experiencias oportunas para conseguirlo.

Quien tiene a *Venus en XII*, es probable que evite enamorarse, porque intuirá que el compromiso sentimental y el propio amor, serán fuente de problemas. Esta posición también anuncia amores secretos e incluso amores prohibidos, algo poco recomendable si Venus se encuentra mal aspectado. Las propias experiencias sentimentales de amor y desamor irán transformando la actitud emocional de la persona, hasta que aparezca la pareja adecuada que ayude a disipar los temores.

Con la *Luna* en esta posición, la sensibilidad estará a flor de piel y también la susceptibilidad y la tendencia a la autocompasión. La persona deberá hacer un esfuerzo por contrastar su imaginación con la realidad, y ponerse más a menudo en el lugar de otros.

La inseguridad que provoca un *Urano en XII*, queda justificada por los imprevistos y cambios bruscos que pueden darse de un día para otro. Quien tenga esta posición tratará de evitar las sorpresas y se lo pensará cuando tenga que decidir entre dos opciones. Pero con el tiempo, verá que su capacidad de improvisación es mayor de lo que pensaba, y aceptará los cambios como oportunidades de progreso.

Hay otros planetas como *Marte y Plutón* que auguran circunstancias difíciles, aunque también aportan una capacidad de lucha y resistencia extraordinaria. Aquí, la persona se crece con las dificultades y puede hacer causa común con otras que estén en circunstancias parecidas.

Saturno en XII causa cierto rechazo hacia la disciplina, las normas estrictas e incluso los uniformes (militar, policía, religioso). Pero quizá sea este el ambiente que la persona viva durante la infancia y adolescencia, para después convertirse en activa defensora de la tolerancia y la libertad.

El Sol en esta posición iluminará la Casa XII, o lo que es lo mismo, pondrá luz en los rincones oscuros, de forma que al nativo le resultará más fácil encontrar las respuestas que busca, especialmente cuando se trata del sentido de la vida y de su propia existencia.

Júpiter también suaviza el efecto adverso de la XII, pero aun así puede producir pérdida de oportunidades y rebajar el talante optimista tan propio del planeta.

Por último, *Neptuno en XII* elevará la espiritualidad y el sentimiento religioso, generando vocación de ayuda y apostolado hacia los más desfavorecidos. Y también Neptuno en esta posición favorece el acceso a los contenidos del inconsciente, a través de la intuición y los sueños.

Las Casas derivadas y los parentescos familiares

Algunos significados de las Casas relacionados con parentescos familiares secundarios, como pueden ser los cuñados, yernos y nueras, suegros, abuelos, nietos, sobrinos y primos, se deducen a partir de las Casas que ya tienen establecido un parentesco principal. Por ejemplo, sabemos que la Casa III es la de los hermanos, que la Casa IV representa a la madre, que la Casa V se relaciona con los hijos, la Casa VII con la pareja y que la Casa X representa al padre.

De esta forma, si queremos saber cuál es la Casa que se ocupa de los nietos, lo primero es preguntarnos: ¿qué son los nietos?, y la respuesta obvia es: son los hijos (Casa V derivada) de nuestros hijos (Casa V de origen).

Entonces, partimos de la Casa V natal de origen que representa a los propios hijos, y le damos un valor I simbólico, puesto que es el punto de partida. Y así empezamos a contar: la V será la I, la VI será la II, la VII será la III, la VIII será la IV, y llegamos a la IX que será la V derivada. Conclusión: la Casa IX representa a los nietos y nietas.

Coincide que también la Casa IX acoge a los cuñados y cuñadas por ambas partes, ya que se trata de los hermanos de nuestra pareja, esto es, la III (hermanos) de la VII (pareja), y también las parejas de nuestros hermanos, es decir la VII de la III. En ambos casos, tanto partiendo de la III (con valor I) para llegar a la VII derivada, como partiendo de la VII (con valor I) hasta llegar a la III derivada, terminamos la cuenta en la Casa IX.

Vemos otro parentesco, por ejemplo, la suegra y el suegro. Para la suegra que es la madre (Casa IV) de la pareja (Casa VII), el recorrido de origen sería a partir de la Casa VII (la pareja), puesto que buscamos la Casa IV derivada que representa a su madre.

Entonces, nos situamos en la VII (con valor I) y seguimos con la VIII que será la II derivada, después la IX que será la III y llegamos a la X que será la IV derivada que buscamos. Por tanto, la Casa X representa a la suegra.

Para el suegro que sería el padre (Casa X) de la pareja (Casa VII), volvemos a situarnos en la Casa VII (con valor I) y comenzamos a contar hasta llegar a la X derivada. Esto es, la VII como I, la VIII como II, la IX como III, la X como IV, la XI como V, la XII como VI, la I como VII, la II como VIII, la III como IX y llegamos a la IV que será la X derivada que buscamos. Luego, la Casa IV representa al suegro.

Para los abuelos, el sistema de casas derivadas sería el mismo, solo hay que establecer la diferencia en el punto de partida. Así, para la abuela materna, que es la madre de nuestra madre, tendríamos que buscar la IV (derivada) partiendo de la IV (origen), para la abuela paterna sería la IV (derivada) de la X (origen), es decir, la madre (IV) de nuestro padre (X). Para el abuelo materno que es el padre de nuestra madre, habría que buscar la X (derivada) de la IV (origen). Y para el abuelo paterno que es el padre de nuestro padre, se buscaría la X (derivada) de la X (origen).

Los resultados son: la Casa VII acoge la figura de la abuela materna (la IV de la IV) y del abuelo paterno (la X de la X). Mientras que el Ascendente-Casa I acoge la figura de la abuela paterna (la IV de la X) y el abuelo materno (la X de la IV).

Los yernos y nueras seguirían el mismo procedimiento, y todos llegarían a agruparse en la misma Casa, en este caso la Casa XI, ya que habría que buscar a la VII (pareja) como derivada de la V (los hijos) que son el punto de partida. Así, tendríamos a la V con valor I, a la VI como la II, la VII como la III, la VIII como la IV, la IX como la V, la X como la VI y por último la XI como VII. Luego, para buscar cualquier información relacionada con los yernos o las nueras, debemos fijarnos en la posición natal de la Casa.

Los tíos serían según el caso, los hermanos del padre o de la madre, es decir la III derivada de la IV de origen o de la X de origen. Y de esta forma, encadenando parentescos, se puede saber cuál es la Casa que se relaciona cada familiar.

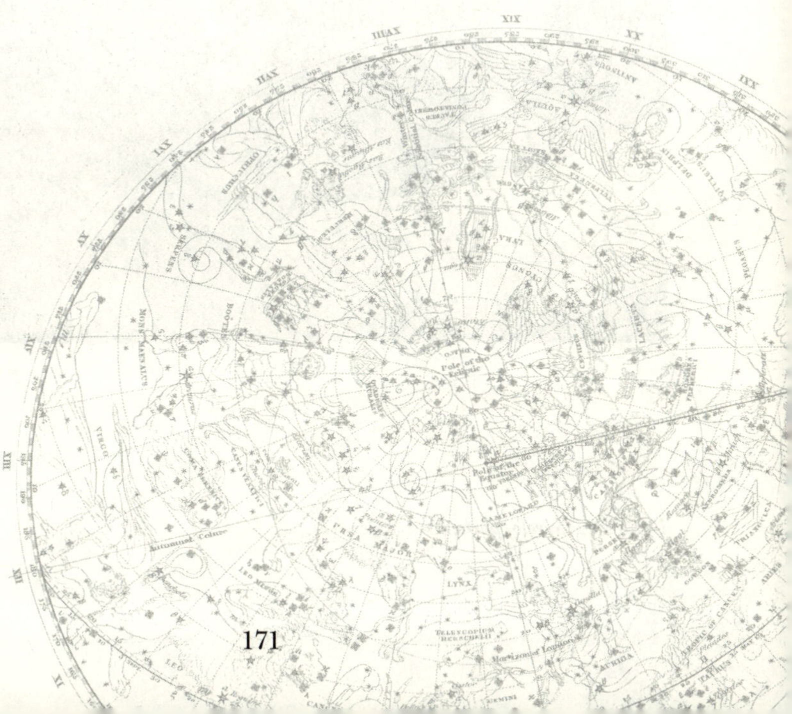

Detalle de un reloj planetario inglés del s. XIX

LOS ASPECTOS PLANETARIOS

Aspectos armónicos y aspectos disonantes

Los aspectos planetarios señalan la relación —buena o mala— entre dos o más planetas, de acuerdo con la distancia en grados que mantienen entre sí.

Los aspectos se dividen en dos grandes grupos: los armónicos y los disonantes, y cada uno de estos grupos, se divide a su vez, de acuerdo con su importancia, en aspectos mayores y aspectos menores.

También hay un aspecto neutro: el de la conjunción.

Clasificación de los aspectos

Aspectos armónicos	
Mayores	Menores
△ Trígono (120º) Sintonía con ♀	⚺ Semisextil (30º) Sintonía con ♅
⚹ Sextil (60º) Sintonía con ♃	⚻ Quincuncio (150º) Sintonía con ☽

ASPECTOS DISONANTES	
MAYORES	MENORES
□ CUADRATURA (90º) SINTONÍA CON ♂	∠ SEMICUADRATURA (45º) SINTONÍA CON ♄
☍ OPOSICIÓN (180º) SINTONÍA CON ASC.	⚼ SESQUICUADRATURA (135º) SINTONÍA CON ☿

ASPECTO NEUTRO
☌ CONJUNCIÓN (0/10º) SINTONÍA CON ☉

Aspectos armónicos según la distancia en grados (de menor a mayor)

— El SEMISEXTIL ⚺ que marca 30 grados de distancia entre planetas (con un orbe máximo de 2 de aproximación).

— El SEXTIL ⚹ con 60 grados de distancia (y un orbe máximo de 6°).

— El TRÍGONO △ con 120 grados de distancia (y un orbe de 8° y hasta de 10° para trígonos formados por el Sol o la Luna).

— El QUINCUNCIO ⚻ con 150 grados de distancia (y un orbe máximo de 2°).

Los aspectos mayores en este grupo, por orden de importancia son el trígono y el sextil. Y los menores el semisextil y el quincuncio.

Aspectos disonantes según la distancia en grados (de menor a mayor)

— La SEMICUADRATURA ∠ con 45 grados de distancia (y un orbe máximo de 2°).

— La CUADRATURA □ con 90 grados de distancia (y un orbe de 8° de aproximación y hasta de 10° para cuadraturas formadas por Sol y la Luna).

— La SESQUICUADRATURA ⚼ con 135 grados (y un orbe de 2° de aproximación).

— La OPOSICIÓN ☍ con180 grados (y un orbe máximo de 6°, o de 10 para las oposiciones que forme el Sol o la Luna).

Los aspectos mayores de este grupo por orden de importancia son la cuadratura y la oposición. Y los menores la semicuadratura y la sesquicuadratura.

Aspectos armónicos mayores: trígono y sextil

△

EL TRÍGONO

Está formado por planetas que mantienen entre sí una distancia de 120°, con un orbe de aproximación o alejamiento que puede ir hasta los 6° u 8° máximo. Y hasta 10° para los formados por el Sol o la Luna.

La principal característica del trígono (en analogía con la naturaleza dc Venus) es la armonía que existe entre los planetas implicados, ya que suelen compartir un mismo elemento y su energía es complementaria. El trígono es el aspecto más favorable. Pero, sin embargo, interesa que los planetas que forman trígonos formen también a su vez, algún aspecto de cuadratura u oposición con otros planetas para que haya más movimiento. Ya que, si todo es trígono y no hay alteraciones, la persona quizá no llegue a apreciar los beneficios y posibilidades que brinda este aspecto. Un trígono que no se mueve conduce a la ley del mínimo esfuerzo y a no comprometerse.

Influencia del aspecto del trígono en los planetas:

— TRÍGONOS DEL SOL. Facilidad para conseguir las cosas sin demasiado esfuerzo. Buena salud. Talante optimista y jovial.
— TRÍGONOS DE LA LUNA. Potencia la imaginación. Buena intuición en asuntos sentimentales. Armonía en el ambiente familiar. Favorece la comunicación entre el consciente y el inconsciente.

— Trígonos de Mercurio. La inteligencia estará al servicio de la creatividad. Suerte en los temas relacionados con la educación y la comunicación social.
— Trígonos de Venus. El nativo atraerá amorosamente a personas que le beneficiarán. Poder de seducción. Romanticismo y sensibilidad artística.
— Trígonos de Marte. La fuerza vital fluye con facilidad. Dinamismo. Talante constructivo y de cooperación. Buen sentido práctico.
— Trígonos de Júpiter. Buena suerte para progresar en la vida y lograr aquello que se desea. Oportunidades que llegan en el momento preciso. Persona de recursos.
— Trígonos de Saturno. Éxitos a través de la organización creativa y la disciplina. Carácter responsable que inspira confianza en los demás.
— Trígonos de Urano. Buena acogida para las ideas innovadoras y originales. Capacidad de inventiva, visión de futuro. Suerte con las amistades.
— Trígonos de Neptuno. Fuerza espiritual. Inspiración artística y clarividencia respecto a la percepción del más allá.
— Trígonos de Plutón. Poder de concentración y transformación. Autoridad natural de mando. Carisma. Si el trígono es con el Sol, habrá que añadir también un extraordinario poder de recuperación (física y moral).
— Trígonos del Ascendente. Favorece la expresión creativa y aumenta la confianza en uno mismo.

EL SEXTIL

Lo forman planetas que mantienen entre sí una distancia de 60°, con un orbe máximo de 6°. Y hasta de 8° para los sextiles del Sol o de la Luna.

El sextil es un aspecto amable, en analogía con Júpiter, que favorece el apoyo e intercambio de oportunidades entre los planetas que lo forman. Tanto es así, que si un planeta forma un sextil con otro y, a su vez una cuadratura con un tercero, el sextil suavizará y compensará el efecto de la cuadratura.

También puede ocurrir que en un aspecto de trígono haya un tercer planeta situado entre ellos que forme con ambos un doble aspecto de sextil. Este planeta intermedio hará las veces de planeta focal y se encontrará doblemente favorecido.

Otra figura de aspectos que suele ser frecuente es el de la «media cometa», formada por dos planetas en oposición, y un tercero (focal), situado de manera que forma un sextil con uno de los planetas de la oposición y un trígono con el otro. En este caso, el efecto de la oposición se reduce y los planetas enfrentados encuentran un punto de conciliación en la naturaleza y posición (Casa) del planeta focal.

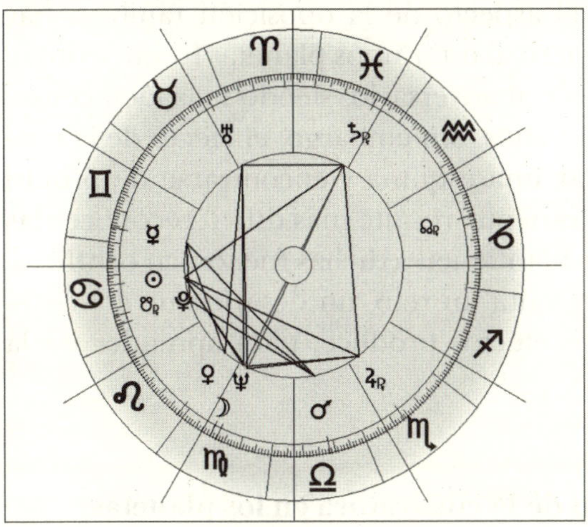

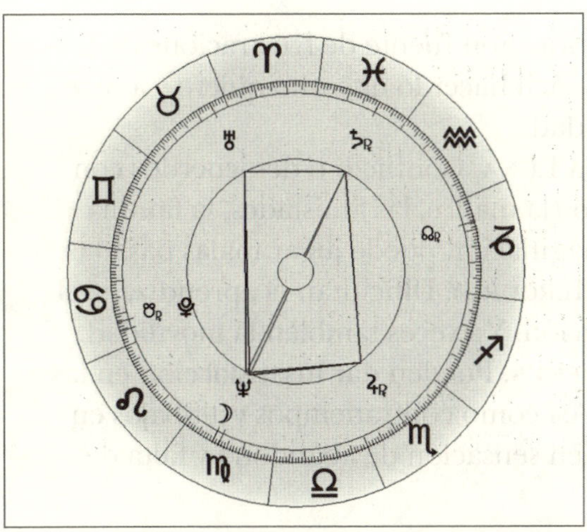

Ejemplo de «media cometa» en ambos lados de la oposición. Planetas focales: Urano y Júpiter. En la imagen, carta completa y detalle del aspecto.

□

LA CUADRATURA

En la cuadratura, los planetas mantienen una distancia de 90°, con un orbe máximo de 8°, y hasta de 10° para las cuadraturas que forme el Sol o la Luna.

La cuadratura es un aspecto en analogía con Marte, y representa una fuerza que enfrenta energías planetarias que se desconocen entre sí. En el aspecto de la oposición también hay energías enfrentadas, pero al estar unos planetas frente a otros, se puede ver y reconocer al adversario, siendo más fácil conseguir un equilibrio entre ellos. Sin embargo, el efecto de la cuadratura es como doblar una esquina y encontrarse de pronto con el oponente; esto hará que resulte más difícil reconocer las causas que enfrentan y mantienen a dichas fuerzas en conflicto.

La cuadratura representa un reto, un desafío que conviene aceptar y observar qué efectos produce, para aprender de la propia experiencia.

Influencia del aspecto de la cuadratura en los planetas:

— Cuadraturas del Sol. Son fuente de frustraciones y dificultades. No resulta fácil hacer lo que uno quiere y a veces bloquean la creatividad.

— Cuadraturas de la Luna. Conflicto o desacuerdos con el entorno femenino (la madre, las amistades, la familia etc.). También la imaginación puede jugar malas pasadas.

— Cuadraturas de Mercurio. Dificultan el aprendizaje, el habla y la comunicación. Y a veces también la movilidad.

— Cuadraturas de Venus. Pueden dar insatisfacción en las relaciones íntimas. Así como contratiempos y altibajos en la economía. También sensación de abandono y falta de afectos.

— CUADRATURAS DE MARTE. Provocan estrés por demasiada actividad o falta de tiempo, y generan circunstancias en las que no queda otra que ser paciente.
— CUADRATURAS DE JÚPITER. Pueden variar según el planeta con el que cuadran y las casas implicadas. Pero si hay algo en común para todos es el exceso y la exageración. Dan también tendencia a una ambición desmedida.
— CUADRATURAS DE SATURNO. Representan obstáculos, limitaciones y compromisos difíciles de eludir. Su efecto puede repercutir en temas judiciales y también en la salud.
— CUADRATURAS DE URANO. Inducen a la inestabilidad y la impulsividad. Provocan cambios repentinos y reacciones alérgicas.
— CUADRATURAS DE NEPTUNO. Producen confusión y desorganización. Y si Neptuno además está en conjunción con Mercurio, dan tendencia al despiste y la mala orientación geográfica.
— CUADRATURAS DE PLUTÓN. El planeta que se encuentre en cuadratura con Plutón de alguna forma está como sometido a una fuerza o destino que le sobrepasa. Pero también es un estímulo que lleva a vencer dificultades y superar pruebas.
— CUADRATURAS DEL ASCENDENTE. Las energías del planeta entran en conflicto con la personalidad y se manifiestan en el carácter.

Cuadraturas especiales:

— LA CUADRATURA SOL-LUNA suele generar conflictos entre lo masculino y lo femenino, entre el consciente y el inconsciente. Hay que fijarse en cuál de los dos planetas ocupa una posición más fuerte (por aspectos, regencia o elemento más dominante) ya que estará favorecido frente al otro. Asimismo, la cuadratura Sol-Luna refleja situaciones de la infancia en las que el primer modelo de convivencia entre lo masculino y lo femenino, es decir, la figura de los padres presenta algún tipo de incomprensión o alejamiento. Quizá alguno de los padres se ausentaba con frecuencia por motivos laborales, hubo un fallecimiento, o quizá se dio una separación entre ambos.

— La cuadratura Sol-Plutón indica desajustes en la salud (presión arterial) y enfermedades raras. Aunque también habla de fuerza de carácter y de una extraordinaria capacidad de recuperación.

— Los aspectos Urano-Marte (aunque sean buenos) inciden en los sistemas eléctricos y el funcionamiento de motores. En aspecto de cuadratura generan conflictos y discusiones y su efecto, en general, resulta desestabilizador.

— La T cuadrada. Es el nombre que recibe la figura de aspectos formada por dos o más planetas en oposición que, a su vez, cuadran (por ambos lados) con un tercero. En este caso, el aspecto de oposición se encuentra con una dificultad añadida para lograr el equilibrio entre los planetas opuestos, pues a causa de la cuadratura que les afecta, ambos se convierten en competidores difíciles de conciliar. Esto generará antagonismos y contradicciones de carácter en la persona. También circunstancias cotidianas que llevan a depender de la voluntad de otros, además de dificultades de adaptación en el entorno laboral, familiar o social, sobre todo, si están implicadas las Casas X y IV.

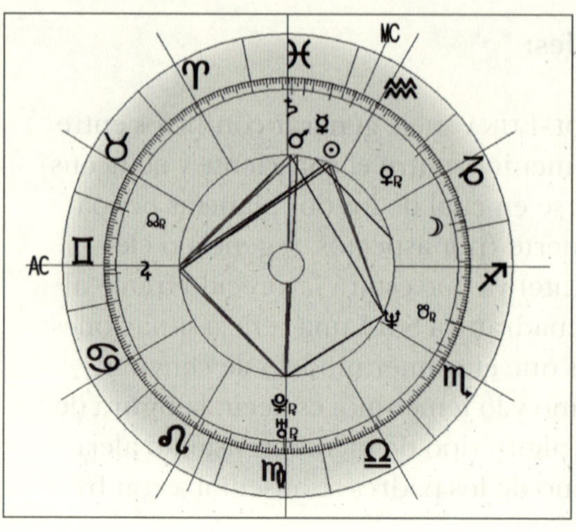

Ejemplo de T cuadrada con Júpiter como planeta focal. En la imagen, carta completa y en la página siguiente, detalle del aspecto.

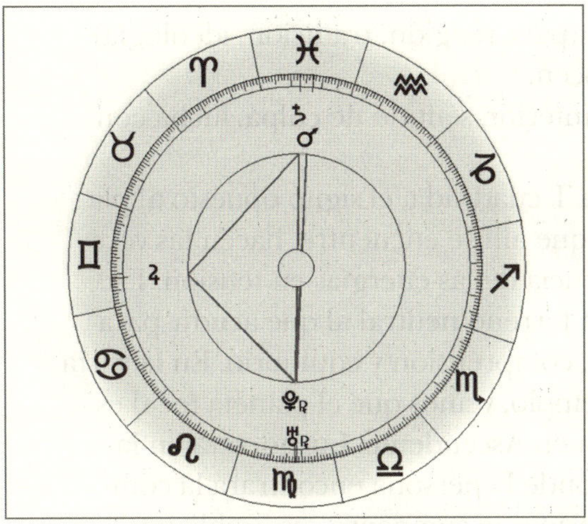

Influencia del aspecto T cuadrada sobre el planeta focal:

— Sol. Necesidad de reconocimiento, amor propio exagerado.
— Luna. Posibilidad de conflictos familiares, relación complicada con la madre, con alguna hermana o con las hijas. Intensidad de emociones que pueden provocar malentendidos. Imaginación desbordante.
— Mercurio. Curiosidad incontrolada, verborrea, indiscreciones.
— Venus. Preocupación por la belleza y apariencia, persona adicta a las tendencias de moda. Necesidad de vivir amores románticos.
— Marte. Carácter fuerte, irascible, con tendencia a mandar y disponer. Preocupación por la buena forma física, en especial la musculatura.
— Júpiter. Manga ancha con las debilidades propias y ajenas. Tendencia a la exageración.
— Saturno. Carácter conservador, autoexigente y responsable. Sentido del ahorro exagerado.
— Urano. Talante provocador y antisistema. Personalidad imprevisible, con genialidades que no siempre son bien comprendidas.
— Neptuno. Tendencia a perseguir quimeras. Lucha por conseguir ideales y derechos difíciles de lograr, a veces por

vivir en un entorno (país, religión, tradición, ideología) donde no se reconocen.

— PLUTÓN. Conflicto interior, sentido de culpa, lucha consigo mismo.

En la figura de la T cuadrada, el signo opuesto al planeta focal y la Casa que allí se encuentre, hacen las veces de salida de emergencia de las energías en tensión. Ese punto será como un terreno neutral al que acudir para encontrar descanso, comprensión y equilibrio. En la carta que ponemos de ejemplo, vemos que el planeta focal es Júpiter y que se sitúa en Ascendente. Luego, será en la pareja (Casa VII) donde la persona encontrará la comprensión y el equilibrio que compense sus problemas.

— LA CRUZ CÓSMICA. Se conoce como cruz cósmica al conjunto de aspectos de varios planetas que se sitúan en la carta formando cuatro cuadraturas entre sí —un gran cuadrado— con dos oposiciones centrales.

La tensión que genera esta figura de aspectos es la más difícil de conciliar porque la integran varios planetas enfrentados entre sí, y afecta a varias áreas del horóscopo.

Su efecto es como el de la T cuadrada, pero por partida cuádruple, ya que todos los planetas implicados reciben cuadraturas por ambos lados, y actúan de punto focal de una u otra de las oposiciones.

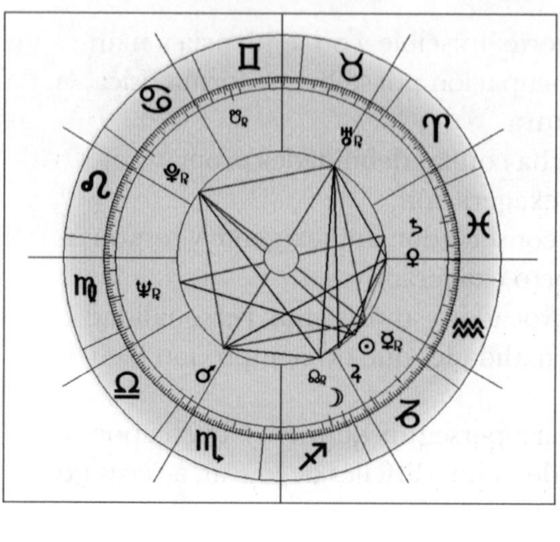

Ejemplo de aspectos de una cruz cósmica. En la imagen, carta natal completa y, en la página siguiente, detalle del aspecto.

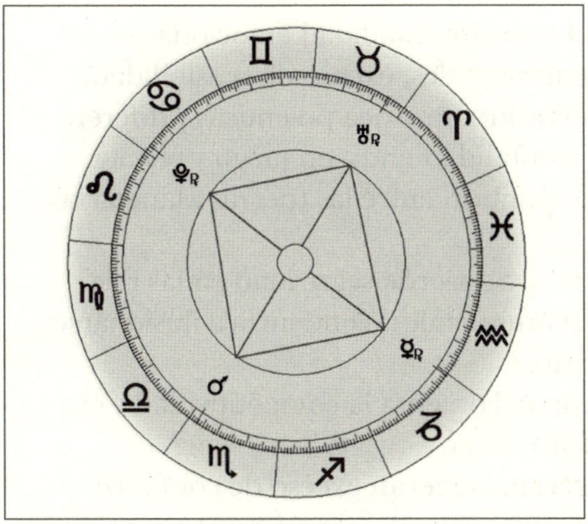

En un sentido positivo, este aspecto da a la persona una gran capacidad de resistencia (interna y externa) y fuerza moral para hacer frente a los embates de la vida.

LA OPOSICIÓN

En la oposición los planetas mantienen entre sí una distancia de 180°. Su orbe oscila entre los 6° y 8° como máximo, y de 10° para las oposiciones del Sol y la Luna.

En general, los planetas en oposición forman parte de un mismo eje con relación a los signos y las Casas que ocupan, de esta manera pueden verse con claridad las áreas enfrentadas y saber, por tanto, dónde hay que trabajar más para tratar de encontrar un equilibrio.

Influencia del aspecto de oposición en cada planeta

— Oposiciones del Sol. Crea conflicto entre la voluntad activa y consciente (Sol) y la naturaleza del planeta enfrentado. Las Casas donde se sitúan los planetas indicarán en qué áreas la tensión se hará patente.

— Oposiciones de la Luna. Inestabilidad emocional en las relaciones. Dudas sentimentales, exceso de sensibilidad.
— Oposiciones de Mercurio. Provoca polémicas y diferencias de opinión. La mentalidad entra en juego y resulta más difícil llegar al equilibrio entre las fuerzas planetarias enfrentadas.
— Oposiciones de Venus. Se pierde seguridad en las relaciones personales y sentimentales. Tendencia a ilusionarse y desilusionarse pronto.
— Oposiciones de Marte. Fomenta la competitividad y da cierta agresividad de carácter.
— Oposiciones de Júpiter. Generan exceso de confianza y de seguridad en la propia valía. Presunción y egoísmo.
— Oposiciones de Saturno. Tendencia a las actitudes negativas y pesimistas. Entorpece con trabas y lentitud la utilización de recursos.
— Oposiciones de Urano. Provoca situaciones sorpresa. Juega con lo impredecible y repentino. Fomenta el inconformismo y los deseos de libertad.
— Oposiciones de Neptuno. Distorsiona el sentido de la realidad. Genera dudas y confusión.
— Oposiciones de Plutón. Plutón tiende a someter al planeta que se encuentra frente a él, y lo debilita de alguna forma.
— Oposiciones del Ascendente. Incide en las relaciones con los demás. Representa —el yo— frente a los otros.

Aspectos neutros

☌

LA CONJUNCIÓN

Se considera un aspecto neutro, porque su influencia depende de la naturaleza de los planetas que estén juntos. Pero, en cualquier caso, es un aspecto importante que entra dentro de la categoría de los aspectos mayores. Su orbe máximo es de 6°, y hasta de 10° para las que formen el Sol o la Luna.

Una conjunción es la unión entre dos o más energías que se activan mutuamente. Allí donde se dé una conjunción, comenzará un trabajo entre dos o más fuerzas planetarias, un trabajo que implica para el nativo un compromiso personal, y una búsqueda de equilibrio entre dichas fuerzas, ya que a veces resultarán ser contrarias entre sí. La conjunción es un aspecto intimista que fomenta un trabajo interno de desarrollo personal

Cuando alguno de los planetas que forman la conjunción, coincide que está en su propio signo, aumentará su poder respecto a los demás, por estar domiciliado.

Influencia del aspecto de conjunción en cada planeta:

— Conjunciones del Sol. Pone énfasis al poder de la voluntad. También a las iniciativas y a las aspiraciones de la persona. Además, ilumina y da más protagonismo al planeta que esté junto a él.
— Conjunciones de la Luna. Intensifica el factor emocional. La fantasía y la sensibilidad tendrán efecto contagio. Aunque si la Luna está junto a planetas de peso como Saturno o Plutón, la contagiada será ella.
— Conjunciones de Mercurio. La capacidad mental (analizar, razonar, deducir, comunicar) adquiere más protagonismo.
— Conjunciones de Venus. Realza la delicadeza y el sentido de la estética. Pone, al conjunto, un toque de idealismo romántico, de seducción y belleza.
— Conjunciones de Marte. Añade un plus de energía y dinamismo que invita a la actividad.
— Conjunciones de Júpiter. Induce al optimismo, la generosidad y la confianza. Aunque también expande las cualidades de los planetas que están con él.
— Conjunciones de Saturno. Impone ciertos límites que hay que vencer y da tendencia a la melancolía y la seriedad.
— Conjunciones de Urano. Aumenta el grado de intuición, originalidad e inventiva. Estimula la independencia, el gusto por los cambios y el inconformismo.

— Conjunciones de Neptuno. Aportan inspiración y acrecientan la espiritualidad. Su efecto contagio lleva a actuar de forma inconsciente y a ser poco práctico y poco realista.
— Conjunciones de Plutón. Da poder de transformación y coraje. Pero no olvidemos que Plutón siempre resulta dominante.
— Conjunciones del Ascendente. Incide directamente sobre el aspecto físico y la personalidad del nativo.

Las conjunciones Plutón-Luna y también Urano-Luna o Neptuno-Luna, aportan toques de videncia, visiones, fuerte intuición, sueños muy vívidos e incluso experiencias extrasensoriales

Conjunciones en stellium

El stellium es una conjunción múltiple formada por cuatro o más planetas en el mismo signo o en la frontera de signos contiguos. Su fuerza e importancia será mayor si al menos dos de ellos son planetas lentos. El orbe del stellium puede abarcar hasta 12°, entre el primer planeta y el último.

La Casa donde se encuentre el stellium tendrá bastante protagonismo en la vida de la persona, sobre todo cuando se den tránsitos de planetas lentos sobre este sector.

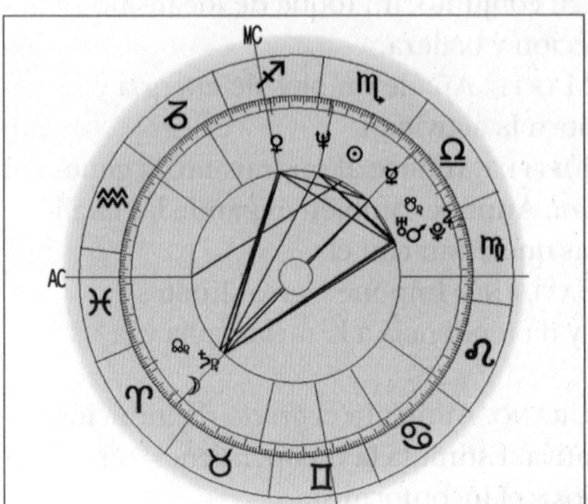

Stellium de noviembre 68 con Marte-Urano-Júpiter y Plutón.

Stellium de mayo 2000 con Sol-Saturno-Venus y Júpiter.

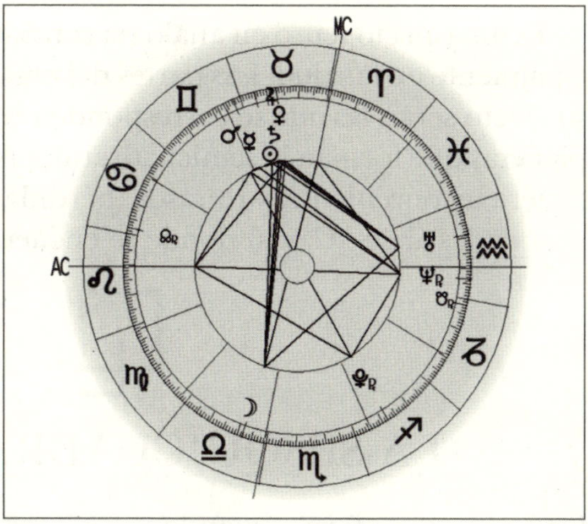

Aspectos menores

Los aspectos menores más destacados son el semisextil, la semicuadratura, la sesquicuadratura y el quincuncio. Su efecto, en comparación con los mayores, resulta más sutil y transitorio. Pero aún así, conviene conocerlos y tenerlos en cuenta.

⊻

EL SEMISEXTIL

Los planetas que forman este aspecto mantienen una distancia de 30° y su orbe máximo es de 2°. Se trata de un aspecto armónico en analogía con Urano. Los planetas unidos por semisextil establecen complicidad por cercanía y se apoyan mutuamente, de esta forma compensan cualquier aspecto disonante que pueda tener cada uno de ellos por separado. Es también el aspecto de las segundas oportunidades.

∠

LA SEMICUADRATURA

Está formada por planetas que mantienen entre sí una distancia de 45°, con un orbe máximo de 2°.

Es un aspecto tenso en analogía con Saturno que incide principalmente en la salud. Las partes del organismo más sensibles a su efecto serán las que se corresponden con la naturaleza de los planetas que forman la semicuadratura. Asimismo, este aspecto genera inconvenientes y retrasos (pérdidas de tiempo, repeticiones) en las áreas (Casas) donde se encuentren dichos planetas.

LA SESQUICUADRATURA

Este aspecto se forma cuando dos planetas mantienen entre sí una distancia de 135°. Su orbe máximo es de 2°. Se trata de un aspecto disonante en analogía con Mercurio. Su efecto puede producir pensamientos obsesivos y tendencia a especular sobre las posibilidades de acontecimientos futuros. En general, este aspecto genera incertidumbre y desasosiego. La mejor forma de compensar el agobio mental que provoca es realizar actividades creativas o artísticas.

EL QUINCUNCIO

El quincuncio se forma cuando dos planetas se encuentran a una distancia de 150°, con un orbe máximo de 2°. Este aspecto en analogía con la Luna es un tanto especial, ya que facilita la conexión con los contenidos del inconsciente. Por eso, aunque se incluye dentro del grupo de los armónicos y su influencia es positiva, su efecto puede resultar ambivalente. El quincuncio aporta momentos de intuitiva inspiración y corazonadas, pero también muestra los miedos que causan inseguridad.

El doble quincuncio o dedo de Dios

Este aspecto está formado por dos o más planetas en sextil que a su vez confluyen, cada uno por su lado, con un tercero que a 150° de distancia hace de diana y recoge ambas energías. La

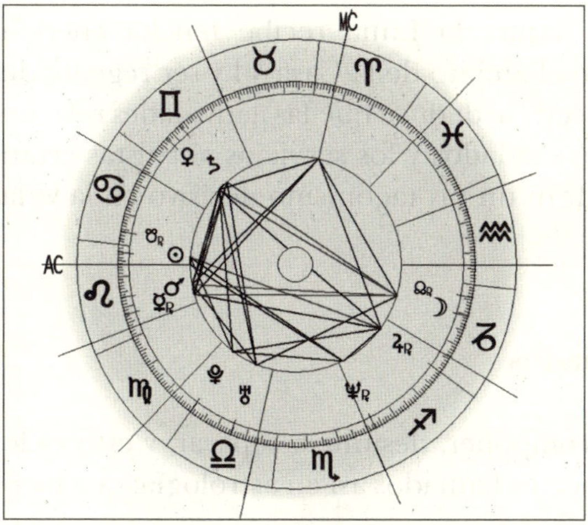

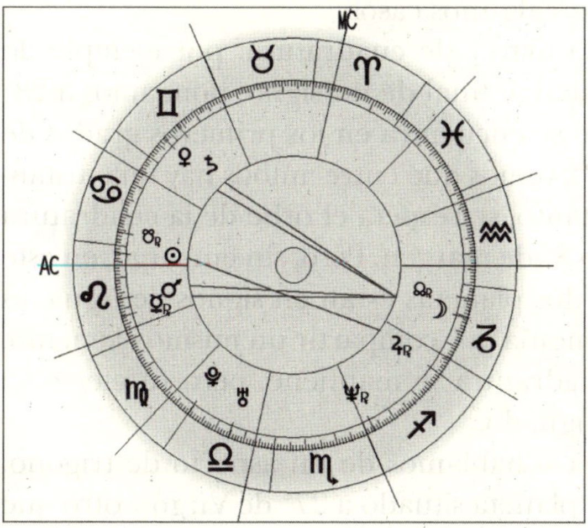

Ejemplo de doble quincuncio. En la imagen, carta natal completa y detalle del aspecto.

imagen de este aspecto se asemeja a una punta de flecha que señala directamente al planeta focal, y hace que este adquiera mayor relevancia.

El doble quincuncio es conocido con el nombre del *dedo del Destino* o *dedo de Dios*, ya que el planeta situado en el vértice queda comprometido simbólicamente, como si tuviese una misión extra que cumplir o una responsabilidad añadida, que vuelcan en él los planetas en sextil.

En este caso, el planeta focal del doble quincuncio es la Luna, Aunque en realidad se trata de un quincuncio cuádruple, ya que son cuatro los planetas que forman el sextil (por un lado, la conjunción Venus-Saturno y, por otro, la conjunción

Mercurio-Marte). Por tanto, la Luna recibe mucha energía planetaria y al estar en el ámbito de la Casa VI y ser regente de la XII (situada en Cáncer), se deduce que las actividades relacionadas con la salud, los cuidados y los servicios altruistas están muy destacadas y tendrán un protagonismo decisivo en la vida de la persona,

Los aspectos disociados

Disociar significa descomponer, desunir o separar, y esto es lo que ocurre con los aspectos llamados así en astrología: que pierden fuerza y carácter.

Vemos su porqué con algunos casos.

Cuando un aspecto mayor de cuadratura, por ejemplo, lo forma un planeta situado al final de un signo, pongamos a 28° de Piscis, con otro que se encuentra en los primeros grados de Cáncer, pongamos a 3°, vemos que entre ambos hay una distancia de 95° y que, por tanto, se respeta el orbe de la cuadratura que puede llegar hasta 8° de margen. Pero, sin embargo, en este caso coincide que los dos planetas están en signos de Agua, es decir, que están en armonía por compartir un mismo elemento. Conclusión: que la cuadratura se mantiene, pero su efecto ya queda bastante amortiguado.

Lo mismo ocurriría si hablamos de un aspecto de trígono, por ejemplo, entre un planeta situado a 27° de Virgo y otro que se encuentra a 1° de Acuario. La distancia entre ambos es de 124° y están dentro del orbe del trígono, pero al estar uno en Tierra y otro en Aire, resulta que han perdido lo más valioso de este aspecto, que es la unión del elemento, y por tanto se trata de un trígono debilitado.

Con planetas rápidos como Mercurio y, sobre todo, la Luna, es importante ver si el aspecto tiende a formarse o por el contrario se aleja.

Por ejemplo, un Urano a 10° de Escorpio que forma sextil con la Luna a 17° de Capricornio, está dentro del orbe establecido para el sextil ya que uno de los componentes es la Luna. Pero, mientras que Urano al ser un planeta lento apenas se mueve, la Luna sigue su camino y se aleja, de forma que cuatro horas después ya habrá sobrepasado el margen del sextil. Conclusión: este aspecto, aunque quede marcado en la carta natal, no es representativo.

Distinto sería si la Luna en vez de a 17° estuviera a 3° de Capricornio, ya que dicho sextil con Urano a 10° de Escorpio, se daría con un orbe igualmente aceptable por tratarse de la Luna, pero esta vez, la tendencia del sextil sería irse fortaleciendo, según avanza la Luna hacia la exactitud del aspecto.

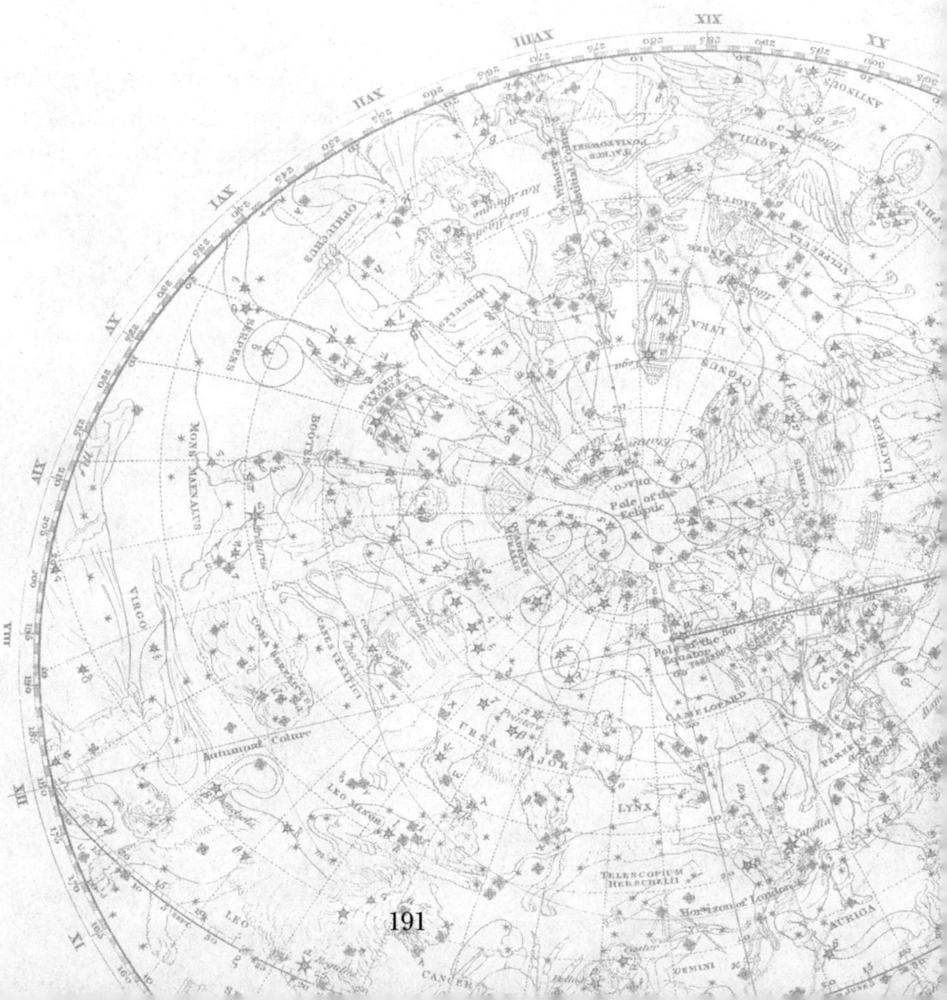

TERCERA PARTE

EL ZODÍACO EN MOVIMIENTO

Todo está en movimiento y cambio constante: lo único que permanece es el cambio.

I Ching, el Libro de las Mutaciones

Nada está inmóvil; todo se mueve; todo vibra.

Tercer principio del *Kybalión*

EL ZODÍACO EN MOVIMIENTO

En la segunda parte de este libro vimos con detalle los elementos, los signos, los planetas, las casas y los aspectos. Ya tenemos la información teórica, ya sabemos sus correspondencias y sus áreas de competencia. Pero ahora, debemos llevarlo a la práctica y ver cómo, todos con todos y en movimiento, interactúan.

La experiencia, la estadística, la observación y la propia investigación son los cuatro pilares que sostienen el saber de la astrología, y permiten comprender los engranajes del zodíaco en movimiento y su influencia sobre los seres humanos y nuestro planeta.

Toda una sinfonía astral queda plasmada en cada carta natal. Ahí tenemos la partitura y los distintos instrumentos para orquestarla. Solo nos faltan los intérpretes para poder escuchar la melodía allí escrita. Nos faltan los astrólogos que ordenen los acordes y significados.

La interpretación en cualquier materia no deja de ser un arte, y como todo arte, requiere aprendizaje y constancia, pero sobre todo, requiere de la experiencia y la comprobación para afianzar los aciertos y aprender de los errores.

Por eso, una vez establecidos los cimientos, abordamos esta tercera parte de forma más directa y ligera, con ejemplos y sugerencias sobre líneas de interpretación y claves para asociar las múltiples combinaciones que pueden darse.

La intención es dejar sitio a las propias deducciones del lector y a su experiencia. Pues como decimos, la interpretación es un arte donde cada intérprete expresa la versión que, intuitivamente, le parece más acertada. .

La carta natal: tipo de cartas más comunes

La carta natal es nuestro particular mapa del cielo, donde quedan reflejadas las posiciones planetarias en el momento de nacer. Y para más exactitud, con la hora y lugar de nacimiento se establecen las coordenadas de posición del Ascendente y las demás Casas. En conjunto, Casas y planetas atesoran información sobre las circunstancias de vida de cada uno.

En el continuo transitar de los planetas por el zodíaco se forman distintas configuraciones astrales. Al unirse y distanciarse entre sí, los planetas crean imágenes que llegan como la primera impresión que se recibe al mirar una carta natal. Cada configuración tiene un nombre y también un significado que conviene observar, pues a menudo sirve como base previa para el enfoque de la interpretación.

Las figuras más frecuentes son:

CUNA

En este modelo astral, todos los planetas se encuentran agrupados en el espacio de un trígono o de una cuadratura. Esto dará a la persona una visión parcelada de la vida, generalmente enfocada hacía las áreas que representan las Casas donde se sitúan los planetas, mientras que el resto de Casas, queda como un territorio a explorar.

La persona abocada a este tipo de carta tendrá clara cuál es su prioridad de vida, pero también tendrá tendencia a repetir experiencias concretas. Destaca igualmente en estas cartas la importancia del «planeta guía», que es el que por posición está más adelantado, es decir, el que va en cabeza, siempre de acuerdo con el movimiento que siguen los planetas (contrario a las agujas del reloj).

Como ejemplo, vemos la carta natal de un hombre nacido el 6 de diciembre del 83, a las 21:40 h, en Madrid. Y también aprovechamos para comentar el enfoque que aporta esta configuración.

Vemos que en el espacio de una cuadratura casi exacta entre Marte a 10° de Libra y la Luna a 11° de Capricornio, se agrupan el resto de los planetas. La Casa más destacada es la V en Sagitario, con cinco planetas en su área, entre los que se encuentra Júpiter —su regente—. La V tiene que ver con la creatividad, la enseñanza, el tiempo libre, las aficiones, los hijos, la suerte, los romances y con todo aquello que seduce a la persona.

Nos encontramos, por tanto, con alguien muy creativo, pero también introvertido, ya que todos los planetas están en la parte baja de la rueda, que se corresponde con las Casas del Yo, las más íntimas y personales.

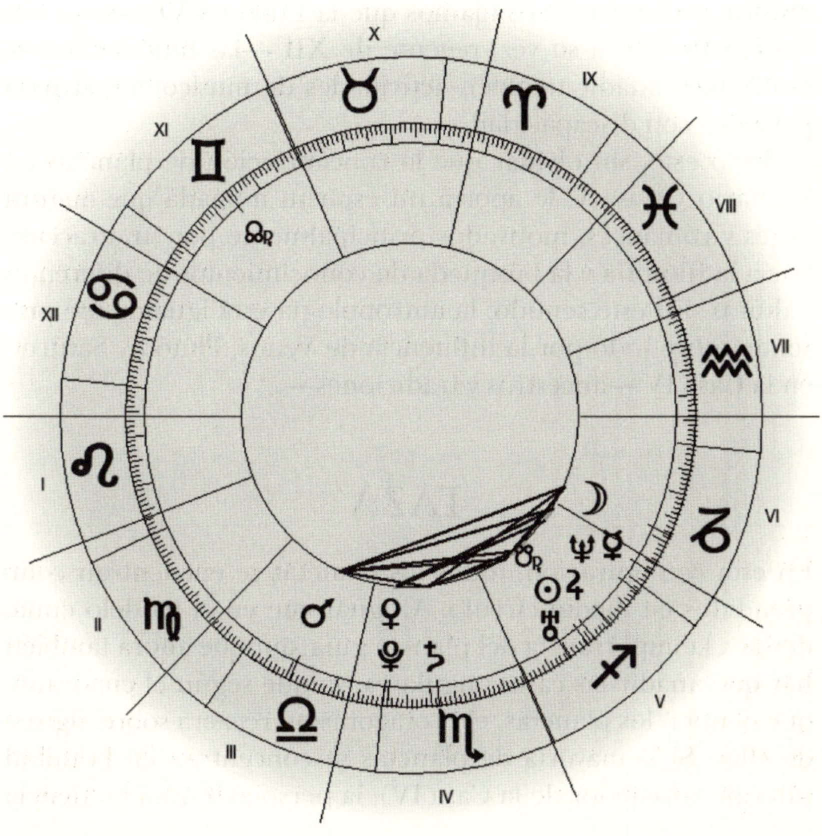

Por otra parte, vemos que tiene el Ascendente en Leo en trígono al Sol y Urano, ambos en la Casa V. ¿Podría ser quizá la carta de un actor?

Podría, pero en todo caso sería de corte dramático o muy intimista, ya que la Luna —planeta guía— es regente de la Casa XII (en Cáncer) —lo oculto y las pruebas— y cuadra con Marte situado en Casa III —la comunicación—. Además, la conjunción de Venus con Plutón en Escorpio tampoco ayuda para expresar emociones en público.

Por otra parte, vemos que bajo la influencia conjunta de Urano, Sol y Júpiter en la V, la creatividad de esta persona podría enfocarse hacia el diseño gráfico, la fotografía, el cine tras las cámaras o la música, ya que con Mercurio y Neptuno también en V, inspiración no le falta. Como músico, si consideramos que Marte en III es a su vez regente de Casa X (en Aries) —la profesión— tendríamos a un buen especialista en instrumentos de percusión para orquesta. O bien, a un profesor de música, e incluso si nos fijamos que la Luna en VI —sanación y servicio— es, a su vez, regente de XII —las limitaciones—, podríamos añadir también actividades de musicoterapia para personas con discapacidad.

Todo esto, sin olvidar que la concentración de planetas en Sagitario y Casa V, le aporta un espíritu nómada que augura viajes y romances, motivados principalmente por su atracción hacia la filosofía y la búsqueda de conocimientos de diferentes culturas. En este sentido, la antropología está igualmente presente, sobre todo por la influencia de Venus, Plutón y Saturno en la Casa IV —ancestros y tradiciones—.

TAZA

En esta configuración, todos los planetas se encuentran comprendidos en medio círculo. Al igual que en el modelo cuna, destaca la importancia del planeta guía, aunque ahora también hay que añadir las casas angulares, ya que según el cuadrante que ocupen los planetas, el protagonismo recaerá sobre alguna de ellas. Si la mayoría de planetas se concentran en la mitad inferior (alrededor de la Casa IV), la persona tendrá tendencia a permanecer en su mundo interior. Si la mayoría se sitúa en la mitad superior (alrededor del Mediocielo), la persona será extrovertida y muy sociable. Cuando la mayoría de planetas están en la mitad de la izquierda (alrededor del Ascendente), el nativo será alguien que confía en sí mismo y sus propios recursos. Y cuando los planetas se sitúan en la mitad derecha de la rueda (alrededor de la Casa VII), la persona tendrá tendencia a depender de otros, sobre todo de la pareja.

Tenemos como ejemplo, la carta de una mujer nacida el 11 de agosto de 1941, a las 10:30 a.m. en Florencia. En ella vemos que todos los planetas están situados en la mitad superior de la rueda natal. Esto ya de entrada, nos indica que se trata de una persona sociable, y también espiritual ya que Neptuno es su planeta guía.

Luego, si nos fijamos con más detalle en las posiciones de algunos planetas, vemos que esa sociabilidad se ratifica con

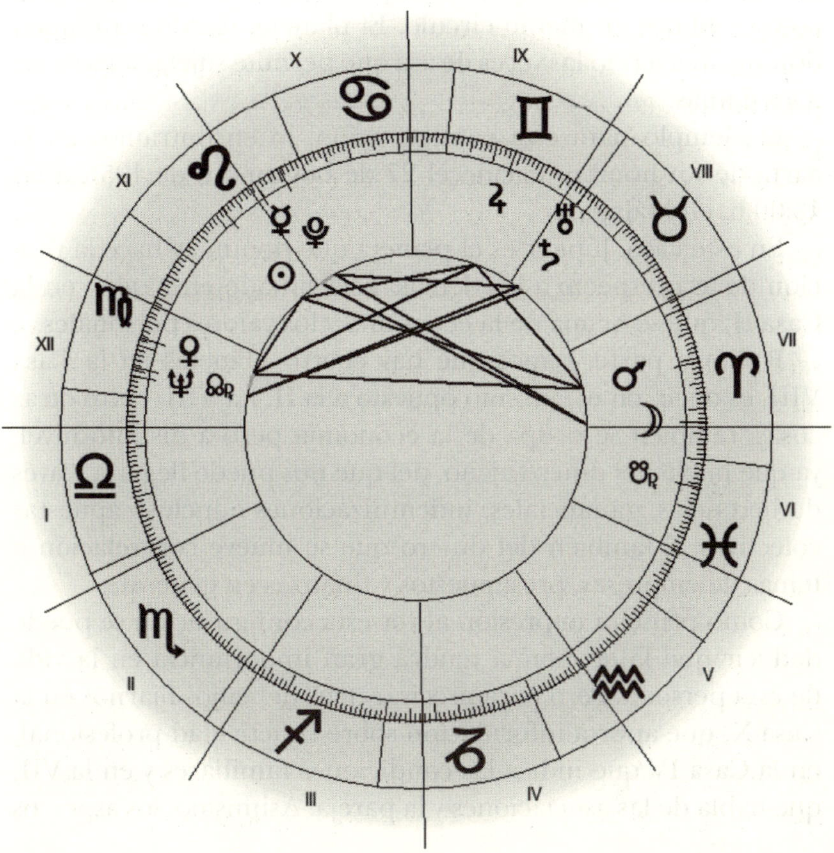

Júpiter en Géminis y Casa IX —afán de ampliar horizontes intelectuales—, y con el Sol en Leo iluminando la Casa XI —los grupos, amistades y proyectos—.

Pero, hay que volver a la posición de Neptuno en Virgo para resaltar que está en conjunción al Nodo Norte y que ambos comparten con Venus el espacio de la Casa XII, es decir, que esa espiritualidad está muy unida a la intuición, al potencial del inconsciente y a la visión de futuro, aunque también está salpicada de obstáculos y pruebas a superar. De todas formas, se trata de un idealismo espiritual integrador y compartido con otras personas (grupos), donde posiblemente tengan cabida las filosofías orientales.

CUBO

En este tipo de carta, todos los planetas menos uno, estarán comprendidos en medio círculo. El planeta aislado será quien domine, haciendo las veces de asa que permite sujetar y moverse a los demás.

El ejemplo para esta configuración, lo encontramos en la carta de un hombre nacido el 27 de noviembre de 1951, a las 13:00 h, en Málaga.

En este caso, Júpiter es el planeta que domina y hace la función de asa respecto a los demás. Está situado en Aries y en la Casa II, que se ocupa de la economía y los valores personales.

Por otra parte, vemos que hay cuatro planetas en la Casa VIII, es decir, en el extremo opuesto a la II. La VIII, entre otras cosas, también se ocupa de la economía pero a distinto nivel, ya que habla del dinero ajeno, del que nos puede llegar a través de herencias, gananciales, indemnizaciones e incluso apuestas colectivas. Y también del dinero que se mueve con relación a temas de empresas, presupuestos y finanzas en general.

Como primera impresión al ver esta configuración se puede deducir que la economía tendrá gran importancia en la vida de esta persona. Pero para precisar más, debemos fijarnos en la Casa X, que aporta información sobre la actividad profesional, en la Casa IV que indica las condiciones familiares y en la VII, que habla de las asociaciones y la pareja. Asimismo, los aspectos

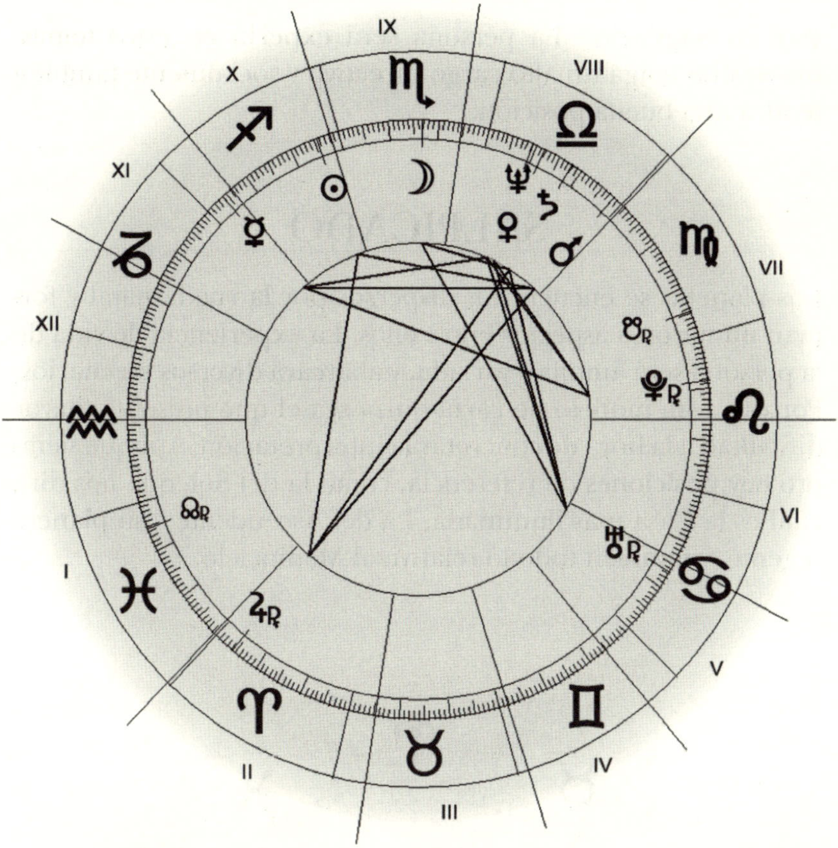

entre planetas y las regencias también tienen su importancia. Pero, vamos por partes:

Para empezar, el Sol está situado en Sagitario, prácticamente en la cúspide de la Casa X —el Mediocielo— algo que por sí solo, ya augura prestigio y éxito profesional. El Sol a su vez es regente de la Casa VII (en Leo). Hay por tanto una interesante relación entre la actividad profesional (X), la economía (II) y la pareja (con fuerte potencial de gananciales en la Casa VIII).

Vemos también que el Sol en Sagitario forma un trígono con Júpiter en Aries (planeta asa que domina). Es decir, que el regente de la Casa X (Júpiter) se sitúa en la II y desde allí forma un trígono con el planeta que hay en X que es el Sol. Esto indica que la profesión elegida será vocacional y estará muy bien pagada. Y si a esto le añadimos la acumulación de planetas en VIII, aumentan las posibilidades de que dicha profesión esté relacionada con altas finanzas de empresas y multinacionales

(Sol en Sagitario). La persona será experta en estos temas, puede que tenga un alto cargo directivo y socialmente también tendrá una buena posición.

SALPICADO

Los planetas se encuentran dispersos por la rueda natal y forman numerosos aspectos entre ellos. La experiencia de vida de la persona será amplia y variada, y abarcará diversos escenarios. Por eso, este modelo de carta quizá sea el que presenta mayor dificultad a la hora de concretar la interpretación. Aunque siempre hay posiciones de referencia, como la del Sol, que nos dirá cuál es la Casa más iluminada. La del Ascendente y su planeta regente, y también todo lo relativo al Mediocielo.

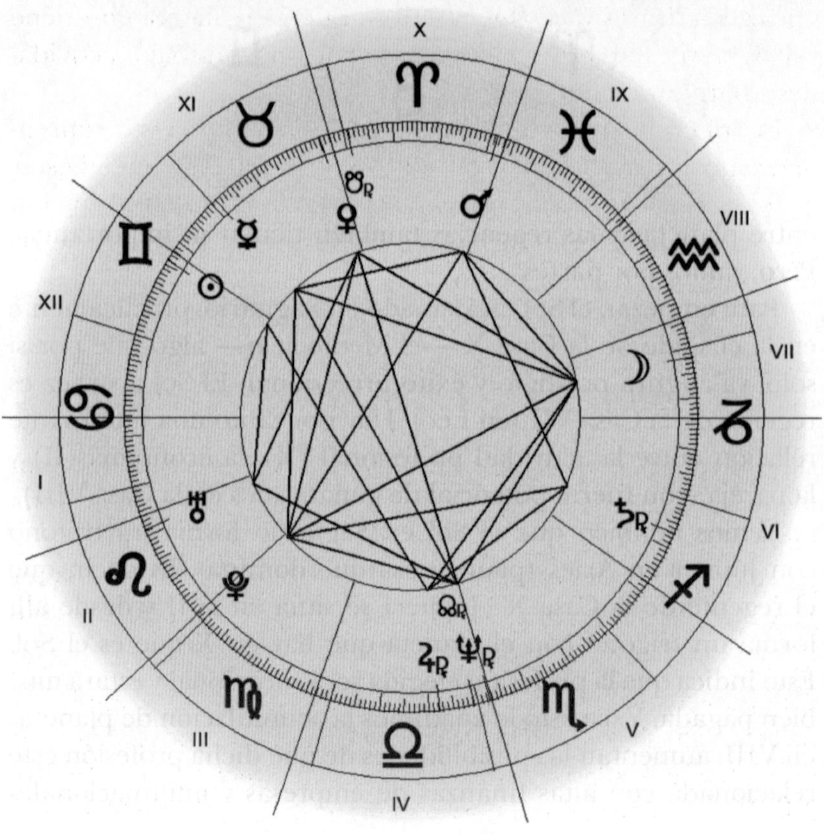

La carta que utilizamos como ejemplo para el modelo de salpicado, es la de una mujer nacida el 5 de junio de 1958 a las 8:10 a.m. en Madrid

En este caso destaca el área de la pareja, con la Luna en Casa VII y regente del Ascendente (en Cáncer). Al hablar del Ascendente (capítulo de Casas terrestres), comentamos que donde se va su planeta regente, es donde la persona también quiere ir y estar. Se trata, por tanto, de un área (pareja y asociaciones) que tiene especial importancia para esta mujer. Aunque esto no garantiza que le vaya bien en estos temas, sobre todo respecto a lo que ella desea o imagina, ya que la Luna cuadra (T cuadrada) con Venus, Júpiter y Neptuno. posiblemente idealiza situaciones que luego no se hacen realidad. Pues su realidad con Saturno en VI, siendo a su vez regente de la VII, será distinta, más monótona y aburrida.

También destaca Marte al final de Piscis y en Mediocielo. Esta posición indica que se trata de una persona muy dispuesta, eficaz y activa (a veces hiperactiva), que disfruta cuando tiene varios frentes abiertos a la vez: ocupaciones, trabajo, actividades, voluntariado etc.

El Sol en Géminis estimula su curiosidad y ganas de aprender, así como la afición al estudio y la lectura. Además, al estar el Sol en Casa XII, esa curiosidad se amplía hacia la indagación y la búsqueda de respuestas. El periodismo quizá sea una de las profesiones que mejor le van.

COLUMPIO

En este modelo de carta, la mayoría de los planetas se agrupan formando una oposición múltiple. Esto provocará en la persona tendencias opuestas y contradicciones de carácter, originadas a veces por el propio empuje de las circunstancias. En cualquier caso, tarde o temprano, surgirá para quienes tienen esta configuración, la necesidad de encontrar un equilibrio entre las áreas de vida que implican las Casas con planetas en oposición.

El ejemplo elegido corresponde a una mujer nacida el 4 de marzo de 1965, a las 00:35 a.m. en Lisboa. En esta carta, todos los planetas, excepto Venus, forman una o más oposiciones

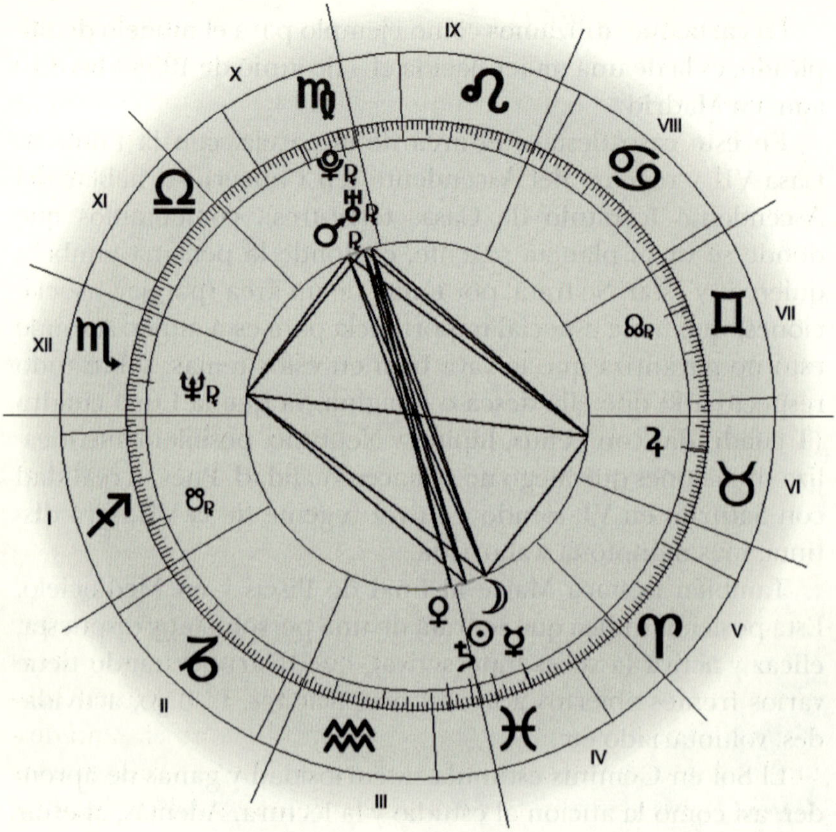

entre sí, sobre todo los que se agrupan alrededor de la Casa IV —familia, tradiciones, el propio hogar— y la Casa X —el trabajo y posición social—. Ambas Casas —IV y X— tienen bastante peso, pues aunque la IV con la conjunción Sol-Luna y la cercanía de planetas personales como Venus y Mercurio, parece vencer la balanza hacia su lado. Vemos por otra parte que el regente y co-regente del Ascendente en Escorpio que son Plutón y Marte, se sitúan en la X, y actúan como una llamada hacia el área profesional.

No obstante, debemos tener en cuenta que son cinco los planetas que hay en Piscis más el Ascendente que también está en un signo de Agua. Se trata por tanto de una persona muy emotiva y sensible al sufrimiento ajeno, y aunque su comprensión y cuidados se vuelque principalmente hacia los suyos (Sol y Luna en IV), su disponibilidad abarca más y responde al efecto llamada de la Casa X en Virgo y los planetas en ella situados.

Virgo es un signo previsor y servicial, relacionado con el cuidado de la salud y el gusto por sentirse útil. No sería de extrañar que la actividad profesional de esta persona estuviera relacionada con trabajos sociales y sanitarios, por ejemplo, la dietética y herboristería o bien la medicina (médico de familia).

Otro equilibrio a encontrar que se plantea con esta oposición múltiple es el de las costumbres tradicionales (Sol, Luna y Mercurio en Casa IV) frente a las innovaciones y tecnologías (Urano y Marte en X).

LOCOMOTORA

En esta configuración, los planetas se agrupan de forma que solo queda libre el espacio de un trígono. Este espacio vacío plantea un desafío y se convierte en un área a conquistar, conforme al significado de las Casas comprendidas en él. Aquí destaca de nuevo la importancia del planeta guía que arrastra a los demás y que, como indica el nombre de este modelo, hace las veces de locomotora.

La carta de un hombre nacido el 28 de abril de 1957 a las 11:50 a.m. en Bilbao, sirve de ejemplo para ver, en una primera impresión, lo más destacado.

El planeta guía es Saturno y se sitúa en Sagitario y Casa V —la creatividad, los hijos, la enseñanza, el tiempo libre, los ligues—. En este caso, ni el signo (que está interceptado) ni la casa encajan con la naturaleza del responsable Saturno, lo que frena la espontaneidad natural. Seguramente esta persona pensará demasiado las cosas incluso a la hora de divertirse y expresar su creatividad. Y de igual forma, necesitará seguridades y tiempo para establecer un compromiso sentimental o decidirse a tener hijos.

Sin embargo, vemos que tiene a Urano en la cúspide del Ascendente en Leo, y esto representa lo contrario, ya que habla de alguien innovador, independiente y rápido en sus decisiones. Esta posición de Urano compensa la influencia de Saturno,

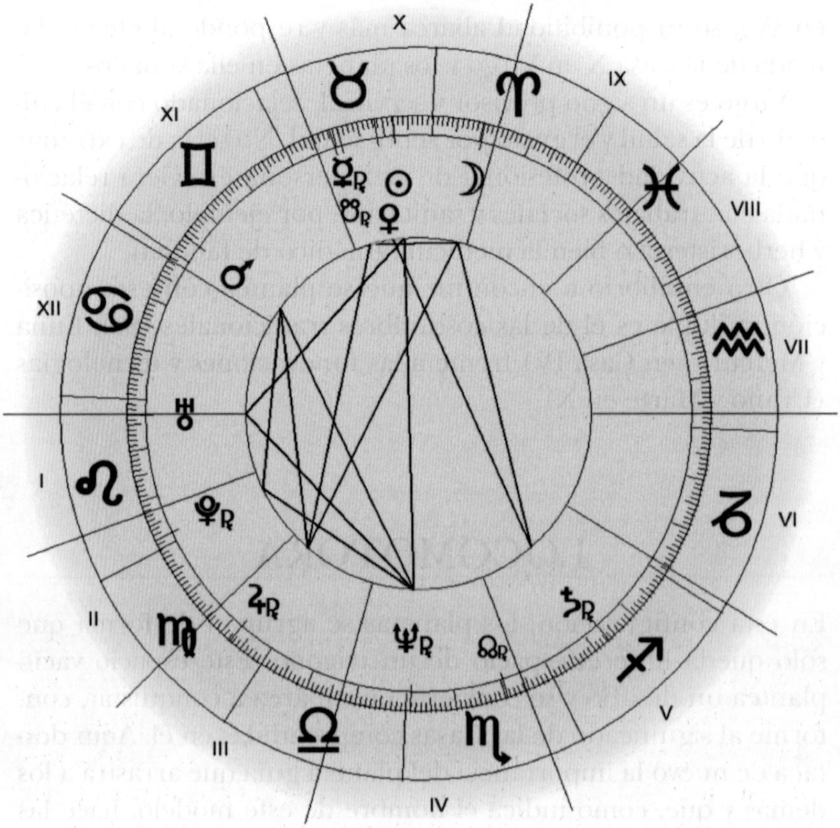

sobre todo en el área de la pareja (Casa VII), ya que Urano es regente de las dos Casas que hay en Acuario: la VII y la VIII.

Por otra parte, el regente del Ascendente es el Sol, y se sitúa junto a Venus en Tauro y en Casa X, en cuyo ámbito también se encuentra la Luna y Mercurio. Esta acumulación de planetas en X, especialmente con la conjunción Sol-Venus, indica que la persona tiene grandes posibilidades de desarrollar su vocación, y que será en esta línea profesional donde vuelque la influencia de Saturno en cuanto a sentido del deber y disciplina. La vocación en este caso apunta hacia el profesorado y la enseñanza, ya que Saturno en V forma trígono con Luna en X y en Aries que es el signo relacionado con la niñez y adolescencia. Y teniendo en cuenta la relevante posición de Urano, sus métodos de enseñanza serían vanguardistas.

Planetas en signos y casas

Vemos ahora las distintas combinaciones entre planetas, signos y Casas. Pero, abarcar aquí todas las posibilidades que derivan de combinar simultáneamente estos tres componentes, llevaría un mínimo de 1440 variaciones, a lo que habría que añadir los diferentes enfoques que suponen los aspectos.

Por eso, y como se indica en la introducción del zodíaco en movimiento, con la base ya afianzada, resulta más eficaz y recomendable, exponer solo claves, sugerencias interpretativas y ejemplos concretos, para que cada uno, pueda sacar sus conclusiones y desarrollar su propia interpretación.

Comenzamos con algunas claves orientativas sobre la posición de los planetas en cada signo y también en cada Casa.

Primero tenemos al Sol, que recorre el zodíaco y con su posición define los distintos signos de nacimiento. La interpretación del Sol en cada signo se corresponde, por tanto, con el significado del signo en sí mismo (ya visto en el zodíaco en reposo). Y lo mismo ocurre con la interpretación del Sol en las casas, ya que cada una expresa con más fuerza su propio significado cuando el Sol está dentro de su ámbito y la ilumina.

Las combinaciones del Sol en casas y signos, en realidad se reducen a las distintas uniones de signo y casa que pueden darse, cuando ambos cuentan a la vez con la presencia del Sol.

Por ejemplo, alguien nacido un 30 de septiembre a las 3:00 de la madrugada en Madrid, tendría su Sol en Libra y en la Casa III. Así, en una interpretación simple, vemos a una persona cordial y encantadora en el trato cercano (compañeros, vecinos), que tiene además destreza manual, aptitudes literarias y don de gentes. Mientras que si esta misma persona hubiese nacido a las 17:00 h, su Sol seguiría en Libra, pero ya en la Casa VIII, donde las cualidades de Libra se interiorizan, y aumentan la tendencia propia del signo a generar dudas y prejuicios. La persona sería igualmente considerada y amable con los demás, pero también más callada y protectora de su intimidad.

En ambos casos, conviene ver si el Sol forma algún aspecto con Venus, ya que Venus es el planeta que rige cualquier Casa que se sitúe en Libra.

A tener en cuenta:
Siempre es interesante observar si hay relación (por aspecto) entre el planeta situado dentro del ámbito de una Casa y el regente de la misma.

Para este ejemplo, concluimos que un buen aspecto de Sol con Venus favorece los encuentros y atracción hacia personas afines (en Casa III), y el bienestar en la convivencia y la economía compartida (en Casa VIII). Mientras que un mal aspecto puede provocar decepciones, malentendidos y despistes (Casa III), así como desengaños e insatisfacción en las relaciones íntimas (Casa VIII).

La Luna en los signos

Para comenzar debemos tener presente las cualidades propias de la Luna como parte femenina que cada persona lleva dentro. Entre ellas, la fuerza del inconsciente y la intuición. El mundo interior y los sueños. La fertilidad y la fecundidad creativa. Imaginación y fantasía. Las reacciones instintivas y la supervivencia. Receptividad y memoria emocional. Protección, cuidados y ternura. La familia y las tradiciones. Y en su aspecto negativo también inestabilidad emocional, subjetividad y versatilidad, así como la falta de realismo y la inseguridad.

Después, observamos cómo estas cualidades encajan en la dinámica de cada signo, y de cada Casa.

Nota: Si en vez de una carta personal, se trata por ejemplo de la fecha de inauguración de un negocio, un estreno o un evento. La Luna representa el grado de popularidad y la buena acogida de la clientela o el público. Por eso, si se puede elegir, siempre conviene que esté en fase creciente y en buen aspecto con Júpiter (éxito), con Mercurio (difusión comercial y publicidad).

En la carta oficial de un país, la Luna representa al pueblo.

Claves orientativas:

— Luna en Aries. Certeza en las corazonadas y los impulsos. Imaginación rápida, activa y muy creativa. Impaciencia y precipitación por conseguir metas. Para la persona, el hecho de competir, aunque no gane, siempre representa un gratificante estímulo.

— Luna en Tauro. Afianza la estabilidad emocional. Sensibilidad e inspiración artística. Perseverancia y sentido práctico. Gusto por la decoración, las plantas y la buena mesa. Quienes tienen esta posición, son buenos anfitriones y hábiles para crear ambientes acogedores.

— Luna en Géminis. Facilidad para expresarse de forma amena y divertida. Espíritu inquieto, curiosidad y rapidez de reflejos. La imaginación, viva y colorista, a menudo inspira ideas para escribir. Dispersión mental cuando se quiere abarcar mucho.

— Luna en Cáncer. En su domicilio zodiacal, la Luna se muestra familiar, hogareña y protectora. Despierta el instinto maternal (o paternal). Dotes sanadoras, intuición para aplicar remedios naturales. Paciencia para cuidar y espíritu de sacrificio, sobre todo hacia la familia. Sueños proféticos.

— Luna en Leo. Teatralidad en la forma de mostrar las emociones. Se busca el aplauso, la distinción y el reconocimiento. Amplitud de miras y preocupación por cuidar la imagen social. Capacidad para la enseñanza. Ideas creativas y facilidad para la visualización.

— Luna en Virgo. Propicia el sentido del orden y la importancia de los detalles. Prioridad por el cuidado de la salud y la alimentación. Da personas meticulosas, observadoras y serviciales. Con malos aspectos, peligro de somatizar y derivar los problemas cotidianos en desórdenes de salud.

— Luna en Libra. Promueve la búsqueda de la paz y la armonía en cualquier ambiente. Carácter cordial y tolerante. El romanticismo y la tendencia a idealizar a la pareja puede ser causa de tristeza y decepciones. Con malos aspectos, inseguridad y dudas en las relaciones sentimentales.

— Luna en Escorpio. Persona intimista y reservada para mostrar sus emociones. Aunque muy intuitiva para captar las emociones ajenas y adivinar sus intenciones. Amor propio, susceptibilidad. Capacidad para superar reveses emocionales. Fuerza interior.

— Luna en Sagitario. Imaginación optimista, emprendedora y futurista. El riesgo y la aventura son una motivación constante. Facilidad para adaptarse a distintas costumbres y culturas. Persona tolerante y de espíritu libre, que procura huir de la rutina y el aburrimiento.

— Luna en Capricornio. En el signo opuesto a Cáncer, la Luna está en exilio y pierde parte de su entusiasmo. La realidad y el sentido de la responsabilidad se anteponen a la fantasía. La búsqueda de estabilidad provoca cierta preocupación por la economía y los recursos materiales. Timidez para expresar sentimientos.

— Luna en Acuario. Persona independiente y sociable que procura sentirse libre en el entorno familiar. Necesidad de soltar apegos emocionales. Talento para la inventiva, el diseño y la innovación. Buena memoria y capacidad para aprender de los errores del pasado.

— Luna en Piscis. Fuerza inconsciente y facilidad para los sueños lúcidos. La sensibilidad emocional favorece la compasión. También la inocencia y la credulidad. Facultades psíquicas e inquietudes espirituales. Pero poca tenacidad y falta de energía para emprender proyectos.

La Luna en las Casas

— Luna en Casa I. Da sensibilidad y buena disposición para proteger y ayudar. Aspecto entrañable y familiar que inspira confianza. Imaginación fuerte e intuitiva. Instinto de supervivencia, con rápidos reflejos ante situaciones de peligro.

— Luna en Casa II. Valora la seguridad emocional más que la económica. Facilidad de adaptación y buena intuición para saber lo que otros quieren o necesitan. Suele acertar con los regalos. La sensibilidad a los halagos puede generar apegos sentimentales.

— Luna en Casa III. Imaginación influenciable. Don de gentes y popularidad en el entorno cercano. Facilidad para expresar las emociones y conmover a quienes escuchan. Fuerte conexión con los hermanos. Curiosidad intelectual.

— Luna en Casa IV. Persona hogareña y tradicional que encuentra seguridad en el ámbito familiar. Receptividad y buena memoria, en especial para los recuerdos felices. Atracción por las culturas del pasado, las leyendas y los mitos. La herencia genética estará presente en el aspecto físico y también en las capacidades artísticas y sensoriales.

— Luna en Casa V. La creatividad y la imaginación se unen y favorecen la inspiración artística y el poder de seducción. Aptitudes para la escena y la enseñanza. Deseo de tener hijos que puede verse entorpecido si recibe malos aspectos de Saturno o Urano.

— Luna en Casa VI. Facilidad para somatizar emociones, sobre todo si además la Luna está en signo de Agua. Actitud de servicio hacia los demás, en especial hacia la familia. Frecuentes cambios laborales. Importancia de lo cotidiano y amor por los animales domésticos.

— Luna en Casa VII. La búsqueda de la pareja ideal para crear la propia familia puede llegar a obsesionar. Facilidad para ilusionarse con ideas románticas y perseguir amores difíciles. Persona que trasmite confianza y suele caer bien a primera vista.

— Luna en Casa VIII. Esta posición agudiza la intuición y la percepción extrasensorial. La fuerza del inconsciente puede generar sueños proféticos y valiosos presentimientos. Posibilidad de heredar rentas o patrimonio familiar. Fantasías sexuales.

— Luna en Casa IX. Persona idealista y viajera. Trotamundos. Mente abierta y ávida de experiencias emocionales siempre que no generen compromiso. Actitud sociable y muy comunicativa, amante de la naturaleza y gran capacidad de adaptación.

— Luna en Casa X. Poder ejercer un trabajo vocacional se convierte en una meta a conseguir. La reputación profesional importa y se cuida. Carisma e influencia sobre otras personas. Imagen pública que genera simpatías y seguidores. Aunque con malos aspectos, puede producir inestabilidad económica.

— Luna en Casa XI. Los grupos, partidos y asociaciones dan a la persona sensación de seguridad y pertenencia. Suerte con las amistades, sobre todo con las femeninas. Personalidad influenciable y crédula, que a pesar de los reveses, no pierde la esperanza de conseguir sus ilusiones.

— Luna en Casa XII. Implicación emocional en los problemas y penas de otras personas. La fuerte conexión con el inconsciente da posibilidad de descubrir el origen de los miedos e inseguridades. Mensajes a través de los sueños. Atracción por lo desconocido.

Ejemplo de carta

Ejemplo de carta para observar la posición de la Luna en signo y Casa más aspectos y regencias. Fecha al azar: 16 de mayo 1996, a las 10:45 h en Madrid.

— Paso 1. Posición principal: Luna en Tauro y en Casa XI (regida por Venus).
Sensibilidad y perseverancia. Afán de relacionarse, de tener muchas amistades y de integrarse con buena acogida en actividades de grupo.

— Paso 2. Aspectos: Conjunción con Marte. Trígono a Júpiter y cuadratura a Urano.
La conjunción con Marte realza la importancia del grupo en cuanto a actividades deportivas y de equipos. Y si observamos que Marte es regente de la Casa X (en Aries), apuntamos hacia el deporte profesional o los entrenamientos de grupos juveniles (Aries-Marte-Luna). Esto queda reforzado por la presencia del Sol

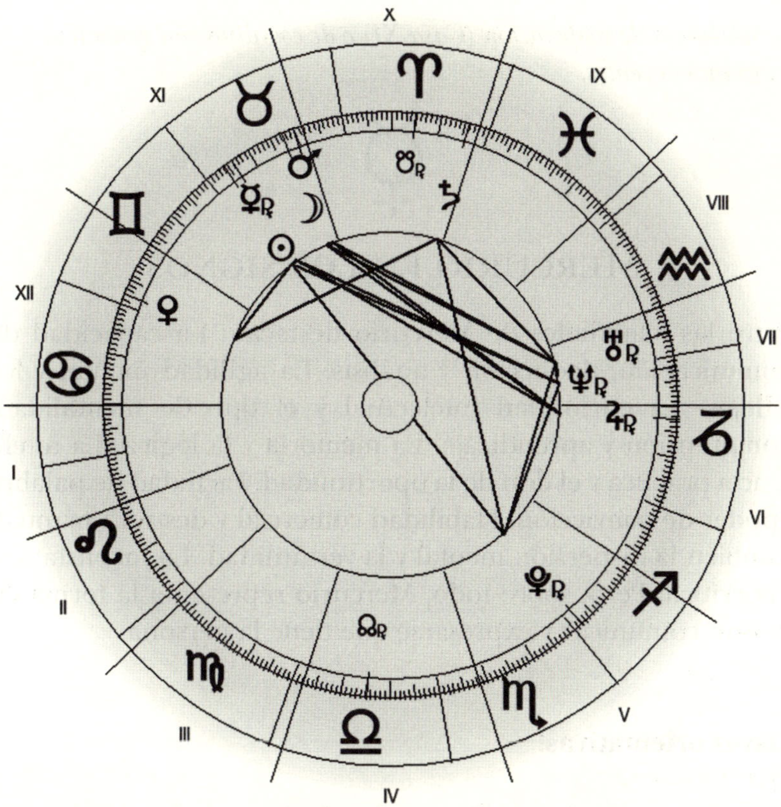

y Mercurio también en Tauro y Casa XI, cuya influencia hará que el sentido de equipo, coordinación y superación sean una de las principales motivaciones de vida para esta persona.

El trígono a Júpiter augura éxitos y popularidad. Sin embargo, la cuadratura a Urano genera dificultades para adaptar los deseos con la realidad, en parte por asuntos familiares (Luna) y también económicos (Urano regente de Casa VIII).

— Paso 3. La Luna como regente del Ascendente en Cáncer. *Esta posición aumenta la importancia de la Casa XI, ya que la Luna se sitúa en ella y añade un factor de compromiso personal. Da fuerza de carácter y tesón en cuanto a disciplina, esfuerzo y superación (estrecha conjunción de Luna con Marte). También favorece la buena disposición para proteger y ayudar. Vuelven a destacar, por tanto, las aptitudes deportivas como entrenador o entrenadora profesional, aunque no se descartan las actividades solidarias de cooperación (Casa XI) o de coordinación general de grandes eventos.*

☿

MERCURIO EN LOS SIGNOS

Entre las cualidades de Mercurio destacan: La capacidad de comunicación, deducción y análisis. La agilidad mental y los reflejos. La curiosidad intelectual y el tipo de mentalidad. Comprensión y aprendizaje. La memoria y la lógica. La inteligencia práctica y el don de la oportunidad. Facilidad de palabra y poder de convicción. Habilidad comercial y destreza manual. También la dispersión mental y la versatilidad. La inconstancia y la crítica. Pero, sobre todo, Mercurio representa la forma de pensar, comunicar y expresarse que tiene la persona.

Claves orientativas:

— MERCURIO EN ARIES. Tendencia a la sinceridad y a decir lo que se piensa sin mayor preocupación. Sentido del humor crítico y mordaz. Gusto por polemizar y debatir. Rapidez de reflejos mentales. Atracción por la velocidad.

— MERCURIO EN TAURO. Inteligencia práctica. Elegancia y temple en la forma de hablar y expresarse. Buena voz. Persona perseverante y concienzuda en sus ideas. Afición a la lectura, a las manualidades y las artes plásticas.

— MERCURIO EN GÉMINIS. Habilidad para negociar y convencer. Astucia comercial. Persona sociable e ingeniosa, con soltura para hablar en público. Risa alegre y contagiosa. Talento y eficacia para manejarse con las nuevas tecnologías.

— MERCURIO EN CÁNCER. Arte para narrar historias y encandilar a la audiencia. Gusto por los detalles, las metáforas y los símbolos. Inteligencia más intuitiva que lógica. Buena memoria. Facilidad para expresar las emociones y hablar de los propios sentimientos.

— Mercurio en Leo. El propio pensamiento se dignifica y coge fuerza hasta convertirse en creencia. Oratoria brillante que convence y motiva a los demás. Talento para la escritura. A veces también según los aspectos, surge el placer por escucharse a sí mismo y el rechazo a las críticas.

— Mercurio en Virgo. Carácter analítico, práctico y ordenado. Mentalidad científica dotada para la investigación, la deducción y el cálculo. Persona autodidacta y coleccionista, que llega a ser experta en los temas que le atraen. Defiende que el conocimiento además de aportar saber debe ser útil.

— Mercurio en Libra. Facilidad para el aprendizaje y la adaptación a distintos ambientes. Diplomacia y sensibilidad intelectual. Alma de poeta que juega con las palabras, las elige, las reparte y le gusta agradar con ellas.

— Mercurio en Escorpio. Persona poco habladora e introvertida, que sabe mantener un interesante toque de misterio en sus relaciones. Pensamiento irónico y muy agudo. Gustos selectos que prefieren la calidad a la cantidad.

— Mercurio en Sagitario. Facilidad para los idiomas y para hacerse entender en cualquier ambiente. Persona sociable y de amena conversación. Tendencia a querer abarcar mucho conocimiento. Recursos y eficacia para resolver problemas sobre la marcha.

— Mercurio en Capricornio. Persona realista y lógica. Precavida y cauta, que planifica y antepone la cabeza al corazón. Perseverancia para alcanzar sus metas. Capacidad de concentración. Hábil para manejarse en lenguajes administrativos y jurídicos.

— Mercurio en Acuario. Habilidad para crear imágenes mentales y visualizar acontecimientos futuros. Respuestas rápidas y eficaces para zanjar debates y discusiones. Sagacidad y buena disposición para aprender cosas nuevas.

— Mercurio en Piscis. Las emociones influyen bastante en la forma de pensar. Persona intuitiva, dispersa y muy expresiva en sus gestos y movimientos. Inquietudes espirituales. Mentalidad abierta y tolerante, que siempre irá más allá de lo que pueda ver y tocar.

☿

Mercurio en las Casas

— Mercurio en Casa I. Carácter muy comunicativo y hablador. Afán de aprender y preguntar. Actitud mental positiva con facilidad para desechar preocupaciones y buscar soluciones. Con malos aspectos impaciencia e intolerancia.

— Mercurio en Casa II. Habilidad para ganar dinero con el trabajo personal y sacar buen rendimiento de un negocio. Quienes tienen esta posición saben vender y estar al tanto de lo que marca tendencia. Valoran también la sensatez y el sentido práctico.

— Mercurio en Casa III. Facilidad de palabra hablada y escrita. Mentalidad extrovertida y algo indiscreta. Defiende la libertad de expresión. Talento para las promociones publicitarias. Capacidad de síntesis. Agilidad física y mental. Hábil conductor o conductora.

— Mercurio en Casa IV. Los consejos familiares, en especial los maternos, se tienen muy en cuenta. Gustos clásicos y afición por los temas históricos. Facilidad para aplicar el significado de los símbolos y los mitos a la vida diaria. Mentalidad conservadora y costumbrista.

— Mercurio en Casa V. Ideas creativas que estimulan las ganas de aprender. Buen profesor o profesora. Habilidad para los pasatiempos y los juegos de estrategias. Persona que gusta de seducir y enamorar con la palabra. Oído para la música.

— Mercurio en Casa VI. Interés por la salud y por conocer la anatomía interna del cuerpo. Mente organizada y analítica. Carácter servicial que busca la utilidad en el trabajo. Capacidad para tareas de administración. Con malos aspectos, riesgo de ser víctima de mentiras y murmuraciones.

— Mercurio en Casa VII. Persona comprensiva que sabe escuchar. Afán de compartir sus ideas con grupos afines. Gusto por los desafíos intelectuales. En la relación de pareja valora mucho la buena comunicación y la complicidad en el sentido del humor.

— Mercurio en Casa VIII. Capacidad innata para la psicología. Perspicacia y agudeza mental que gusta de profundizar en las ideas. Talento para la inversión y la especulación de valores. Con malos aspectos, discusiones económicas por rentas o patrimonio familiar.

— Mercurio en Casa IX. Mentalidad filosófica y muy abierta. Interés por los viajes que permitan observar las diferencias del comportamiento humano. La creación de guías prácticas para viajeros puede resultar rentable. Múltiples experiencias y excelente sentido de la orientación.

— Mercurio en Casa X. Talento comercial, ideas ingeniosas para aplicar en el trabajo. Búsqueda de oportunidades para desarrollar la vocación. La difusión de ideas tendrá un papel fundamental. Buenas aptitudes para el periodismo y los trabajos relacionados con bibliotecas y editoriales.

— Mercurio en Casa XI. Persona sociable y habladora, siempre dispuesta a compartir ideas y experiencias. Buena consejera y coordinadora. Gusto por integrarse en asociaciones, clubes, equipos, agrupaciones vecinales y todo lo que suponga establecer metas comunes.

— Mercurio en Casa XII. Timidez para hablar en público. Inseguridad a la hora de expresar sentimientos. Talento para la investigación y para descubrir secretos. Buena conexión entre consciente e inconsciente. Con malos aspectos, posibles defectos en el habla o en la movilidad.

Ejemplo de carta

Ejemplo de carta para observar la posición de Mercurio en signo y Casa, más aspectos y regencias. Fecha al azar: 9 de noviembre 1975, a las 15:40 h en New York.

— Paso 1. Posición principal: Mercurio en Escorpio y en Casa VII (regida por Venus, ya que su cúspide está en Libra).

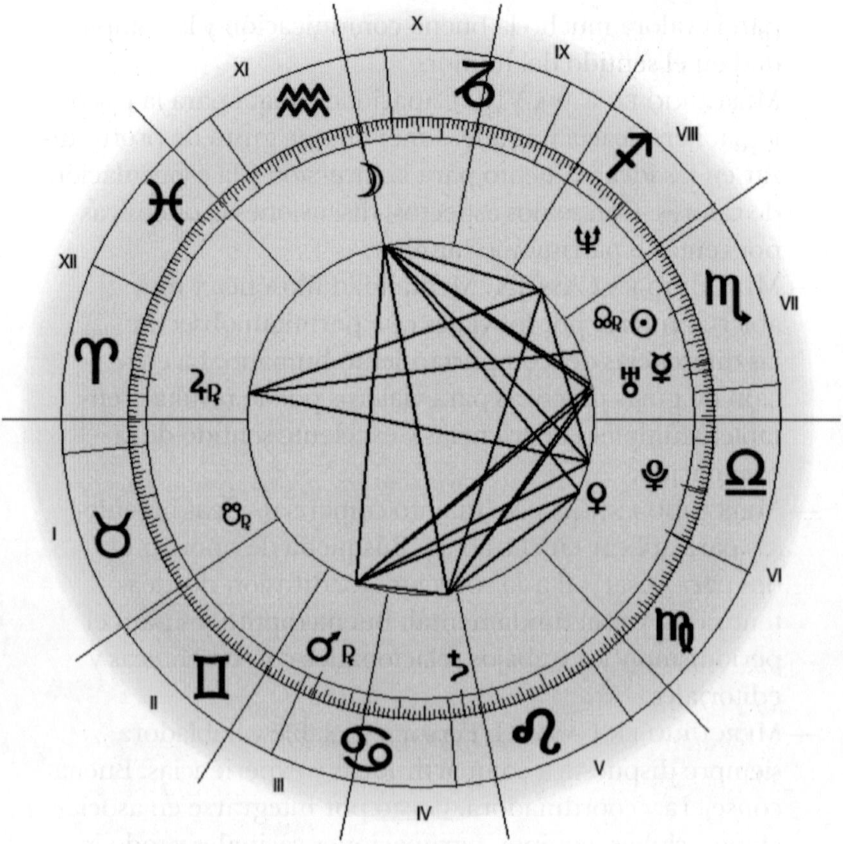

Carácter intimista y reservado, también intuitivo, sagaz y observador (Escorpio). El éxito en la relación de pareja (Casa VII en Libra) depende de la afinidad de ideas, ideologías, aficiones y actividades profesionales que se compartan. La clave de la convivencia está en saber qué piensa el otro sin necesidad de dar muchas explicaciones. La sexualidad aquí tampoco necesita palabras, pero sí conocer las preferencias de cada uno.

— Paso 2. Aspectos: Conjunción a Urano, cuadratura con Luna y Saturno. Trígono a Marte.
La estrecha conjunción Mercurio-Urano en VII implica sinceridad e independencia en la pareja. La relación necesita alicientes y reinventarse cada cierto tiempo. Ya que, si se amolda a la rutina, el aburrimiento puede arruinar la convivencia. Sin

embargo, la sinceridad no será tarea fácil teniendo en cuenta que ambos (Mercurio-Urano en VII) cuadran con la Luna en Casa XI (las amistades). Esta cuadratura por sí sola puede dar tendencia a la infidelidad, pero en este caso se trata de una T cuadrada, ya que Mercurio-Urano también cuadran hacia el otro lado con Saturno (lo que supone una oposición Saturno-Luna). Entonces, esta segunda cuadratura frena la influencia de la Luna y añade sentido de la responsabilidad y sentimiento de culpa en caso de engaño.

En cualquier caso, los aspectos que aquí vemos auguran múltiples relaciones. Se tardará en establecer un compromiso de pareja estable.

— Paso 3. Mercurio regente de las Casas: III situada en Géminis y VI situada en Virgo.

Mercurio es regente de la Casa III (la comunicación) y forma trígono con Marte (el planeta que hay en III). Existe, por tanto, coherencia entre lo que la persona piensa, lo que dice y lo que hace (Marte).

Por otra parte, Mercurio como regente de VI, añade capacidad de organización para el trabajo diario.

♀

Venus en los signos

Entre las cualidades de Venus están: La belleza y la armonía. El amor y la sensualidad. La seducción y el erotismo. Sensibilidad artística y sentido de la estética. Los gustos y la creatividad. Los encuentros con personas afines y las ilusiones. El lujo y los placeres sensoriales.

Aunque detrás de este esplendido escaparate de encanto y refinamiento que representa Venus, también hay una trastienda donde se guardan las rivalidades y envidias, el esfuerzo por mantener el estatus y, sobre todo, las decepciones y desilusiones que conlleva el desamor.

Claves orientativas:

— Venus en Aries. Facilidad para enamorarse. El entusiasmo y los deseos son espontáneos, impulsivos y fuertes. Grandes pasiones. Espíritu peleón que lucha por conseguir sus objetivos sentimentales y también materiales.
— Venus en Tauro. Sensualidad y erotismo. Persona elegante que presume de buen gusto y saber estar. Atracción por los objetos artísticos y los ambientes selectos. Habilidad para invertir dinero y vivir de las rentas. Estilo para el arreglo personal.
— Venus en Géminis. Devaneos y amores pasajeros. La coquetería se convierte en afición y satisface siempre que no implique compromiso. Habilidad para organizar eventos sociales y actividades culturales. Sonrisa atractiva.
— Venus en Cáncer. Amor por la familia, especialista en crear ambientes acogedores y veladas agradables. Persona soñadora, sentimental, muy sensible y cariñosa, siempre dispuesta a proteger a los más débiles. Capacidad para amar sin reservas ni condiciones.
— Venus en Leo. El amor importa y enamorarse siempre será algo sublime, La búsqueda del amor soñado se convierte en una prioridad. Aptitudes artísticas para la interpretación. Elegancia natural que marca estilo y moda sin proponérselo.
— Venus en Virgo. Mantener el orden y el bienestar será una motivación de vida. Persona eficaz y de carácter servicial a quien le gusta hacer favores. Preocupación por la salud. Capacidad de análisis sobre la condición humana (psicología intuitiva).
— Venus en Libra. Búsqueda del equilibrio y la paz interior. Romanticismo. Quien tiene esta posición trata de no molestar ni crear problemas en su entorno. Le cuesta decir que no y corre el riesgo de que le pisen el terreno. Belleza interior.
— Venus en Escorpio. Capacidad innata de seducción. Persona perseverante y apasionada que a menudo se dejará querer, aunque si se enamora en profundidad irá

a por todas. Peligro de exigencias y celos. Preocupación por cuidar la imagen y la reputación.

— Venus en Sagitario. Tendencia a mezclar el amor con la amistad y a dejar, en consecuencia, corazones rotos. Necesidad de conocer mundo y viajar. La idea de libertad se centra en no generar apegos ni echar raíces.

— Venus en Capricornio. Persona respetuosa y honesta, con carisma social y habilidad para hacer amigos. Cree en el amor verdadero y estable. Con malos aspectos puede provocar tristeza y vacío existencial. La soledad será causa de estados depresivos.

— Venus en Acuario. Quien tiene esta posición vive el amor a su manera y no tiene prisa por formalizar un compromiso. Defiende su propia libertad y la de los demás. Interés por la ecología y la defensa de los derechos humanos. Integración y voluntariado en grupos solidarios y activistas.

— Venus en Piscis. Persona bondadosa con tendencia a idealizar el amor y sufrir decepciones sentimentales. Por lo general, da más de lo que recibe, y esto genera necesidad de aprecio y reconocimiento. Creencias religiosas que reconfortan.

♀

Venus en las Casas

— Venus en Casa I. Buena imagen, aspecto agradable y seductor. A la persona le gusta agradar y lo consigue. Actitud elegante y amable hacia los demás. Esta posición con buenos aspectos es garantía de salud.

— Venus en Casa II. Interés por tener dinero suficiente para vivir bien y darse caprichos. Facilidad para encontrar trabajos bien pagados. Valora la ética y el respeto. Con malos aspectos puede dar frivolidad y despilfarro.

— Venus en Casa III. Comprensión y receptividad. Persona que infunde confianza, da buenos consejos y, a menudo, se convierte en confidente. Interés en ampliar conocimientos con viajes culturales, cursos y muchos libros. Arte en el movimiento: danza, patinaje, gimnasia rítmica.

— Venus en Casa IV. Persona que crea armonía en el hogar y evita discusiones. Posibilidad de heredar cualidades artísticas de los padres o abuelos. Orgullo familiar por el apellido o por algún antepasado ilustre. Hogar confortable y habilidad para la decoración y la jardinería.

— Venus en Casa V. La creatividad corre por las venas. Talento artístico con múltiples hobbies y aficiones como la música, el teatro, la pintura o la cocina. La persona se dejará seducir fácilmente por la belleza y las modas.

— Venus en Casa VI. Afán de mejorar las habilidades que ya se tienen hasta hacerlas únicas. El trabajo cotidiano resulta motivador. Importancia y cuidado de los detalles. El amor surge con la cercanía laboral: empleados, compañeros, colaboradores. Afición por las mascotas.

— Venus en Casa VII. Necesita admirar a la pareja por sus cualidades: belleza, inteligencia, sensibilidad artística. Los estados de ánimo dependen mucho de cómo le vaya en el amor. Por otra parte, esta posición favorece la suerte en temas judiciales.

— Venus en Casa VIII. Persona carismática y seductora, que despierta el amor en los demás sin proponérselo. Facilidad para la psicología y para practicar las artes adivinatorias. Buen ojo para las inversiones y aumento del patrimonio por bienes gananciales.

— Venus en Casa IX. Nobles ideales y alto sentido de la justicia. Pasión por viajar y conocer diferentes culturas. Especial simpatía por personas de otros países y acentos. El amor definitivo puede surgir en el extranjero. Facilidad para captar inspiradas ideas a través de la meditación.

— Venus en Casa X. Si consideramos la X como el escaparate social, tener a Venus en esta posición implica un minucioso cuidado de la imagen. A la persona le gustará marcar estilo y destacar. Tendencia a profesiones mediáticas, artísticas y políticas. El éxito se debe, en parte, al encanto personal.

— Venus en Casa XI. El amor llega a través de las amistades, o después de una amistad previa. Persona participativa y sociable a quien le gusta hacer reuniones en casa o formar grupos para compartir proyectos y aficiones, Dotes para la organización de cursos y viajes especiales.

— Venus en casa XII. Sacrificios y renuncias por amor. Atracción hacia personas marginadas o con algún tipo de minusvalía. Facilidad para descubrir talentos artísticos aún latentes, en etapas de convalecencia o falta de libertad.

Ejemplo de carta

Ejemplo de carta para observar la posición de Venus en signo y Casa, más aspectos y regencias. Fecha al azar: 2 de febrero de 1968, a las 2:00 h. en Madrid.

— Paso 1. Posición principal: Venus en Capricornio y Casa II (regida por Júpiter, ya que su cúspide está en Sagitario).
Venus en Capricornio habla de rectitud moral, y al estar dentro del área de la Casa II, también de austeridad. Pero si tenemos en cuenta que la Casa II comienza en Sagitario y que, por tanto, su regente es Júpiter, *vemos que la austeridad que expresa Venus más que hacia la economía y los recursos materiales, se refiere a la forma de expresar los sentimientos y demostrar las emociones. La persona será de carácter serio y de pocas palabras, algo que también se verifica con el aspecto de cuadratura de Venus con Saturno, siendo este último el regente de la Casa III —la comunicación—.*

— Paso 2. Aspectos: Cuadratura a Saturno y trígono a Júpiter.
Encontramos que Venus solo hace dos aspectos, pero ambos resultan significativos por ser de naturaleza contraria. Por una parte, el trígono Venus-Júpiter, favorece el optimismo, la creatividad y la alegría de vivir. Además, Júpiter se sitúa en la Casa X, lo que augura oportunidades de progreso en el ámbito profesional y eco-

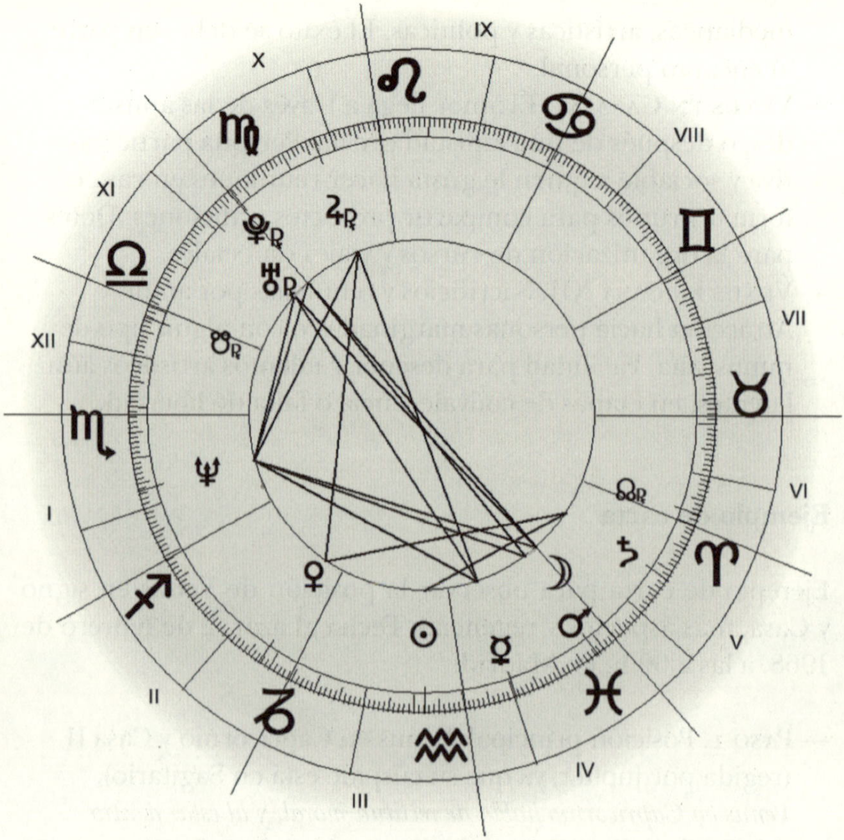

nómico (no olvidemos que también Júpiter es el regente de la II). Y por otra parte la cuadratura Venus-Saturno indica tendencia a la tristeza y el pesimismo, además de ciertos reveses económicos o de salud. De esto podemos deducir que la persona tendrá altibajos emocionales. Los éxitos profesionales puede que no coincidan con los propósitos sentimentales. Las ilusiones y desilusiones se irán alternando. Para, poder concretar cuándo se darán las mejores o peores rachas, habrá que tener en cuenta la influencia de los tránsitos planetarios sobre las posiciones natales de Júpiter y Saturno.

— Paso 3. Venus regente de las Casas XII situada en Libra y VII situada en Tauro.
Por último, la regencia de la Casa XII, implica aceptación y paciencia ante la adversidad y facilidad para mirar el lado bueno de las cosas. Y la regencia de la Casa VII, aumenta el deseo de encontrar la pareja ideal.

Marte en los signos

Las cualidades más representativas de Marte son: Impulso y afán emprendedor. Temeridad y valentía. Voluntad y disciplina. Capacidad de lucha y resistencia. Pasión, energía y coraje. Exigencia y determinación. Supervivencia y esfuerzo. También la reivindicación, la conquista y la ira.

La Casa donde se encuentre posicionado Marte indica el área de la vida donde se plantea un desafío y hay que tomar decisiones, o bien donde hay que defender algo por lo que merece la pena luchar.

Claves orientativas:

— Marte en Aries. Voluntad de reafirmarse y hacerse valer. Actitud heroica ante las dificultades. Espíritu combativo. Destreza y resistencia para los deportes de competición y los trabajos que requieran mantener una buena forma física.

— Marte en Tauro. La persona se crece con las dificultades y se convierte en un corredor de fondo ante la vida. Perseverancia y capacidad de aguante. Testarudez. Si se empeña en alcanzar un objetivo, no parará hasta lograrlo. Preocupación por la seguridad material.

— Marte en Géminis. Lenguaje directo y sincero, a veces también agresivo. Gusto por polemizar y debatir. Capacidad para abarcar varios objetivos a la vez. Arte para saber halagar y resaltar las virtudes de otros. También para ser muy crítico con sus defectos.

— Marte en Cáncer. Persona susceptible que se mosquea con facilidad y se encierra en sí misma. Sensibilidad melancólica. Lo mismo es capaz de sacrificarse por el bien familiar que utilizar el chantaje emocional. Atracción por el mundo rural y las actividades de granja y horticultura.

— Marte en Leo. Capacidad natural de mando y confianza en las propias decisiones. Autodisciplina y amor propio.

La persona tiene muy en cuenta el sentido del respeto y la dignidad. También procura destacar en su trabajo y ser admirada por sus méritos.

— Marte en Virgo. Carácter metódico y algo maniático con temas de horarios y salud. Maestría para administrar bien las energías y evitar enfados y preocupaciones. Practica la armonía cuerpo-mente a través del ejercicio (yoga, taichi). Buena mano con la mecánica y la robótica.

— Marte en Libra. Persona solícita y participativa, siempre dispuesta a echar una mano, aunque no se lo pidan. Tiene capacidad de mando y organización, pero por lo general prefiere no ejercerla. Es pacifista, y para ganar «batallas» utiliza su encanto personal como estrategia.

— Marte en Escorpio. Gran fuerza interior y resistencia. Mirada profunda. Actitud seria y reservada a la hora de mostrar emociones. Persona concienzuda y eficaz en el trabajo, que procura dar buena imagen, tanto externa como interna. Pasión en el amor, sexualidad exaltada.

— Marte en Sagitario. Quien tiene esta posición suele ser alguien vitalista y muy activo, con tendencia a exagerar la importancia de lo que hace. Talante justiciero que se implica en defender los derechos de los más vulnerables. Riesgo de cometer imprudencias temerarias en cualquier ámbito de la vida.

— Marte en Capricornio. Persona de palabra que inspira confianza. Disciplinada y responsable en su trabajo. Muy competente para mantener puestos de jefatura y coordinación. Rechaza las adulaciones y cuando vienen mal dadas, sabrá dar ejemplo de austeridad.

— Marte en Acuario. Carácter impredecible en el modo de actuar y rebelde por naturaleza. Alma solitaria que sin embargo se preocupa por el bien común. Talento innovador, a veces incomprendido, que busca la forma de desarrollar su vocación y no pierde la fe en sus capacidades.

— Marte en Piscis. Buena disposición para trabajos comprometidos que impliquen acción, emoción y riesgo. Voluntariado y actitud de servicio hacia los demás. Tendencia a complicarse la vida por una exagerada sensibilidad al sufrimiento ajeno.

♂

Marte en las Casas

— Marte en Casa I. La precipitación y el impulso pueden dar lugar a errores. Persona impaciente y muy activa que lleva mal tener que esperar. Capacidad de lucha y resistencia ante la adversidad. Los obstáculos y limitaciones se convierten en desafíos a superar.

— Marte en Casa II. Espíritu competitivo que defiende con decisión lo que considera justo. Capacidad para desarrollar más de un trabajo a la vez. Pluriempleo. Se valora el dinero por el poder ejecutivo que supone, y por la posibilidad de emprender proyectos que den trabajo a otros.

— Marte en Casa III. Fuerza en la palabra y en la forma de expresión. Rapidez de reacción ante el peligro. Persona obstinada que le cuesta cambiar de opinión. Habilidad para la mecánica y el manejo de máquinas. Afición por los deportes de atletismo y los de motor.

— Marte en Casa IV. Prontos de carácter y agresividad contenida. Persona que se lleva a casa las frustraciones y problemas laborales. Capacidad de supervivencia y tendencia a los caprichos caros. Con malos aspectos, se asumen riesgos económicos que luego repercuten en la familia.

— Marte en Casa V. Esta es una posición de ganadores, de personas que disfrutan compitiendo (juegos, concursos, deportes). También procuran destacar en su profesión y obtener prestigio. Carácter emotivo y optimista, que vuelca su creatividad en la educación de los hijos.

— Marte en Casa VI. Se da importancia a las tareas diarias que procuran orden y bienestar. Persona hábil para trabajos de mantenimiento y para adiestrar animales, en especial perros policía, de salvamento y para ciegos. Con malos aspectos, carácter peleón que tolera mal las órdenes y no se deja aconsejar fácilmente.

— Marte en Casa VII. Tendencia al flechazo: precipitación para entablar relaciones sentimentales. Los desengaños se asumen con deportividad. Por otra parte, habilidad para manejarse en asuntos legales y para pleitear. Los retos siempre resultan estimulantes.

— MARTE EN CASA VIII. Interés por la parapsicología, el esoterismo y las experiencias cercanas a la muerte. Habilidad con la economía y la gestión financiera. Energía sexual y fuertes pasiones. Con malos aspectos, pérdidas y desacuerdos por herencias o cobro de indemnizaciones.

— MARTE EN CASA IX. Creencias filosóficas y religiosas que se defienden con pasión. Persona viajera con espíritu aventurero que busca actividades de riesgo y se siente atraída por superar algún récord ya establecido. Buenos resultados en negocios de importación y exportación.

— MARTE EN CASA X. Actividad profesional competitiva que obliga a una constante puesta al día. El reconocimiento y el estatus social importan. Sensación de que la vida es una lucha obligada y sin tregua. Con malos aspectos, padre autoritario y exigente que marca la infancia.

— MARTE EN CASA XI. Carácter independiente y reivindicativo. Interés por formar parte de equipos deportivos de competición. Buen entrenador. Habilidad para la improvisación y para encontrar soluciones rápidas. Con malos aspectos, las amistades serán motivo de decepciones.

— MARTE EN CASA XII. El impulso de Marte en la XII resulta imprevisible y algo accidentado. Tendencia a tener circunstancias en contra y a suscitar envidias (enemigos ocultos). Gran capacidad de resistencia. Espíritu solidario que se preocupa por ayudar a los más desfavorecidos.

Ejemplo de carta

Ejemplo de carta para observar la posición de Marte en signo y Casa, más aspectos y regencias. Fecha al azar: 17 de julio de 2001 a las 3:40 a.m. en Tenerife.

— PASO 1. Posición principal: Marte en Sagitario y en Casa VII (regida por Júpiter).

La persona se complicará la vida con las relaciones de pareja (Casa VII), pero dado que Marte está en estrecha conjunción con Plutón y en oposición a Venus y Saturno, posiblemente se trata de complicaciones necesarias para vivir un aprendizaje que tiene pendiente. Esta posición, anuncia amores difíciles (kármicos), que además se viven *con pasión e intensidad (Marte-Plutón, ambos retrógrados)). Tampoco la persona tendrá clara su inclinación sexual. Y si a esto le añadimos la influencia de Júpiter, es de esperar que tenga numerosas relaciones y también penosas rupturas.*

— PASO 2. Aspectos: Conjunción con Plutón, oposición a Venus y Saturno. Y sextil a Neptuno.
La conjunción Marte y Plutón es uno de los aspectos más fuertes que pueden darse, ya que anuncia circunstancias adversas que habrá que superar. Aunque quizá, como compensación, esta

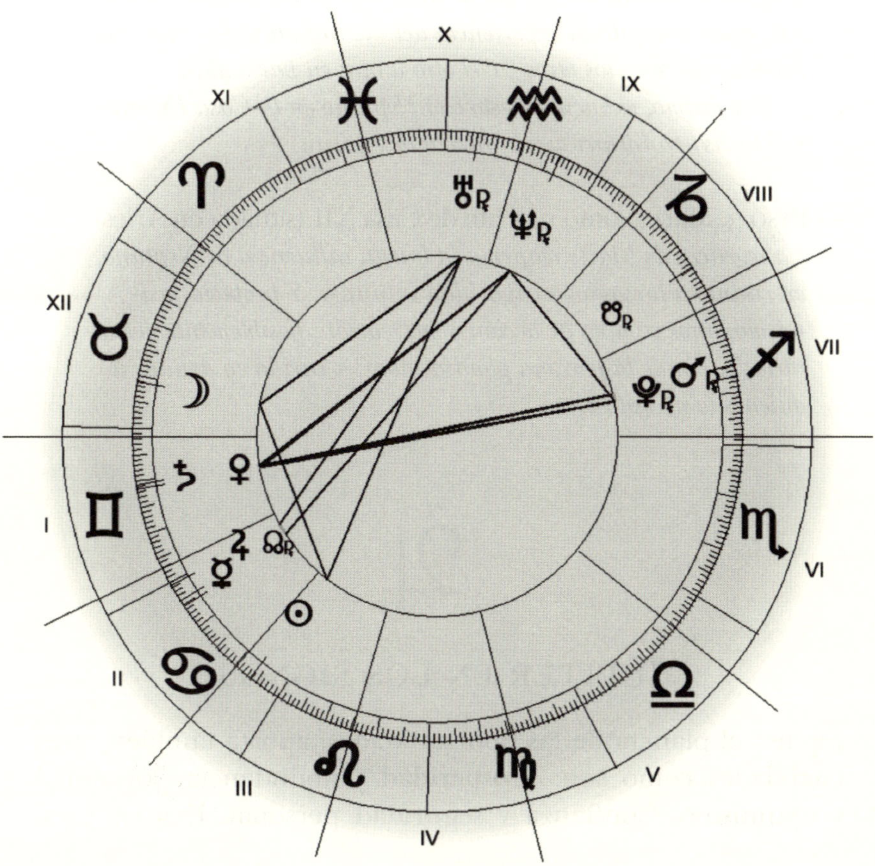

conjunción también aporta una capacidad de resistencia y energía extraordinarias. En este caso, habla de arduas experiencias y compromisos relacionados con la dinámica de la Casa VII, es decir, lo relativo a la pareja, las asociaciones y los juicios. Pero, además, esta conjunción se opone a la conjunción, también importante, que forman Venus y Saturno en el área del Ascendente, y que imprime en el ánimo un toque de tristeza emocional y melancolía.

Así, tenemos que por una parte hay tendencia al flechazo y al deseo de tener relaciones, y por otra, tenemos un sentimiento de responsabilidad ante el amor que limita las expectativas y da cierta timidez inicial.

Las oposiciones implican un enfrentamiento entre planetas que comparten un mismo eje zodiacal. Y señalan, según las Casas donde se encuentran, las áreas de vida donde la persona debe tratar de encontrar un equilibrio. En este caso, el equilibrio a lograr es fácil de ver, ya que se trata del eje Ascendente—Casa VII, que representa la experiencia del «yo individual» frente a la experiencia con «los otros», o el otro u otra en particular.

Por último, el buen aspecto con Neptuno en la Casa IX favorece la certera intuición y la fuerza de espíritu.

— Paso 3. Marte como regente de Casa XII (situada en Aries). *La regencia de Marte reafirma la buena influencia de Neptuno, en cuanto a presagios y capacidad intuitiva. Y propicia, asimismo, otros campos de acción y motivación, posiblemente voluntariado, donde la persona pondrá interés y cariño en ayudar a quienes lo necesitan.*

♃

Júpiter en los signos

Júpiter, el planeta de las oportunidades, aporta también otras cualidades como son: Prosperidad y abundancia. Jovialidad y optimismo. Confianza y seguridad personal. Éxito y prestigio. Alicientes para perseguir ideales y conseguir metas. Generosidad y tolerancia. Expansión y afán de alcanzar conocimiento. Sentido de la ética y amor por la filosofía. Poder adquisitivo y ejecutivo. Esperanza y ganas de vivir. Equidad y sentido de la justicia. También en su aspecto negativo puede llevar a excesos, desmadres, prepotencia o ambición.

Claves orientativas:

—Júpiter en Aries. Empuje emprendedor. Poder de decisión y confianza en sus propios recursos. Vocación de líder, valora la valentía y la libertad. Los desafíos y los retos resultan estimulantes. Espíritu juvenil que se resiste a envejecer.

—Júpiter en Tauro. La calidad de vida importa y la persona hará lo posible por obtenerla. Buena visión para los negocios y para ganar dinero con la actividad profesional. Tenacidad para conseguir metas. Sentido práctico para consolidar resultados y reducir costes.

—Júpiter en Géminis. Mentalidad inquieta y curiosidad insaciable. Persona versátil que resulta amena en su conversación y se maneja bien para hablar ante micrófonos. Sabe defender sus ideas y goza de habilidad comercial para persuadir y convencer

—Júpiter en Cáncer. Júpiter, en su signo de exaltación, se muestra más protector y benevolente. Le preocupa el bienestar de los suyos y tener asegurada su vejez. Sueña con tener un hogar confortable cerca de la naturaleza. Y disfruta con la decoración y la cocina.

—Júpiter en Leo. Se muestra fogoso, seductor y temerario. Inspiración creativa que goza con hacer las cosas a lo grande y que se note. Carácter solícito y generoso. El aburrimiento y la rutina no entran en sus planes. Con malos aspectos puede dar arrogancia y orgullo.

—Júpiter en Virgo. Buena visión de conjunto con capacidad de análisis y deducción. En lo social y laboral habrá un progreso continuo y es fácil que la persona llegue a posiciones ejecutivas de éxito. Con malos aspectos se puede mostrarse perfeccionista y desconfiado.

—Júpiter en Libra. Espíritu de cooperación en armonía con otras personas, en especial con la pareja. Creatividad compartida y talento artístico. Suerte en las asociaciones y los juicios. Excelente disposición para las relaciones públicas. Don de gentes, mediador, abogado de prestigio.

—Júpiter en Escorpio. Da un sexto sentido para las finanzas y capacidad de recuperación ante las crisis. Persona con carisma que sabe dar buenos consejos. Talento para la psicología y las terapias de crecimiento personal. Disfruta investigando el comportamiento humano. Con malos aspectos se vuelve dominante.

—Júpiter en Sagitario. Benefactor nato, que atrae circunstancias de suerte para quienes tiene cerca. Mente abierta y dispuesta a perseguir ideales. Afán emprendedor, no pone límites a proyectos ni a gastos. El amor por la aventura hace que se ignore el riesgo. Con malos aspectos produce ambición y dualidad (el centauro).

—Júpiter en Capricornio. En el domicilio zodiacal de Saturno, Júpiter frena su natural expansión, y deja paso a la prudencia, el sentido común y la honestidad. Éxitos profesionales a largo plazo, que tardan en llegar, pero serán importantes. Persona concienzuda y de palabra que se esfuerza por cumplir sus objetivos y compromisos.

—Júpiter en Acuario. Suerte para descubrir oportunidades únicas. Mentalidad vanguardista, original, innovadora, adelantada a su tiempo. Estilo de vida alternativo, tolerancia y conciencia de grupo para compartir libremente recursos e ideas. Capacidad de inventiva.

—Júpiter en Piscis. Generosidad a tope, afán de ayudar con su trabajo y su posición social a quienes no han tenido oportunidades. Mecenas, filántropo, espíritu misionero. Abarca demasiadas cosas a nivel emocional y puede agobiarse o ser emocionalmente vulnerable a las desgracias ajenas.

♃

Júpiter en las Casas

En general, la Casa donde esté Júpiter, representa un área de crecimiento donde se vivirán enriquecedoras experiencias y también donde la persona se sentirá más protegida y esperanzada.

—Júpiter en Casa I. Actitud positiva ante la vida. Carácter optimista y juguetón. Pensamiento filosófico con dosis de buen humor que modera los impulsos y suaviza las penas. Persona que inspira confianza. Amante de la naturaleza y los viajes.

—Júpiter en Casa II. Favorece las rachas de buena suerte material y las oportunidades de recuperación en caso de pérdidas. Actitud despreocupada y generosa con buena disposición para ayudar a otros. Alto sentido de la moralidad y la ética. Hábil para los negocios de importación y exportación.

—Júpiter en Casa III. Importancia del lenguaje y los idiomas. Locuacidad. Persona siempre dispuesta a estudiar algo nuevo. Expansión intelectual que abarca mucho pero no profundiza. Dispersión de ideas. Las mejores oportunidades vienen del entorno cercano: hermanos, vecinos, compañeros.

—Júpiter en Casa IV. Arraigo familiar y patrimonial. Posibilidad de heredar casas y tierras. Se hace necesario un hogar espacioso para realizar actividades y recibir amistades. Gusto por adquirir recuerdos caros en sus viajes. Mundo interior muy rico. Persona generosa y agradecida.

—Júpiter en Casa V. Creatividad que permite disfrutar a tope del tiempo libre. Muy hábil para organizar programas de vacaciones y viajes para otros. «La vida es un juego» podría ser su lema. Facilidad para enamorarse, también para aprender y enseñar. La aventura es una motivación constante.

—Júpiter en Casa VI. Atracción por la medicina y las terapias naturales. Voluntad de entrega a los demás, tanto que a veces se olvida de sí mismo. Persona muy trabajadora que aprende de la experiencia y no pierde el tiempo. Las mascotas le traerán suerte. Interés por la veterinaria.

—Júpiter en Casa VII. Buenas oportunidades económicas y sociales a través del matrimonio. Éxito sentimental. Persona que suele caer bien y le gusta sentirse querida. En pareja trata de mantener su independencia. Excelente relación con empleados y subordinados. Suerte con los abogados y los juicios.

—Júpiter en Casa VIII. Se maneja bien con el dinero y las inversiones. Posibilidad de recibir jugosas indemnizaciones y comisiones, aunque con malos aspectos también puede heredar deudas. Atracción por investigar temas considerados tabú. Aprecia la sexualidad como fuente de energía.

—Júpiter en Casa IX. Da viajeros incansables y ávidos de experiencias. Mentalidad humanista. Afán de investigar y crecer en conocimiento. Todo le interesa, en especial, el sentido de la vida. Forja su propia verdad y creencias acerca de cómo funciona el mundo y el universo.

—Júpiter en Casa X. Representa la imagen simbólica del escalador, del que ve las cosas desde arriba con objetividad. Alberga la idea de llegar lejos y dejar huella en el mundo. Atracción por las profesiones liberales, éxito social e independencia material. Su ejemplo es motivador y sirve de guía.

—Júpiter en Casa XI. Amistades importantes y destacadas, que facilitan la oportunidad de demostrar la propia valía. Persona hábil para coordinar grupos y trabajar en equipo. Éxito en los proyectos con fines de labor social o cultural que se compartan con amigos.

—Júpiter en Casa XII. Hace las veces de factor providencial que suaviza o anula la mala suerte. Conciencia universal que trata de ir más allá de lo material y busca respuestas al porqué de la existencia. Con malos aspectos, circunstancias difíciles que obligan a dejar pasar oportunidades.

Ejemplo de carta

Ejemplo de carta para observar la posición de Júpiter en signo y Casa, más aspectos y regencias. Fecha al azar: 11 de enero de 1986 a las 03:25 a. m. en Barcelona.

— Paso1. Posición principal: Júpiter en Acuario y en Casa III (regida por Saturno ya que su cúspide está en Capricornio).
De entrada nos encontramos con un modelo de carta en la que todos los planetas se agrupan entre las Casas XII y III, en un espacio menor al trígono (modelo cuna), donde Júpiter al ser el más adelantado del grupo, hace las veces de planeta guía, es decir, que las cualidades propias de Júpiter destacan bastante en la persona, junto con las de Marte, que también es un planeta dominante al estar situado en Ascendente (cúspide la Casa I).

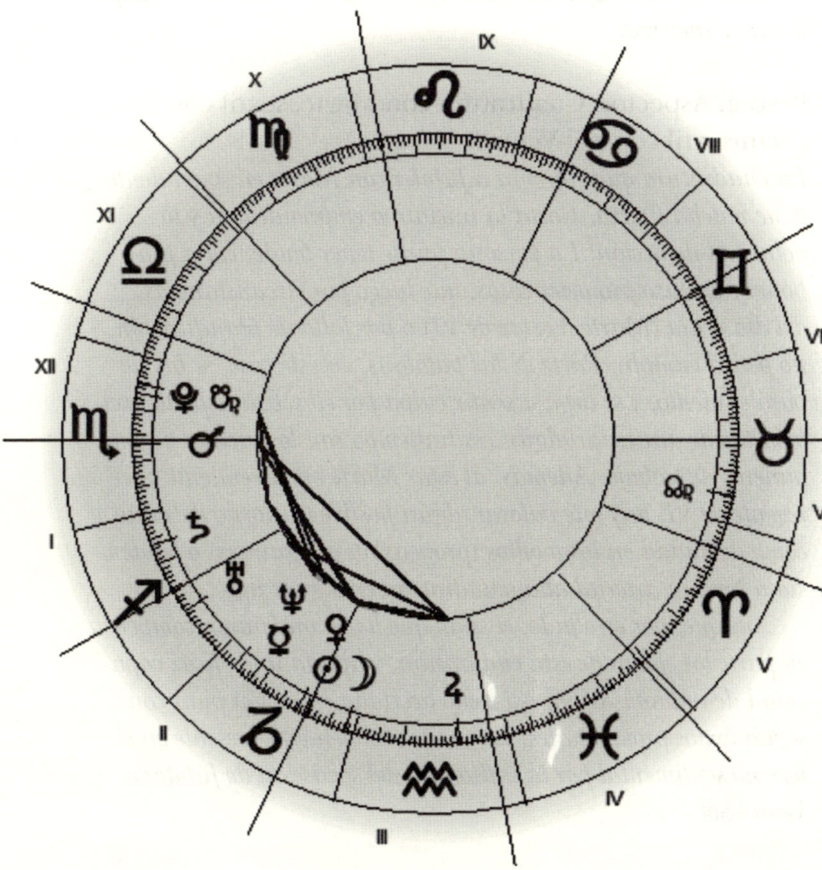

Se trata por tanto de alguien de carácter optimista y mentalidad abierta, activo y perseverante, con gran confianza en sus capacidades, innovador, con visión de futuro y siempre dispuesto a triunfar en la vida. Aunque algunas de sus decisiones pueden fracasar y ser causa de perjuicios personales (Marte en Asc.)

La principal baza para conseguir el éxito será la palabra, ya que Júpiter está en la Casa III. Una Casa donde además se encuentra la conjunción Venus-Sol y la Luna. Todo esto indica que la persona tiene una extraordinaria capacidad de comunicación y poder persuasivo. Será alguien con sobradas aptitudes para hablar delante de las cámaras, para dirigir una empresa publicitaria o comercial, para triunfar en las redes sociales y plataformas online. También para doblaje de voz o como cantante (conjunción Sol-Venus). Pero al estar esta conjunción en Capricornio al igual que la Casa III (regida por Saturno), podría ser que, al final, estas capacidades se ajusten a terrenos menos lúdicos, como la política o la abogacía (donde Marte jugaría también un papel directo e incisivo).

— Paso 2. Aspectos: Cuadratura con Marte, sextil con Urano y semisextil con Sol-Venus.
La cuadratura que enfrenta a Júpiter con Marte en Ascendente tiene mucha fuerza. Corta la iniciativa emprendedora y la voluntad de acción. La persona puede tener tendencia a proponer e incluso prometer cosas, que luego por circunstancias del día a día (Marte regente de VI) o por falta de planificación, no podrá cumplir. Parte de las palabras, en este caso, se las llevará el viento, y se llega a sentir culpa por ello. Este aspecto también puede anunciar algún contratiempo con los vecinos y compañeros de trabajo. Además, al estar Marte en Ascendente y ser regente de VI, hay que valorar algún posible trastorno de salud, como debilidad en los tobillos (propensión a esguinces) o tendencia a presión arterial alta (cuadratura en signos fijos).

Aunque, por otro lado, el sextil que hace con Urano, compensa en parte los efectos de esta cuadratura, y aporta una eficaz capacidad de improvisación, así como acertada intuición para conseguir éxitos profesionales. La suerte también está presente en el terreno sentimental por la influencia del semisextil de Júpiter a Venus-Sol.

— Paso 3. Júpiter como regente de la Casa II situada en Sagitario.
Por último, la regencia de Júpiter sobre la Casa II, habla del riesgo de ilusionarse con proyectos y cosas que luego no serán fáciles de costear. Puede haber rachas de pérdidas económicas significativas.

♄

Saturno en los signos

La dinámica de Saturno es hacer que la persona reconozca sus propias limitaciones, para trabajar con ellas y superarlas. Entre las cualidades de este planeta destacan: El sentido del deber y la responsabilidad. La aceptación y el compromiso. Respeto y paciencia. Buena administración y ahorro. La austeridad y el sentido práctico. Superación de miedos e inseguridades. Orden y normas de convivencia social. Organización y estabilidad. La madurez y el sentido común. Buen criterio y precisión para valorar el tiempo.

Saturno es el planeta de la forma, la estructura y lo concreto. El que permite ver los límites que impone la realidad y atrae las circunstancias que ayudan a completar aprendizajes pendientes.

Claves orientativas:

— Saturno en Aries. Saturno pierde fuerza en esta posición. Pero, aun así, frena la impaciencia de Aries y crea la necesidad de analizar y observar antes de tomar decisiones importantes. Suspicacia y recelo hacia quienes representan algún tipo de autoridad. Sensación de tener limitadas las libertades.

— Saturno en Tauro. Afán de seguridad y arraigado sentido de la propiedad. Preocupación por perder los bienes materiales que ya se tienen. Persona paciente y precavida, a quien le gusta planificar sus asuntos con tiempo. Gustos clásicos. Lealtad a sus principios.

— Saturno en Géminis. El pensamiento se estabiliza y adquiere mayor poder de concentración. Mente disciplinada que se vuelve suspicaz y necesita evidencias y pruebas para creer en lo que oye o le cuentan. Realismo y sentido práctico. Talento para las matemáticas y los números.

— Saturno en Cáncer. Timidez y exceso de sensibilidad. La persona procura no mostrar emociones por miedo a caer en el ridículo o la cursilería. Tristeza o traumas infantiles que dejaron huella en el carácter. Temor ante la soledad no deseada.

— Saturno en Leo. Huye de la mediocridad y suele ser perfeccionista en lo que hace. Aprecia mucho la buena educación y los comportamientos éticos. Responsabilidad y exigencia para cumplir sus compromisos. Con malos aspectos, tendencia a querer controlar y sentirse superior.

— Saturno en Virgo. Persona muy trabajadora, previsible y detallista. Capacidad de análisis. La falta de tiempo, el descontrol y las prisas le generan ansiedad. Sabe cómo alargar la vida de las cosas y si no están del todo inservibles, no se deshace de ellas. Tendencia a dolencias crónicas en la salud.

— Saturno en Libra. El sentido práctico de Saturno ayuda a definir la indecisión de Libra. Alto concepto de la justicia y del reparto equitativo de bienes sociales. No le preocupa el tiempo cuando se trata de encontrar su ideal de pareja. Tarda en asumir un compromiso sentimental.

— Saturno en Escorpio. Gran capacidad de concentración y resistencia para soportar reveses y tensiones. Firmeza de carácter. Persona reservada y poco habladora que emocionalmente se siente vulnerable. Tendencia a bloquear los sentimientos. Sabe guardar secretos y ser fiel confidente.

— Saturno en Sagitario. Impone la realidad y la condición del tiempo a las entusiastas ideas de Sagitario. Afán de aprender y ampliar conocimientos de forma oficial (títulos universitarios, masters, cursos). El prestigio importa. Búsqueda incansable de una filosofía de vida que calme las inquietudes espirituales.

— Saturno en Capricornio. Persona responsable y precavida que paso a paso alcanza sus metas. Cuando tiene claro un objetivo no admite distracciones. Preocupación por la seguridad. Muy competente para trabajar en altos cargos de magistratura y administración.
— Saturno en Acuario. Capacidad de concentración y disciplina. Persona concienzuda, apta para profesiones científicas relacionadas con la biología y la genética. Visión de futuro, inventos que aportan mejoras a la sociedad. Objetividad y desapego material. Gusto por la soledad.
— Saturno en Piscis. Fortaleza emocional y capacidad para mantener la calma en circunstancias dramáticas, tanto propias como ajenas. Entrega a causas humanitarias. Sabiduría que logra la paz interior. Vocación de servicio que se orienta hacia la educación de los más pobres.

♄

Saturno en las Casas

Conviene tener en cuenta que a menudo, la Casa donde está Saturno, representa el área de la vida donde hay que vencer obstáculos y esforzarse más para lograr objetivos.

— Saturno en Casa I. Persona cautelosa y realista. Imagen personal que inspira seriedad y respeto. Sentido de responsabilidad que lleva a trabajar duro para cumplir sus compromisos. Autocrítica. Desarraigo emocional en los primeros años de la vida (familia, colegios).
— Saturno en Casa II. La economía puede andar ajustada a temporadas, pero Saturno en II aporta estabilidad. Esta posición garantiza que no faltará lo más necesario para vivir. Buen sentido del ahorro y la administración. Arte para aprovechar el tiempo al máximo.
— Saturno en Casa III. Persona comedida y respetuosa en su lenguaje. Honradez y fiabilidad de palabra. La afición

constante por aprender y estudiar aporta amplios conocimientos. Pereza para conducir. Con malos aspectos, defectos en el habla y poca relación con los hermanos.

— SATURNO EN CASA IV. Sensación de falta de aceptación y reconocimiento. Preocupación por hacer méritos para ganarse el cariño de los padres. Gran fortaleza interior que la persona debe descubrir por sí misma. Con malos aspectos, posible estrechez económica familiar durante la infancia.

— SATURNO EN CASA V. La tendencia a pensar mucho las cosas hace que se pierdan oportunidades creativas y laborales. Inseguridad en las relaciones sentimentales y preocupación por el qué dirán. Responsabilidad excesiva respecto a la crianza y educación de los hijos.

— SATURNO EN CASA VI. Obsesión por el orden y los detalles. Maestro del reciclaje. Persona servicial y cumplidora. Sentido del deber exagerado que puede agobiar. Modestia y poca valoración personal. Con malos aspectos, trastornos de salud que inciden en las articulaciones y en la piel.

— SATURNO EN CASA VII. El caballo de batalla se centra en las relaciones de pareja. Temor al fracaso y pesimismo a la hora de establecer compromisos sentimentales. Tendencia a culpar al destino de la mala suerte amorosa. Con malos aspectos, enemigos declarados y juicios conflictivos.

— SATURNO EN CASA VIII. Miedo a enamorarse y perder el control de la intimidad si comparte sentimientos. Inhibición sexual. Buen profesional para manejar el dinero ajeno (consultor, banquero, contable). Aunque los malos aspectos auguran problemas con herencias, impuestos o trámites de divorcio.

— SATURNO EN CASA IX. Persona metódica y conservadora que busca seguridad y amparo en las tradiciones religiosas. Puede existir un conflicto entre la idea de pecado y castigo, que derive en sentimientos de culpa. Con malos aspectos, falta de entendimiento con la familia política.

— SATURNO EN CASA X. Trabajos de responsabilidad y servicio a la sociedad que requieren entrega y sacrificio. Estabilidad laboral. Anhelo de alcanzar prestigio profesional y un buen estatus social (empresarios, ejecutivos, constructores). Habilidad también para tareas administrativas y trámites judiciales.

— Saturno en Casa XI. Persona selectiva con las amistades y los grupos sociales, que aprecia la seriedad y lealtad en los amigos. Honradez para llevar la contabilidad de asociaciones vecinales, deportivas y culturales. Con malos aspectos, decepciones y engaños que dan lugar a rupturas.

— Saturno en Casa XII. Suspicacia y sensación de tener enemigos ocultos. Inseguridad personal por traumas anclados en el inconsciente. Facilidad para empatizar con quienes sufren por enfermedad o marginación. Sueños muy reales, pesadillas. Con malos aspectos, problemas burocráticos.

Ejemplo de carta

Ejemplo de carta para observar la posición de Saturno en signo y Casa, más aspectos y regencias. Fecha al azar: 29 de agosto de 1998 a las 12:15 h en Londres.

— Paso 1. Posición principal: Saturno en Tauro y Casa VI (regida por Marte, ya que su cúspide está en Aries).
La persona estructura muy bien su día a día. Valora mucho el tiempo y sabe sacarle partido. Una de sus principales motivaciones será tener un trabajo que resulte de utilidad y también de cuidado y protección para otras personas, por ejemplo, enfermero/a (Samur) o policía, pues Saturno en VI a veces va asociado con actividades que requieren llevar uniforme y, en este caso, al estar la VI en Aries, nos orientamos más hacia servicios que conlleven actividad y riesgo.
Por otra parte, esta posición de Saturno habla de alguien tradicional y previsible, que es honrado y antepone el sentido del deber a sus propios intereses. Aunque también se preocupa por mantener estable su economía.

— Paso 2. Aspectos: Cuadratura a Marte y a Urano y Neptuno (T cuadrada). Trígono al Sol.
La cuadratura de Saturno en Tauro con Marte en Leo se produce en signos fijos, es decir, signos de gestación e interiorización, por

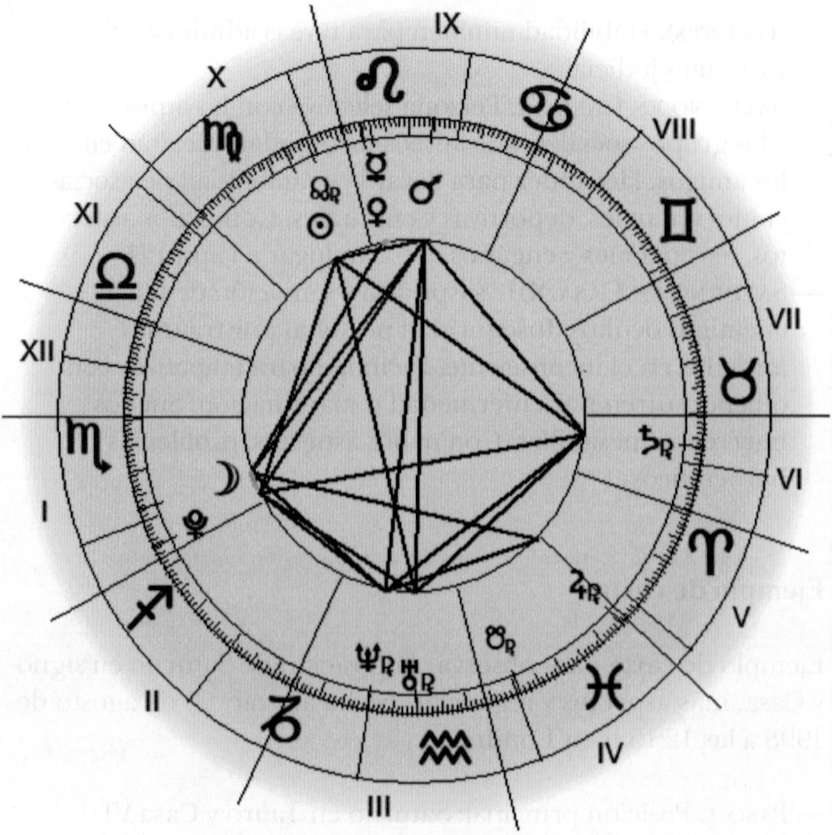

lo que la fuerte tensión que provoca este aspecto se orienta hacia el interior de la persona. Quien posiblemente asume más responsabilidad de la que le corresponde, se exige demasiado a sí misma, o carga con culpas que no son suyas.

A esto hay que añadir la doble cuadratura que también hace Saturno con Urano y Neptuno, y que incide en el ámbito de los hermanos o compañeros de trabajo, con malentendidos y reacciones inesperadas (Urano y Neptuno se encuentran en la Casa III, regida precisamente por Saturno). No se descarta que, en su momento, la persona viviese una etapa escolar incómoda en la que se sintió marginada e incomprendida. El sentimiento de incomprensión tanto familiar (hermanos) como de compañeros, puede permanecer en la etapa adulta y mermar la espontánea comunicación.

El tema de la salud con Saturno en VI también hay que tenerlo en cuenta, y dado sus aspectos puede haber tendencia a los tirones y desgarros musculares, y a las afecciones de garganta.

— Paso 3. Saturno como regente de la Casa III situada en Capricornio.
Como decimos la persona tiene tendencia a asumir responsabilidades extras por un exagerado sentido del deber, y esto quizá derive en un sentimiento de carga excesiva respecto a sus hermanos, algo que puede provocar la ruptura con alguno de ellos o ellas (Urano).

Urano en los signos

Con Urano llegamos al primero de los tres planetas transpersonales: Urano, Neptuno y Plutón, cuya influencia se nota más a nivel colectivo que personal. Son planetas bastante alejados del Sol que mantienen órbitas irregulares de largo recorrido y permanecen varios años en cada signo.

La posición de estos planetas en las Casas ejerce una influencia directa en cada persona, por ajustarse a su hora y lugar de nacimiento. Sin embargo, su posición en los signos debemos entenderla de una forma más grupal, puesto que engloba las tendencias generacionales relacionadas con el desarrollo evolutivo, los avances tecnológicos y científicos, las distintas modas y otros cambios sociales, políticos e históricos importantes.

Urano, conocido como el planeta del cambio y el progreso, es el más rápido de los tres, y en su recorrido zodiacal permanece una media de siete años en cada signo.

Entre las cualidades de Urano destacan: La adaptación y capacidad de improvisación ante los cambios repentinos. Las reacciones instintivas e imprevisibles. El afán de independencia y libertad. Capacidad para innovar y habilidad para inventar nuevos recursos. Inconformismo y rebelión contra las injusticias y los abusos. Además de originalidad e ingenio. Solidaridad, altruismo y capacidad de renuncia. Talento para la fotografía y el diseño, también para la robótica, la ingeniería genética, la astronomía, la astrología y la física cuántica.

Urano favorece las sorpresas, coincidencias y casualidades que conforman las «señales» del destino o «lenguaje simbólico» de la vida. Propicia, asimismo, las rupturas y los cambios necesarios.

Claves orientativas:

— Urano en Aries. Los dos últimos recorridos de Urano en tránsito por Aries fueron desde abril de 1927 hasta junio de 1934, y de mayo de 2010 a marzo 2018. Por tanto, tendrán a Urano en Aries todos los que hayan nacido en los tramos que marcan estas fechas.

La inconformidad y rebeldía de Urano en el terreno del impulsivo Aries prende la mecha de la reivindicación, el heroísmo y la lucha por conseguir derechos. Un ejemplo reciente lo encontramos en la llamada «primavera árabe» que estalló en 2011.

A nivel individual, esta posición da personas progresistas, rompedoras y adelantadas a su tiempo. Personas que trabajan en solitario y son capaces de logros y descubrimientos, que no siempre se comprenden en su momento, y solo años después llegan a ser reconocidos.

— Urano en Tauro. Urano se mantuvo en Tauro desde junio de 1934 hasta agosto de 1941 y, actualmente, permanecerá desde marzo 2018 hasta julio de 2025.

Tauro es la consolidación de los valores materiales, y la presencia de Urano en el signo desestabiliza esos valores comenzando por los sistemas bancarios y financieros. Por otra parte, Tauro es un signo femenino regido por Venus, y la actual presencia de Urano en él, hará que continúe imparable la lucha por los derechos de la mujer.

A nivel personal y social, se prevén cambios en la forma de entender el consumo y el dinero, y también en la forma de valorar la vida. Importará más la calidad humana que los títulos y propiedades. Mejorar las condiciones del planeta será algo prioritario, y no faltarán emprendedores que arriesguen en nombre de la innovación y la ecología.

— Urano en Géminis. Tendrán a Urano en Géminis los nacidos entre agosto de 1941 y finales de agosto de 1948.

Esta posición da una mentalidad inquieta e ingeniosa, ágil para la improvisación, con gran afición a la lectura y a recabar información de diversas fuentes. Gustos originales y punteros en cuanto a imagen y forma de vestir. Participación activa en ambientes vecinales, estudiantiles y laborales. Sindicalista, delegado, portavoz que reivindica mejoras. Persona amena en su lenguaje y forma de expresión. Con malos aspectos, puede haber tendencia a hablar muy deprisa e intercalar ideas, de forma que entorpece la comprensión de quienes escuchan.

— Urano en Cáncer. Urano permaneció en Cáncer de septiembre de 1948 a finales de agosto de 1955.

En el sentimental y hogareño Cáncer, Urano genera dificultad para echar raíces en el lugar de nacimiento. Circunstancias que provocan sacudidas emocionales fuertes y llevan a cambiar de rumbo en la vida. Inseguridad y desasosiego de cara al futuro. Persona luchadora y resistente que se esfuerza por crear hogar y conseguir estabilidad en su grupo familiar. Los cambios de residencia pueden ser frecuentes. Espíritu nómada y altruista con gran capacidad de adaptación, que aprende del pasado y defiende el lema de «siempre adelante». Con malos aspectos, cambios repentinos que conllevan renuncia y sacrificio.

— Urano en Leo. El tránsito de Urano por Leo abarcó de septiembre de 1955 a agosto de 1962.

Si la tendencia de Leo es destacar con su imagen y creaciones. La presencia de Urano en el signo se lo pone más fácil, ya que este planeta trae consigo la más elevada inspiración y la libertad creativa. Urano en Leo revoluciona el mundo del arte y exalta el concepto del amor. Un amor que se universaliza y se libera. La verdad personal de quienes tienen esta posición brilla por sí sola, es sincera, directa y sin prejuicios. Son personas que se atreven a innovar porque pueden, porque se sienten libres de presiones materiales y sociales.

— Urano en Virgo. Urano permaneció en Virgo desde agosto de 1962 hasta octubre de 1968.

Virgo es el signo del detalle, el que desmenuza para después observar y analizar, el que recolecta para después clasificar y reciclar. Todo en orden. Por eso cuando Urano llega a su territorio con el empuje del progreso, comienza a romper los moldes artesanos, por así decirlo, para dar paso a la tecnología y los avances científicos, sobre todo en robótica, alimentación y medicina. Este cambio, donde el futuro irrumpe en el presente, se experimenta también a nivel personal, con una visión más amplia del conjunto de la vida que impulsa a profundizar, investigar y descubrir.

— Urano en Libra. Quienes hayan nacido entre octubre de 1968 y septiembre de 1975 tendrán a Urano en Libra.

Con el paso de este planeta por el signo de la balanza, el orden social y el económico se vuelven más equitativos. Gracias a una mentalidad más abierta y tolerante, surgen nuevas formas de entender las relaciones sociales y de pareja. La idea de asociación comercial y de empresa también se mueve hacia la cooperación y la fusión. En las negociaciones se establece la importancia del acuerdo y el diálogo. Y a nivel personal el pensamiento se hace flexible, mientras el concepto de intercambio y el reconocimiento de derechos se abren paso.

— Urano en Escorpio. Desde septiembre de 1975 hasta noviembre de 1981 Urano se mantuvo en Escorpio.

Escorpio es el signo de la transformación personal, del cambio interior y la superación de temores y fobias. Es el signo que permite renacer de las propias cenizas, una cualidad que se afianza con la presencia de Urano y que favorece a quienes tienen esta posición natal. El auge de las terapias de crecimiento personal y de psicología va en aumento. La posibilidad de descubrir los conflictos internos y poder combatirlos queda al alcance de quien se lo proponga. Pero también, según los aspectos que reciba Urano, los deseos y pasiones se intensifican, e incluso se hace negocio con ellos, como es el caso de la moda porno.

— Urano en Sagitario. El tránsito de Urano por Sagitario abarcó desde noviembre de 1981 hasta diciembre de 1988.

Urano son las alas que Sagitario necesita para emprender su aventura innovadora. Los estudios superiores y los viajes representan para estos nativos la gran motivación que alimenta su afán de conocimiento y su incansable búsqueda de verdades. Espíritu libre que procura tener pocas necesidades. Teorías revolucionarias en distintos campos de la ciencia, el arte, la cultura y la economía. Interés por los modos de vida alternativa y las filosofías orientales.

— Urano en Capricornio. El recorrido de Urano por Capricornio abarca de diciembre de 1988 hasta enero de 1996.

Construir los cimientos de un mundo nuevo será la inmensa tarea que Urano debe asumir en el responsable Capricornio, un signo de sólidos cimientos, leyes y normas. Quienes hayan nacido con esta posición, posiblemente intuyan que tienen un compromiso social que cumplir: el de renovar viejas estructuras y propiciar los cambios colectivos que requiere el progreso. De hecho, al principio de este periodo, en noviembre de 1989, tuvo lugar la caída del muro de Berlín, que puso fin a casi 29 años de separación política y social en Alemania. Este acontecimiento, además de su valor histórico, tiene un valor simbólico que merece ser visto desde la astrología. Elegimos por tanto esta fecha para el ejemplo de Urano.

— Urano en Acuario. Urano permaneció en Acuario desde enero de 1996 hasta marzo de 2003.

La conciencia global y solidaria, se expande con la presencia de Urano en Acuario. Las noticias están al alcance de todos en tiempo real, y así el mundo pone en evidencia sus grandes desigualdades. Quienes tienen esta posición en su carta, es difícil que permanezcan indiferentes ante los abusos de poder y las grandes injusticias sociales y económicas que se dan en el planeta. Urge arreglar las cosas y la mejor manera es la cooperación. Es tiempo de voluntariado y de formar grupos profesionales que ayuden *in situ* a los más desfavorecidos. Por otra parte, Urano en Acuario da un empuje importante a las energías alternativas, y también a los avances en ingeniería genética. Por ejemplo, en febrero de 1997 se dio a conocer, con la oveja Dolly, la primera clonación de un mamífero.

— Urano en Piscis. Tienen a Urano en Piscis los nacidos entre marzo de 2003 y mayo de 2010.

La rapidez intuitiva de Urano en Piscis conecta con la parte inconsciente de cada uno y aporta sabiduría. Los nacidos en este período, aún muy jóvenes, están llamados a sorprender con una inspiración artística, en especial para la música, que emocionará a millones de personas. También la capacidad para sanar y la afluencia de sueños reveladores, son otras de las facultades que propicia Urano en este signo. Destaca igualmente la importancia de movimientos religiosos y espirituales, así como el auge del esoterismo y la revelación de misterios ocultos. Con malos aspectos, puede dar un carácter demasiado emocional e imprevisible.

♅

Urano en las Casas

— Urano en Casa I. Persona independiente que sigue su propio camino. Espíritu libre con alma de líder. Aspecto físico seductor, con algún rasgo exótico que resulta atractivo. Talento artístico capaz de creaciones únicas y originales. Con malos aspectos, rebelde con o sin causa. Si algo le incomoda su tendencia es cortar de forma radical.

— Urano en Casa II. Sabe aprovechar los recursos que tiene a su alcance. Y no acumula bienes. Su filosofía es, a menos necesidades mayor libertad. Talento especial para las nuevas tecnologías, y todo lo que suponga un avance innovador. Simpatiza con sistemas sociales y políticos alternativos. Con malos aspectos, fuertes altibajos económicos.

— Urano en Casa III. Claridad y reflejos mentales extraordinarios. Ideas adelantadas a su época. Persona inquieta que necesita estar ocupada con varios frentes abiertos a la vez. Experta en técnicas de comunicación y medios audiovisuales (realidad virtual, videojuegos). Con malos aspectos, falta de adaptación en su entorno, sobre todo en la etapa escolar.

— Urano en Casa IV. Vida hogareña poco común, donde se comparten las costumbres domésticas con actividades profesionales. Las circunstancias llevan a realizar mudanzas y cambios de lugar con cierta frecuencia. Incluso cambios de familia (adopción, segundas nupcias de los padres).

Ruptura con el pasado y búsqueda del verdadero lugar de pertenencia, sobre todo espiritual.

— Urano en Casa V. Creatividad desbordante. Ideas geniales y rompedoras, sobre todo en tendencias artísticas: pintura, fotografía, maquetación y diseño y decoración. Da también facilidad para enseñar con gráficos y ejemplos, además de gran talento en programación informática y técnicas de videojuegos. Con malos aspectos, abandono de prometedores proyectos que ya están en marcha.

— Urano en Casa VI. Actitud positiva en el día a día, persona capaz de cambiar o superar la realidad que le resulta incómoda. Lleva mal las rutinas y horarios fijos en el trabajo, así como las órdenes que considera arbitrarias o mediocres. Interés por la metafísica, el funcionamiento del universo y la sanación espiritual. Con malos aspectos, tendencia a las alergias.

— Urano en Casa VII. El rechazo de Urano a lo ya previsible y la dependencia de otros se traslada al área de las relaciones de pareja. La persona tendrá necesidad de mantener su espacio vital, y buscará relaciones abiertas y sinceras que no condicionen su libertad. Con malos aspectos, relaciones complicadas con parejas extravagantes y conflictivas.

— Urano en Casa VIII. Personalidad excéntrica, con altibajos emocionales importantes. La convivencia se hace difícil por los cambios bruscos de carácter. Interés por las experiencias paranormales, la telepatía y la vida después de la muerte. Gran poder de transformación y superación de adicciones. Necesidad de liberarse de apegos emocionales. Mejoras económicas por bienes patrimoniales.

— Urano en Casa IX. Da inconformismo intelectual y afición por la polémica. Amplitud de miras, conciencia universal. Persona carismática que difunde su particular filosofía y aboga por sistemas educativos libres y progresistas. Experiencias únicas y transformadoras en los viajes con sorprendentes encuentros y revelaciones personales.

— Urano en Casa X. Los trabajos independientes, autónomos, libres de jefes y horarios serán el ideal de quienes tienen esta posición. Las preferencias van hacia profesiones de vanguardia y alta tecnología. Talento de inventor que combina distintas disciplinas. Cambios frecuentes y voluntarios de lugar de trabajo. Con malos aspectos, opositor por sistema que puede desestabilizar el orden social.

— Urano en Casa XI. Libertad de pensamiento. Conciencia colectiva e integradora que considera al planeta entero como su casa. Amigos poco corrientes que prefieren vivir fuera del sistema establecido y forman parte de grupos alternativos. Gusto por compartir ideales y proyectos con personas afines, aunque vivan en distintos lugares del mundo. Con malos aspectos, vida complicada por el afán de ser singular y original.

— Urano en Casa XII. Fuerte conexión con el inconsciente, tanto personal como colectivo. Afloran miedos y culpas. Flases de intuición rápidos y certeros. Capacidad para captar las energías (buenas o malas) de un determinado ambiente. A veces, persona inadaptada o reprimida, con crisis nerviosas y caos psicológico. Con malos aspectos, riesgo de sufrir alergias o enfermedades de difícil diagnóstico. Tendencia a revelar secretos. Pirata informático.

Ejemplo de carta

Ejemplo de carta para observar la posición de Urano en signo y Casa, más aspectos y regencias. Fecha elegida: el 9 de noviembre de 1989, hacia las 11 de la noche, hora que se corresponde con la apertura de la primera de las puertas del muro de Berlín.

— Paso 1. Posición principal: Urano en Capricornio y Casa V, regida por Júpiter, ya que su cúspide está en Sagitario.
El principal simbolismo de la caída del muro asociado a las posiciones astrales de ese día, lo marca Urano —el planeta de los cambios necesarios y el progreso— situado al comienzo de Capricornio —el signo que representa la solidez de la materia y las limitaciones legales—. Urano rompe «la piedra» que divide y limita. Y lo hace a lo grande, difundiendo a nivel mundial la imagen del derribo. Urano se ve reforzado por la conjunción múltiple que forma con Venus, Saturno y Neptuno (stellium), y por su posición

en la Casa V, regida por Júpiter. La Casa V se ocupa, entre otras cosas, de la enseñanza, y en este sentido, el rápido Urano muestra una imagen literalmente rompedora que no necesita mayores explicaciones. Júpiter por su parte, aporta el éxito y la buena acogida del cambio necesario que se acaba de producir.

— PASO 2. Aspectos: Conjunción con Venus, Saturno y Neptuno. Sextil con Marte, oposición a Júpiter y cuadratura a la Luna.

Venus en unión a Urano permitió que aquel multitudinario suceso, con toda su carga emocional, transcurriese de forma pacífica. Neptuno y Saturno en estrecha conjunción representan el equilibrio entre la idealización y toma de conciencia (Neptuno) y las restricciones y autoridad propias de Saturno.

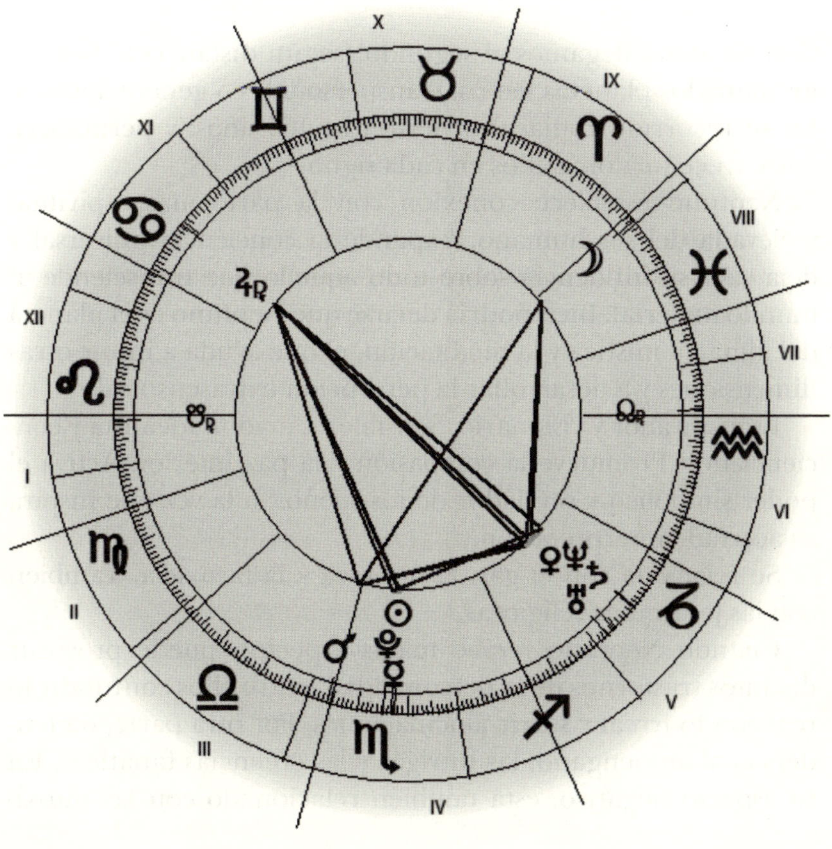

El buen aspecto de Urano en sextil con el exaltado Marte amortigua las reacciones imprevisibles y los conatos de violencia. Y la oposición a Júpiter en Cáncer y Casa XI favorece, como respuesta, las celebraciones en grupos y la alegría generalizada, ya que esta última oposición es parte de la media cometa (ver capítulo de aspectos) formada por Urano, Marte y Júpiter.

— Paso 3. Urano como regente de la Casa VII, situada en Acuario.
Por último, Urano, como regente de la Casa VII, propicia los reencuentros y el intercambio.

♆

Neptuno en los signos

Con Neptuno llegamos al segundo (según distancia al Sol) de los llamados planetas lentos, transpersonales o generacionales. En su recorrido zodiacal invierte casi 165 años, y permanece entre trece y catorce años en cada signo.

Neptuno establece conexión con la parte más espiritual y elevada del ser humano. Expande la conciencia universal y deja caer su influencia sobre todo aquello que transciende al mundo material. Bien podría decirse que Neptuno es el planeta del alma, la mística y la meditación, el que ayuda a intuir otras dimensiones y a desarrollar la percepción extrasensorial.

Es inspirador y visionario. Sensible y sanador. Idealista y concienciador. Promueve la compasión y la paz interior. Activa el poder simbólico y revelador de los sueños, a la vez que inspira su acertada interpretación.

Se relaciona con el gas, la química y la farmacia. También con las jerarquías religiosas.

Cuando Neptuno recibe malos aspectos, puede provocar distintos trastornos de la personalidad, entre ellos confundir lo real con lo irreal y sufrir alucinaciones. Por otra parte, da tendencia al autoengaño, las intrigas y las creencias fanáticas. En su aspecto negativo, está también relacionado con las intoxicaciones y dependencias: alcohol, drogas, fármacos y otras sustancias.

Claves orientativas:

Neptuno en Aries. Neptuno fue descubierto en septiembre de 1846, y a partir de esa fecha, su primer tránsito por Aries abarca de octubre de 1861 a mayo de 1874. Durante este período creció el auge de la filosofía esotérica y el ocultismo. Valga como ejemplo la creación de la Sociedad Teosófica, por la médium rusa Helena Blavatsky y la sabia filosofía del legado que dejó G.I. Gurdjieff, nacido en 1866.

— NEPTUNO EN ARIES promueve el idealismo, la elevación espiritual y la voluntad de ayudar. Transforma asimismo la belicosidad propia de Aries en resistencia pasiva, como demostró Mahatma Gandhi, que vino al mundo en 1869 con esta posición natal.

  El próximo tránsito de Neptuno por Aries será de abril de 2025 a marzo de 2039.

— NEPTUNO EN TAURO. Neptuno permaneció en Tauro desde junio 1874 a febrero de 1889. Su presencia en el signo de la plenitud material permite expresar la belleza de forma sublime. Así fue la inspiración artística que durante este período iluminó a dos grandes de la pintura: Joaquín Sorolla y Gustav Klimt.

  También el concepto de la economía y las finanzas se transforma con Neptuno en Tauro. Por ejemplo, John M. Keynes, creador de la macroeconomía, nació en 1883 con esta posición. Quizá nos espere otro importante cambio en cuanto a valores financieros a partir del 2039, con el próximo tránsito de Neptuno por Tauro.

— NEPTUNO EN GÉMINIS. Su recorrido por Géminis se extendió de marzo de 1889 a mayo de 1902. La posición de Neptuno en Géminis promueve la inspiración literaria, de hecho, fueron muchos los escritores y poetas que durante esta etapa dejaron constancia de ello. En España destaca, por ejemplo, la Generación del 98, con figuras como el poeta Antonio Machado y otros escritores de renombre, entre ellos Miguel de Unamuno. En el mundo del arte, esta fue la etapa del Modernismo.

Es difícil precisar qué aportará Neptuno en su próximo tránsito por Géminis, a partir del 2052. Pero es posible que la telepatía a nivel de conexión mental sea una realidad cotidiana, por encima incluso de los idiomas, que cada vez compartirán más palabras. Se prevé una generación de políglotas natos.

— Neptuno en Cáncer. Neptuno pasó por Cáncer entre junio de 1902 y mayo de 1916. Su presencia en el signo realza el carácter bondadoso y protector de Cáncer y la espiritualidad se convierte en entrega al prójimo. Un buen exponente de ello es Teresa de Calcuta, nacida en 1910 con Neptuno en esta posición.

A nivel social y según los aspectos que reciba el planeta, puede alterar los sentimientos patrióticos y cambiar fronteras. De hecho, en este período, tuvo lugar la Primera Guerra Mundial. Aunque como decimos, su influencia en Cáncer despierta, sobre todo, el sentimiento de ayuda y protección hacia los más débiles.

— Neptuno en Leo. El tránsito de Neptuno por Leo abarcó de junio de 1916 a julio 1929. Curiosamente, durante su permanencia en el signo de la realeza, llegó la transformación del poder político y la caída de grandes monarquías europeas, entre ellas, Nicolás II de Rusia (1917), el imperio austrohúngaro y Guillermo II de Alemania (1918).

Por otra parte, esta posición favoreció una convivencia social más libre y abierta, dentro de un clima de euforia cuya principal motivación era disfrutar de la vida. Fue la etapa de los Felices 20.

— Neptuno en Virgo. Neptuno permaneció en Virgo (su signo de caída) desde julio de 1929 hasta octubre de 1942. Estos años marcaron una etapa de crisis económicas y sociales importantes, que comenzaron con el célebre *crack* del 29 en EE. UU., seguido de la Gran Depresión, y el posterior comienzo de la Segunda Guerra Mundial en septiembre de 1939.

A nivel personal y social, la realidad material del día a día y las grandes necesidades del momento acaparan la atención y nublan la espiritualidad propia de Neptuno.

— NEPTUNO EN LIBRA. El recorrido de Neptuno en el signo de la balanza transcurre entre octubre de 1942 y noviembre de 1956. Muchos de los nacidos en este período formaron parte, en su juventud, del movimiento pacifista *hippy* que se extendió por América y Europa a finales de los 60.

Pero antes, con el paso de Neptuno por Libra, debemos destacar el final de la segunda Gran Guerra y la firma de importantes acuerdos de paz, como el Tratado de París de 1945 en Europa y el de San Francisco (EE. UU.) en 1951. A partir del 46 comienzan los años de recuperación.

En cuanto al ámbito personal, con Neptuno en Libra se idealiza el concepto de amor y el romanticismo, mientras crecen valores como la tolerancia y el respeto a los demás.

— NEPTUNO EN ESCORPIO. El tránsito de Neptuno por Escorpio se dio entre noviembre de 1956 y noviembre de 1970. Esta posición despierta el interés por las capacidades psíquicas y el mundo interior. La parapsicología y la psicología suman adeptos. Es también una etapa de movidas religiosas importantes. En 1959, se convoca el concilio Vaticano II que reforma el catolicismo, mientras el Dalai Lama se ve obligado a dejar el Tíbet para exiliarse en la India.

A nivel individual, se valora bastante la imagen personal y social, a veces provocadora como la de Madonna o Michael Jackson, ambos nacidos en 1958. También crece a nivel social la importancia del sexo y el dinero.

El lado más oscuro de Neptuno se refleja en los movimientos de contracultura como la moda *punk* y la difusión de drogas de diseño.

— NEPTUNO EN SAGITARIO. El paso de Neptuno por Sagitario abarca desde noviembre de 1970 a enero de 1984. Neptuno en esta posición, como no podía ser de otra forma, abre fronteras a todos los niveles. Se dan avances médicos como el *bypass* coronario, y también hitos en la carrera espacial con los primeros transbordadores (1981). De forma generalizada, aumenta el afán de conocimiento. Las ideas y aficiones mueven masas (conciertos, deportes), se crean grupos de fans a nivel mundial, mientras los viajes se hacen indispensables. También están de moda los grandes espectáculos y las superproducciones. Por ejemplo, en 1977, comenzó la saga de la Guerra de las Galaxias.

— NEPTUNO EN CAPRICORNIO. Neptuno estuvo transitando por Capricornio, el signo de las estructuras sociales, entre febrero de 1984 y enero de 1998. En esta posición, el planeta parece hacer causa común con la esencia de Capricornio, y asumir que la realidad material y la estabilidad social son una buena base para una convivencia más pacífica y próspera.

Respecto al ámbito personal, se valora la solvencia económica que supone un trabajo estable (la nómina). Así como las instituciones y leyes que protegen el bienestar social. También importan los propios recursos y la independencia personal. Quienes pertenecen a esta generación tienen gran capacidad para la organización política y social y sabrán adaptarse a los nuevos tiempos, con leyes y sistemas más eficaces y solidarios.

— NEPTUNO EN ACUARIO. Entre enero de 1998 y febrero 2012, Neptuno estuvo transitando por el humanista y social Acuario. Las libertades sociales y la tolerancia fueron en aumento. También, la idea de trabajar unidos para mejorar las condiciones del planeta comienza a calar fuerte. Se potencian las terapias naturales, la alimentación vegana, el interés por la ecología y, sobre todo, la unión de grandes grupos que, a distancia, suman energías en favor de la elevación de conciencia. A este respecto, las expectativas proféticas sobre el 2012 sin duda incrementaron estos movimientos neptunianos y masivos. Pero, sobre todo, la facilidad de comunicación global llega con el auge de la tecnología y las redes sociales (Facebook aparece en 2004 y WhatsApp fue fundada en 2009). A nivel personal, se tiene la certera sensación de que todo y todos estamos conectados.

— Neptuno en Piscis. Neptuno entró en Piscis en febrero de 2012 y permanecerá en este signo hasta abril de 2025.

La influencia de Neptuno en su signo de regencia resulta más poderosa, y hace que sea más fácil conectar con la fuerza intuitiva y la capacidad del inconsciente. La investigación sobre las posibilidades, aún ocultas, que ofrecen los sueños irá en aumento, así como el potencial sanador de la hipnosis, y la conexión telepática. La elevada inspiración que facilita esta posición mueve la creatividad humana, y la música será una de las artes que se verá más favorecida. La bondad, el altruismo y la espiritualidad suman puntos. Aunque con malos aspectos, esta posición inclina a evadir responsabilidades y a escapar de la realidad por medios artificiales.

♆ Neptuno en las Casas

Neptuno, en positivo, favorece la comprensión, tolerancia y elevación de conciencia, en relación a la Casa donde se encuentra. Aunque según los aspectos que forme, también desorienta y confunde.

— Neptuno en Casa I. Sensibilidad exquisita, poética. A la persona le cuesta centrarse en su propia realidad y prefiere soñar despierta. El apoyo y reconocimiento durante la infancia son necesarios para afianzar después la autoestima. Desapego material y búsqueda incesante de la espiritualidad. Con malos aspectos, tendencia a inhibirse de responsabilidades.

— Neptuno en Casa II. Tener mucho dinero crea mala conciencia. Quienes tienen esta posición evitan las especulaciones y colaboran gustosos en causas humanitarias. Son buenos gestores de presupuestos y valoran el intercambio. Con malos aspectos, inseguridad respecto a los valores personales, y sensación de no llegar a cumplir los objetivos previstos.

— Neptuno en Casa III. Persona con poco sentido práctico que se dispersa y le cuesta concentrarse. Facilidad sin embargo para los números y los conceptos abstractos. También para las analogías y los símbolos que puede ayudar a interpretar sueños y avivan la intuición. Con malos aspectos, despistes y mala orientación urbana. Déficit de atención escolar.

— Neptuno en Casa IV. Infancia feliz, inocente, despreocupada, con amigos imaginarios para compartir juegos y emociones. Idealización de la familia a la que se pertenece. La persona procurará vivir cerca del mar, y es fácil que en su hogar se realicen actividades como el yoga, la meditación y otras disciplinas espirituales. Atracción por los misterios de civilizaciones antiguas. Con malos aspectos, familias desestructuradas o secretos familiares que conviene guardar.

— Neptuno en Casa V. Energía positiva y encanto personal que resulta inspirador y despierta en otros la creatividad. Almas sensibles y románticas por naturaleza. Maestría para educar a personas con dificultades de aprendizaje. Con malos aspectos, sacrificios obligados que llevan a renunciar a la vocación creativa. Tendencia a perder en juegos y apuestas.

— Neptuno en Casa VI. Neptuno universaliza, engloba y disuelve, mientras que, por otra parte, la Casa VI organiza, etiqueta y se preocupa por el orden diario. Así, quienes tienen esta posición deben encontrar un equilibrio entre los detalles concretos y las múltiples posibilidades que ofrece el futuro. Con malos aspectos, mayor sensibilidad hacia los fármacos y el alcohol. Intolerancia alimentaria y enfermedades autoinmunes (exceso de defensas).

— Neptuno en Casa VII. La persona se esfuerza por comprender las emociones ajenas y trata de ponerse en lugar de los otros. Existe tendencia a dar más de lo que se recibe. Las pérdidas y rupturas sentimentales ayudan a expandir la conciencia. Con malos aspectos, tendencia a buscar parejas inseguras, con problemas o complejos. Así, de forma inconsciente, la relación será también una misión salvadora.

— Neptuno en Casa VIII. Neptuno disuelve límites e integra la energía espiritual con la material. Su presencia en VIII facilita esta tarea, al potenciar la intuición y la percepción extrasensorial. La idea de la muerte se acepta como algo natural, y se busca la conexión con quienes ya no están a través de la mediumnidad, la meditación y los sueños. Asimismo, en la sexualidad se contempla la posibilidad de elevar la energía (sexualidad sagrada) y transcender el propio Ego.

— Neptuno en Casa IX. Atracción por la filosofía, la religión y los sistemas de creencias que prometen iluminación espiritual. Interesan también las prácticas de sanación a distancia, así como los viajes motivados por peregrinaciones y visitas a lugares sagrados de antiguo poder. Interés igualmente por la ecología y los poderes de la mente.

— Neptuno en Casa X. Genera confusión y poco sentido práctico a la hora de elegir una profesión determinada. Aunque esta posición, por sí misma, incrementa el talento natural hacia la biología, la química y la farmacia. Persona con carisma y buena proyección social debido a sus habilidades artísticas, su capacidad de convocatoria o forma de hablar.

— Neptuno en Casa XI. Libertad de pensamiento y carácter altruista que defiende la verdad y la justicia social. Persona que siempre se pondrá del lado de los más débiles. Gusto por integrarse en asociaciones o grupos que trabajen técnicas de control mental y superación personal. Con malos aspectos, la vida se complica por amistades extravagantes y conflictivas.

— Neptuno en Casa XII. Quienes tienen esta posición natal, captan de forma especial las energías (buenas o malas) del ambiente. También pueden percibir energías sobrenaturales. Esta sensibilidad hace que no sea aconsejable para ellos el cine de terror psicológico, ni practicar sesiones de ouija e hipnosis. Con malos aspectos, etapas de depresión, melancolía y sentimientos de culpa. Riesgo de caer en fatiga psíquica.

Ejemplo de carta

Ejemplo de carta para observar la posición de Neptuno en signo y Casa, más aspectos y regencias. Fecha al azar: 2 de septiembre de 1977, a las 21:10 h en Buenos Aires.

— Paso 1. Posición principal: Neptuno en Sagitario y en Casa IX, regida por Júpiter.
Con Neptuno como planeta guía, situado además en Sagitario y en cúspide de la Casa IX, nos encontramos con alguien bastante singular, de mentalidad abierta y excepcional visión de futuro. Esto hará que persiga ideales difíciles de lograr por estar alejados de la realidad del momento. En el ámbito profesional, la ingeniería aeronáutica y la aviación comercial pueden ser algunas de sus grandes motivaciones. Aunque esto no quita para que mantenga una fuerte atracción hacia todo aquello que trasciende el

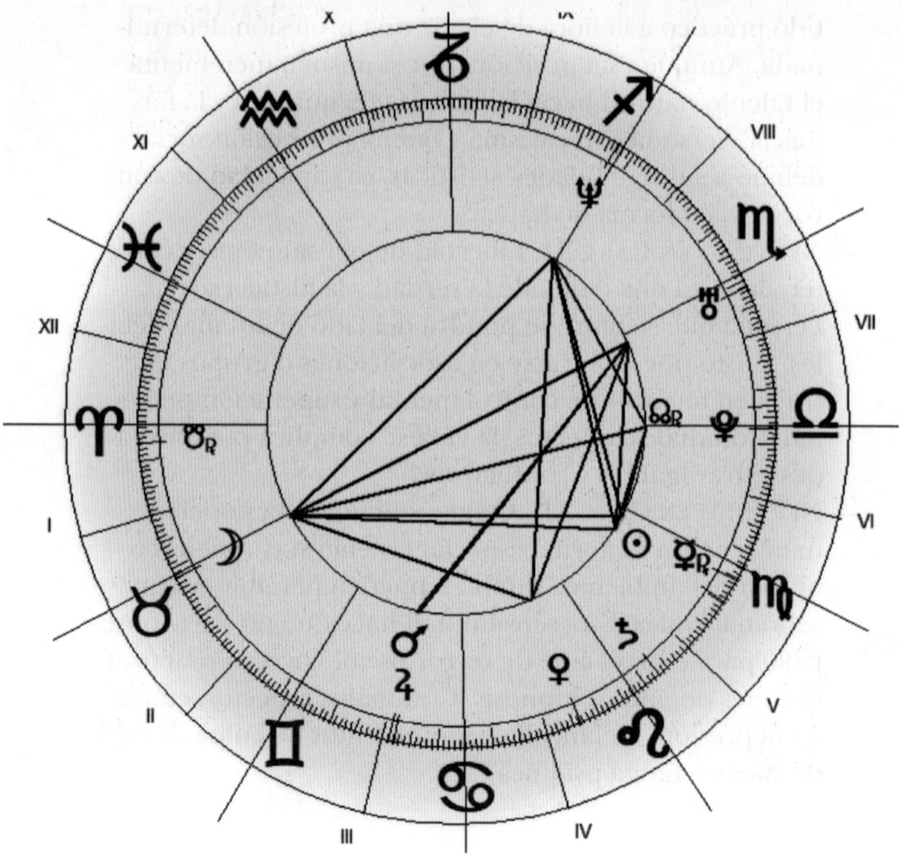

plano material, y permite investigar sobre las leyes que rigen el universo y la posibilidad de otros mundos habitados.

Hay posiciones en la carta, como Sol-Mercurio y la Luna bien aspectados en signos de Tierra, que favorecen el sentido práctico, y hacen que la persona asuma la necesidad de formarse bien y trabajar para mantener cierto estatus, sobre todo teniendo en cuenta la influencia de la Luna en cúspide de la Casa II. *Pero, como decimos, todo esto sin abandonar sus ideales que, bajo la apariencia de simple afición, seguirán progresando a la espera de su momento estelar. Momento que seguramente llegará, ya que existe la posibilidad real de escribir (guiones de ficción) o de comunicar (internet, programas de TV) las investigaciones personales realizadas sobre fenómenos ovni y paranormales (Júpiter y Marte en el ámbito de la Casa III en Géminis, regida por Mercurio).*

— Paso 2. Aspectos: Cuadratura al Sol y Mercurio. Trígono a Venus, sextil a Plutón y quincuncio a Luna.
Podría decirse que Neptuno quiere escapar de lo cotidiano, pero no puede ya que su cuadratura con Sol y Mercurio en Virgo le obligan a tener los pies en la tierra. Además, habrá compromisos morales difíciles de evitar (Mercurio regente de la VI en Virgo). Este aspecto también genera incomprensión por parte de personas allegadas.

El trígono a Venus aumenta la fuerza intuitiva y el sentido metafísico de la espiritualidad. El sextil a Plutón (en cúspide de la Casa VII) favorece las asociaciones para desarrollar intereses comunes. Y el quincuncio a Luna en Tauro (su signo de exaltación) ayudará a que algunos anhelos importantes se hagan realidad.

— Paso 3. Neptuno como regente de la Casa XII, situada en Piscis.
La Casa XII está en correspondencia zodiacal con Neptuno (zodíaco en reposo), y es la Casa donde el inconsciente tiene mayor actividad. Cabe esperar, por tanto, que la persona tenga una habilidad especial para trabajar con sus propios sueños e interpretarlos. También para la percepción sensitiva, y la visualización.

PLUTÓN EN LOS SIGNOS

Plutón tarda 248 años en recorrer el zodíaco. Su órbita es muy irregular y el tiempo que permanece en cada signo puede variar entre los doce y los 23 años. En la mitología, Plutón (Hades) era el dios del mundo subterráneo o el Averno, y en analogía con el mito, la fuerza del planeta impulsa a profundizar y tocar fondo, para después sacar a la superficie los miedos y aspectos más oscuros que se ocultan en el interior de cada uno. Plutón destruye lo caduco e inservible que ya resulta perjudicial para después reconstruir sobre sus ruinas una nueva realidad. En este sentido es el planeta que permite renacer. Por otra parte, en su faceta más material, Plutón se encuentra relacionado con el mundo del petróleo, y también con el dinero, las herencias y los grandes movimientos financieros.

Otras cualidades de Plutón son: magnetismo y fuerza inconsciente. Poder psíquico de superación y transformación. Regeneración moral y sanadora. Resistencia y fuerza física. Aprendizaje y liquidación del karma. Capacidad de lucha frente a la crisis y la adversidad. Renovación y capacidad de resurgir y reinventarse. Dotes para la psicología, la parapsicología y la mediumnidad. Con malos aspectos, también puede generar sentimientos de culpa. Conductas radicales y controladoras. Tiranía y obsesiones.

Claves orientativas:

— PLUTÓN EN CÁNCER. Cuando Plutón fue descubierto oficialmente en febrero de 1930, transitaba por el signo de Cáncer. Su permanencia completa en el signo abarcó desde 1914 hasta 1938.

En el recorrido por Cáncer (casi veintitrés años), transformó el concepto de la familia, del hogar tradicional y del compromiso matrimonial. La mujer consigue más independencia personal y laboral, también más participación activa en la vida política y social.

En 1919, tras la primera Gran Guerra, comienza a emerger con fuerza la economía estadounidense, gracias al aumento de producción en las fábricas y las exportaciones. Se establece el crédito para compras y para acceder a las inversiones que prometen rentabilidad (bonos y acciones). De esta forma, se abre un floreciente mercado especulativo donde todo el mundo puede participar. Son los Felices 20 (1920 a 1929). Pero los títulos comprados a crédito crecen sin control por encima de su valor real. Y finalmente, la gran burbuja explota en octubre del 29 con el crack de la Bolsa estadounidense (ya comentado con Neptuno en Virgo). La grave crisis hizo quebrar numerosos bancos y millones de personas perdieron su dinero. En apenas dos años la pobreza y el paro se dispara (llega la Gran Depresión) y esto repercute también en Europa. Durante esta etapa, y como dato curioso, se promulga ley seca (1933), dando lugar a distintos clanes mafiosos que se auto-denominaban «familias».

En España, y con relación a los nuevos conceptos familiares, se admite en 1932, con la segunda república, la ley de divorcio.

— PLUTÓN EN LEO. Plutón se mantuvo en Leo desde 1938 hasta 1957.

Como suele hacer Plutón en sus largos recorridos zodiacales, después de tocar fondo, su poder transformador comienza a restablecer nuevos valores de recuperación. Durante esta etapa, tras el fin de la segunda Gran Guerra y los Tratados de paz, la política y el bienestar social se asientan, y el mundo mira hacia los avances de la tecnología y el progreso. Durante esta etapa crece bastante la industria del automóvil, y en consecuencia la demanda de combustible.

El poder de la imagen es indiscutible. La televisión había llegado para quedarse y su comercialización se extiende a todos los países. El cine, ya sonoro desde años anteriores, se convierte en una próspera industria. Y míticas figuras, en este caso el veterano Charles Chaplin, realiza en 1940 su primer film hablado, *El gran dictador.* Una controvertida película que denuncia el nazismo, cuando EE. UU. aún no participaba en la Segunda Guerra Mundial (1939-1945). Otro dato curioso en relación a la capacidad destructora de Plutón se refleja en el lanzamiento de la bomba atómica sobre Japón (Nagasaki), que puso fin a la Segunda Guerra. Una bomba fabricada precisamente con plutonio, elemento radiactivo vinculado a este planeta.

A nivel individual, Plutón en Leo con malos aspectos también puede resultar explosivo en cuanto a prontos de carácter y abuso de poder. Sin embargo, bien aspectado destaca valores tan positivos como la honestidad y la nobleza.

— PLUTÓN EN VIRGO. El paso de Plutón por Virgo se dio entre 1957 y 1972.

El efecto de Plutón en un signo de Tierra como Virgo tiene gran poder de transformación. Virgo es un signo ordenado, detallista y observador, con gran sentido práctico para la organización y el trabajo diario. También la salud, la higiene y la ecología forman parte de sus competencias. Y en todo ello, hay una actitud de servicio hacia el bien común. Cabe esperar, por tanto, que Plutón en este escenario zodiacal tenga mucho que hacer. De hecho, fue una etapa de fuerte expansión en el comercio y la industria. La revolución informática ya estaba en marcha y, durante la segunda mitad de la década de los 60, la conjunción Urano-Plutón en este signo, favorece el arraigo de los ordenadores en empresas y administraciones. Comienza la automatización de datos, los archivos de papel pasan al ordenador y se aligera notablemente la burocracia.

Plutón en Virgo produce también cambios importantes en las condiciones laborales (estatuto de los trabajadores), avances en medicina (comienza la era de los trasplantes), y se incrementa la actividad antinuclear y ecologista (Greenpeace nace en Vancouver en 1971).

A nivel individual se asume en conciencia la necesidad de reciclar y cooperar de forma solidaria para rebajar la contaminación y mejorar las condiciones del planeta.

— Plutón en Libra. Plutón transitó por Libra entre 1972 y 1984.

En complicidad con el equilibrio que representa Libra, la influencia de Plutón durante esta etapa está cargada de acuerdos y desacuerdos, de asociaciones y libre comercio. La primera reunión del G7 se dio en marzo de 1973, año en el que también sucede la primera crisis del petróleo (desacuerdo), debida a que los exportadores árabes, más Egipto y Siria, se unen para no vender a los países que apoyaron a Israel. El precio del petróleo se cuadriplica. Y en 1979 se produce la llamada segunda crisis del petróleo que deriva en la guerra entre Irán e Irak. Por otra parte, hay cambios decisivos en el concepto tradicional del matrimonio. En España se regula la primera ley del divorcio (1981).

Y antes de terminar el paso de Plutón por Libra (signo de Aire), aparece en 1982 la primera generación de telefonía móvil.

— Plutón en Escorpio. El recorrido de Plutón por Escorpio transcurre desde 1984 hasta 1996.

Escorpio es el domicilio zodiacal de Plutón, donde el planeta muestra con mayor fuerza su poder de transformación (muerte y resurrección). Durante esta etapa hay un proceso (emocional) de profundo cambio que empieza a nivel individual, pero pronto se convierte en colectivo. Plutón influye en las relaciones humanas y expone con crudeza las dificultades propias del salto generacional. Esta generación sufrirá las consecuencias de la mala gestión social y laboral que se fue dando en etapas anteriores. De alguna forma es la herencia (Plutón) que se debe asumir, para después revelarse contra ella y resurgir.

Por otra parte, referente a otras competencias de Escorpio, son los años de la gran difusión del sexo en imágenes (películas, videos, revistas). Y también la etapa en la que aparece la enfermedad del Sida, y se confirma que la principal fuente de contagio es la transmisión sexual. En consecuencia, las relaciones sexuales entran también en un proceso de transformación.

Respecto a la economía, vemos que el petróleo, que sigue en alza y es conocido como oro negro, proporciona un gran poder económico a los países que lo tienen. La importancia de las compañías multinacionales y grandes movimientos financieros y especulativos están a la orden del día. Y en 1987 se produce otro «crack» bursátil significativo (el lunes negro del 19 de octubre).

En suma, con esta posición se identifica en parte la llamada generación de los *millennials*, jóvenes que se encuentran entre dos formas distintas de entender el mundo, y tienen la responsabilidad de gestionar y transformar las crisis que, a nivel mundial, han heredado.

— PLUTÓN EN SAGITARIO. El tránsito de Plutón por Sagitario se dio entre 1996 y 2009.

Etapa de expansión y consumo. Las tarjetas de crédito y débito se multiplican. Se afianza el comercio electrónico. Viajar está de moda, y a nivel usuario, se puede comprar a distancia sin mayor problema (a finales del 95 Amazon se anuncia al público).

En Sagitario no hay fronteras, como demuestra el boom de internet, pero tampoco hay límites. Durante la segunda mitad de este período, el consumo y la especulación tienen vía libre. Los bancos conceden créditos hipotecarios con suma facilidad. Y en el mundo laboral se da paso a la precariedad con las contratas y subcontratas. Hasta que, en septiembre de 2008, con Plutón casi a punto de entrar en Capricornio, se produce la quiebra de Lehman Brothers, uno de los mayores bancos de inversión de EE. UU. Con este detonante, se inicia la crisis financiera global de 2008.

— PLUTÓN EN CAPRICORNIO. Permanecerá desde comienzos del 2009 hasta el 2023.

Capricornio —regido por Saturno— representa la ley, el orden, la estabilidad, el sentido de responsabilidad y el ahorro. Además de ser un freno natural, para la anómala permisividad de Plutón en el jupiteriano Sagitario.

Con Plutón en Capricornio habrá una reestructuración a fondo de las leyes y un reajuste económico a nivel internacional. También los recursos naturales serán explotados de un modo más coherente y responsable. Pero de momento, la dinámica de Plutón es destruir primero, para poder reconstruir después de una forma más justa y responsable. Respecto a las grandes finanzas, además de bancos, han caído imperios económicos piramidales como el de Bernard Madoff (considerado el mayor estafador de la historia). Y también los privilegios y el secretismo de los «paraísos fiscales» comienzan a ser denunciados. El poder económico del petróleo decae, al igual que su producción, y cada vez más países se vuelcan en el desarrollo de las energías sostenibles.

Plutón en Capricornio (signo de Tierra) removerá y escarbará hasta sacar a la superficie lo corrupto y podrido. En especial todo lo relacionado con la ambición de poder y riqueza. En este sentido, los informes de WikiLeaks ya han denunciado abusos y manipulaciones. Y aunque el dinero sigue dictando las normas y se producen guerras abiertamente comerciales, entre las grandes potencias mundiales, cabe esperar que durante el tránsito de Plutón por Capricornio (hasta 2023) se hagan gestiones eficaces y globales contra las grandes desigualdades y la pobreza extrema. La esperanza se centra, contando con la influyente ayuda de otras posiciones planetarias, en los dos últimos años de su recorrido.

— Plutón en Acuario. Se mantendrá desde 2023 hasta finales de 2043

Ya desde 2021, la conjunción de Júpiter y Saturno a cero grados de Acuario anuncia un cambio importante y masivo en la manera de entender la vida. Cambio que se verá potenciado por la entrada de Plutón en el signo, y que podría transformar el sistema capitalista.

También asistiremos a corrientes de desarrollo ecofeministas, en cuanto a sostenibilidad y social, cooperación, valoración integral del trabajo y buena administración de recursos naturales.

Plutón en las Casas

Una de las funciones de Plutón es reajustar el aprendizaje pendiente (karma). Así, la Casa donde se encuentre, indicará en qué terreno se deben asumir mayores responsabilidades.

— Plutón en Casa I. Altibajos emocionales con tendencia a dramatizar y tomarse las cosas a la tremenda. Sensación de que la vida es una lucha constante. Fuerza de voluntad extraordinaria. Con malos aspectos, la persona llega a comportarse como un volcán que puede entrar en erupción en cualquier momento. Fuerza incontrolada, explosiones de carácter.

— Plutón en Casa II. Quienes tienen esta posición, conscientes de que el dinero aporta seguridad, influencia y poder, se esfuerzan por conseguirlo. Algunas veces tendrán golpes de suerte o herencias, pero por lo general, será su astucia y capacidad para saber aprovechar las oportunidades lo que los lleve a hacer fortuna. Con malos aspectos, la idea de no tener suficiente se puede convertir en obsesión.

— Plutón en Casa III. Mente superdotada, analítica y resolutiva. Ideas revolucionarias que pueden causar desconcierto. Gusto por indagar sobre temas tabú, para hablar de ellos y generar polémica. Con malos aspectos, lengua afilada y mordaz. Capacidad de destrucción con la palabra. Dificultad para congeniar con vecinos y compañeros.

— Plutón en Casa IV. Posibles experiencias durante la infancia que dejan huella en el inconsciente. La persona puede sentirse vulnerable en el ambiente familiar. Sin embargo, también cuenta con valiosos recursos emocionales para autoprotegerse en momentos difíciles. Su mundo interior es un tesoro por descubrir.

— Plutón en Casa V. Intensa relación con los hijos, que a veces implica sacrificio voluntario. Persona honesta y fiel a la palabra dada, cuyo comportamiento sirve de ejemplo a los demás. Creatividad que eleva el espíritu y consigue desconectar preocupaciones. Con malos aspectos, hijos con posibles problemas de salud o aprendizaje.

— Plutón en Casa VI. Talento para la investigación científica, sobre todo en el terreno de la medicina. Perfeccionismo y exigencia profesional que requiere tiempo y atención personal. Afán de ser útil y ayudar a otros. Capacidad para renovar y mejorar métodos de trabajo. Con malos aspectos, orgullo para admitir críticas.

— Plutón en Casa VII. Las relaciones se convierten en experiencias, a veces traumáticas, que ayudan al crecimiento y transformación personal. Amores apasionados que, aunque resulten tormentosos y difíciles, siempre encuentran algún motivo para renacer y continuar. Con malos aspectos, tendencia a la desconfianza, los celos. Amores posesivos que agobian y destruyen.

— Plutón en Casa VIII. Capacidad para controlar los impulsos más básicos y afrontar con éxito las crisis personales. Fuerza y decisión para ayudar a otros en momentos difíciles. También para ayudar a morir en paz. Especial habilidad para las terapias de rehabilitación física y superación psíquica. Con malos aspectos, asociaciones que conllevan luchas de poder. Divorcios conflictivos y herencias que pueden ser fuente de problemas.

— Plutón en Casa IX. Pasión por el conocimiento. Búsqueda de respuesta a las grandes preguntas sobre el sentido de la vida. Afán de profundizar en el estudio de distintas filosofías, hasta encontrar su propia verdad. Persona que necesita asumir una ideología para afianzar su seguridad existencial. Mentalidad abstracta y global. Viajes que aportan experiencias iniciáticas.

— Plutón en Casa X. Compromisos profesionales de responsabilidad (altas jefaturas, cargos públicos y militares). La entrega al área de trabajo es prioritaria y con frecuencia se persigue alcanzar prestigio y proyección social. En ocasiones resulta decisiva la influencia del padre, la familia y el apellido. Atracción por el mundo esotérico, la magia y el ocultismo.

— Plutón en Casa XI. Metas solidarias de gran envergadura. Integración en asociaciones y grupos que luchan por conseguir derechos. Activista. Capacidad para coordinar trabajos en equipo. Amistades para toda la vida, con personas poco corrientes y comprometidas con el progreso social y la ecología. Con malos aspectos, las amistades acarrean compromisos y deberes difíciles de eludir.
— Plutón en Casa XII. Con Plutón en la XII, las circunstancias mandan, y la persona siente que, a veces, está sujeta a un destino que la supera. Esto puede hacer que no quiera asumir todo su potencial interior, en especial su capacidad extrasensorial y fuerte intuición. Con malos aspectos, posibilidad de atraer envidias y rencores. Enemigos ocultos y traiciones.

Ejemplo de carta

Ejemplo de carta para observar la posición de Plutón en signo y Casa, más aspectos y regencias. En este caso, elegimos para Plutón una fecha que, de forma simbólica, mostró al mundo la capacidad destructora y regeneradora de este planeta. Se trata del 5 de agosto del 2010, cuando cerca de la ciudad chilena de Copiapó (desierto de Atacama), se vino abajo la estructura de una mina, y 33 mineros quedaron aislados a 720 metros de profundidad. Eran las 14:30 del mediodía. Hicieron falta setenta días de continuo esfuerzo y trabajo para conseguir rescatar con vida a todos ellos.

— Paso 1. Posición principal y aspectos. Plutón en Capricornio y Casa I, regida por Júpiter, ya que su cúspide está en Sagitario.
Los signos de Tierra, en sentido literal, son los que más se identifican con la naturaleza del mítico Plutón —señor del mundo subterráneo—. En este caso, con la posición de Plutón en Capricornio ya tenemos (con la imagen de la mina) un primer escenario simbólico, aunque si consideramos que Plutón permanece en Capricornio casi quince años, *este hecho puntual apenas resulta significativo en el conjunto del tiempo.*

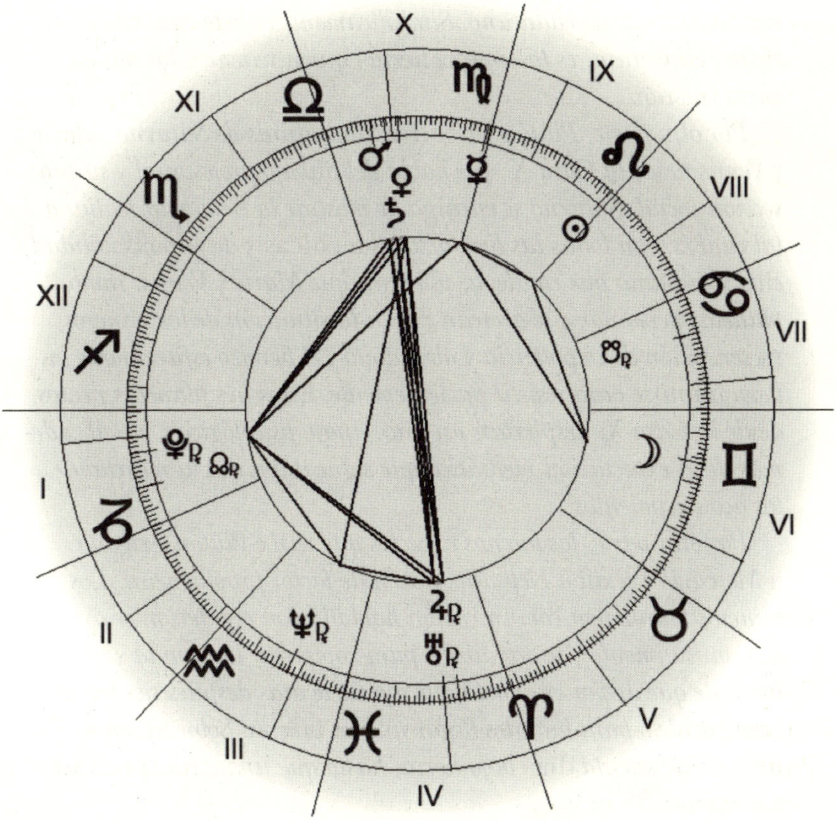

A la hora en que se produce el derrumbe, Plutón se encuentra en el ámbito de la Casa I, posición que incrementa el protagonismo de Plutón tanto a nivel colectivo como personal, ya que potencia en gran medida la fuerza de voluntad y la capacidad de resistencia.

— Paso 2. Aspectos: Plutón forma cinco cuadraturas: con Marte, Saturno, Venus, Júpiter y Urano. Trígono a Mercurio y sextil a Neptuno.
Sin duda, lo que más llama la atención en la carta de este acontecimiento, son las cinco cuadraturas bastante ajustadas que forma Plutón. Se trata de una T cuadrada múltiple, donde Plutón es el planeta focal que recibe la tensa energía de los demás planetas. Así, Júpiter y Urano expanden el efecto de la cuadratura y crean el caos de una situación repentina. Ambos planetas están en la Casa IV, que representa entre otros conceptos, la figura de la madre y el

mundo interior de cada uno. Simbólicamente en este caso y bajo el efecto cuadratura, es la «madre tierra» quien retiene a los mineros en su interior.

Por otra parte, Plutón recibe tres cuadraturas de Saturno, Marte y Venus desde la Casa X, que habla del trabajo profesional y su proyección social. Saturno se encarga de mostrar la tremenda realidad tal cual es, con todas las limitaciones técnicas *y de responsabilidad civil y humana que conlleva, mientras que Marte y Venus, como planetas personales, se acercan más a la situación de los mineros; su sensación de impotencia y abandono y el heroico esfuerzo que los lleva a unirse para resistir pacientemente. Estos tres planetas juntos, desde la Casa X, despiertan un gran apoyo psicológico y moral, además de la expectación mediática que sigue día a día la marcha de los acontecimientos*

Por otra parte, los buenos aspectos que recibe Plutón, trígono a Mercurio y sextil a Neptuno, hacen de factor providencial. Los mineros mantienen comunicación hablada con el exterior, se ayudan mutuamente y se organizan para compartir la comida y el agua de que disponen, hasta que diecisiete días después se abre un pozo paralelo para hacerles llegar nuevos víveres. Sobrevivieron un total de setenta días *bajo tierra, hasta que uno a uno pudo ser rescatados.*

— Paso 3. Plutón como regente de la Casa XII en Escorpio.
La Casa XII es la Casa de las pruebas y en este caso, bajo la influencia de Plutón, fue una gran prueba de superación y transformación personal.

Planetas retrógrados

Los planetas en su recorrido alrededor del Sol siempre van hacia adelante. Sin embargo, debido a sus diferentes órbitas y velocidades con relación a la posición de la Tierra se produce, en cada uno de ellos y cada cierto tiempo, la impresión de que van marcha atrás. Es como si el planeta dibujara una espiral en su recorrido con el efecto óptico de un retroceso y un nuevo avance posterior. Este curioso fenómeno se conoce en astrología como retrogradación, y mientras dura, se considera «retrógrado» al planeta que lo efectúa. A efectos astrológicos, el planeta retrocede literalmente sobre sus pasos, y se reseña en los libros de efemérides y programas de astrología con el símbolo de una erre (con una pequeña cruz en la parte inferior derecha): ☿℞ ♅℞ ♄℞. El tiempo que cada planeta permanece retrogrado varía de acuerdo a la amplitud de sus órbitas (distancia al Sol). En los planetas personales, Mercurio, Venus y Marte, este tiempo es más breve que en los planetas sociales y transpersonales. Estos últimos, Urano, Neptuno y Plutón, tienen períodos de retrogradación de varios meses.

En cuanto a la influencia personal, un planeta en retroceso invita a mirar hacia el propio interior y a recapacitar sobre algunos comportamientos y experiencias recientes, además de atraer segundas oportunidades para rectificar errores.

Cuando un planeta personal inicia su movimiento retrógrado, interesa observar en qué Casa de la carta natal se encuentra en ese momento, porque será en los asuntos relacionados con esa Casa, donde pueden aparecer con más facilidad las oportunidades de rectificación. Aunque también, según la naturaleza del planeta y los aspectos que reciba, se deberán afrontar ciertos inconvenientes o retrasos.

A nivel general y social, los planetas en retroceso ejercen igualmente su influencia. Por ejemplo, uno de los planetas que causa más incidencias cotidianas es Mercurio, ya que además de ser el gran comunicador, abarca otras competencias como el transporte urbano, la mensajería y correo postal, las redes sociales y teléfonos, la publicidad, el entorno cercano (vecinos, compañeros de trabajo), las transacciones comerciales, y también la capacidad de comprensión.

MERCURIO retrógrada tres veces a lo largo de un año, aproximadamente cada cuatro meses y en períodos de veintidós días. Su radio de influencia incide, como ya se ha observado, en los medios de comunicación, telefonía y transportes, a causa de averías, retrasos, cortes, pérdidas de información e incluso huelgas en los sectores correspondientes.

Por otra parte, en cuanto a las segundas oportunidades personales, Mercurio retrógrado favorece la posibilidad de aclarar malentendidos, revisar papeles y hacer oportunas copias de seguridad, reflexionar sobre anteriores discusiones con personas allegadas, abordar temas delicados o recuperar conversaciones y lecturas que quedaron incompletas.

Conviene estar al tanto de las fechas en que Mercurio entra en retroceso, porque… si se puede elegir, es preferible esperar a que de nuevo se ponga directo a fin de evitar posibles inconvenientes en determinados temas, como por ejemplo poner anuncios, enviar solicitudes, hacer un contrato de telefonía, o firmar otro tipo de contrato, comprar un coche o un ordenador.

Los períodos de retrogradación de los planetas vienen reseñados con exactitud en los libros y tablas de Efemérides donde, además de esta información, se encuentran reflejadas, día a día, las posiciones de todos los planetas. Las Efemérides representan una herramienta muy útil y recomendable, para quienes quieran manejarse en astrología.

Como complemento, a continuación relacionamos los períodos de retroceso de Mercurio para los años 2021, 2022 y 2023. Mercurio retrograda en 2021: del 31 de enero al 22 de febrero, del 30 de mayo al 22 de junio y del 28 de septiembre al 19 de octubre. En 2022: del 15 de enero al 5 de febrero, del 11 de mayo al 4 de junio y del 11 de septiembre al 3 de octubre. En 2023: del 30 de diciembre (2022) al 19 de enero (2023), del 22 de abril al 16 de mayo, del 24 de agosto al 16 de septiembre y del 14 de diciembre al 3 de enero (2024).

Venus —el planeta del amor y la belleza— solo retrograda una vez cada año y medio aproximadamente, y se mantiene en retroceso entre cinco y seis semanas. Su efecto se nota sobre todo en el área de las relaciones personales y los estados de ánimo. Por ejemplo, se puede notar que las ilusiones pierden fuerza para dar paso a una tristeza nostálgica, o bien, que surgen dudas sobre la buena marcha de una relación de pareja. Asimismo, pueden surgir encuentros con personas del pasado o noticias de antiguos amores, e incluso de antiguos socios.

Si, por ejemplo, se inicia una relación cuando Venus permanece en retroceso, es probable que hasta que no se ponga directo de nuevo, la relación no se afiance a causa de dudas y altibajos. También si se decide cambiar de imagen y estilo personal durante esta etapa, lo más probable es que el resultado no sea el deseado, ni tenga buena acogida. En cuanto a oportunidades, Venus retrógrado permite valorar las relaciones íntimas y de amistad de forma más real y objetiva, y valorar también la forma en que se gestionan los gastos y caprichos.

MARTE representa la acción, la voluntad y la decisión. De ahí que, durante sus movimientos retrógrados, la voluntad se muestre débil y algunas de las iniciativas ya en marcha, puedan quedar frustradas. Sus etapas de retroceso duran algo más de dos meses, y llegan a distanciarse entre sí hasta dos años. Con Marte retrógrado afloran viejos sentimientos de culpa y rencores que parecían olvidados. Aunque si esto sucede, puede tomarse como una oportunidad de reconocimiento y superación. También se incrementa la capacidad de resistencia y la eficacia del propio trabajo interior.

JÚPITER, con su movimiento retrógrado favorece, más que ningún otro, las circunstancias adecuadas para que surjan segundas oportunidades. Con Júpiter —el planeta del éxito y la expansión— es fácil encontrar el momento idóneo para retomar proyectos, y también para revisarlos antes de continuar con ellos. Las metas previstas con anterioridad se ven desde una perspectiva más amplia, tranquila y eficaz.

Júpiter suele tardar un año en recorrer cada signo zodiacal, y durante ese tiempo, al menos se mantiene cuatro meses en retroceso. De esta forma, recorre con lentitud hacia atrás y hacia adelante unos grados concretos del zodíaco. Por tanto, su influencia recaerá más directamente en dichos grados, y en los planetas natales o cúspides de Casas que se sitúen en ellos.

SATURNO permanece casi dos años y medio en cada signo, tiempo en el que pasa por dos fases de retroceso de cuatro meses y medio cada una. Saturno es el Señor del Tiempo, de forma que la paciencia será una clave importante a tener en cuenta mientras permanece retrógrado. Asimismo, la lentitud y el exceso de responsabilidad aumentan durante estos períodos, especialmente cuando se trata de asuntos burocráticos y legales, donde puede haber incluso estancamiento.

A nivel personal, Saturno permite ver la realidad tal cual es y favorece la reflexión interior. Da también coherencia al sentido del deber y al valor de la palabra dada.

Con Urano llegamos a los planetas transpersonales de largo recorrido, que se mantienen retrógrados durante varios meses al año.

URANO —el planeta del progreso, la libertad y los cambios necesarios— tiene un período de retroceso anual de cinco meses. La influencia del planeta en estas etapas ayuda a valorar el alcance de los cambios personales ya producidos con anterioridad, así como los fallos que por imprudencia y precipitación se han cometido. Urano favorece también la renovación de ideas y el despertar de conciencia hacia nuevos valores. De esta forma cuando el planeta recupera su movimiento directo, trasmite el impulso de renacer.

NEPTUNO es el planeta que conecta con la inspiración más elevada y la espiritualidad. Sus períodos de retroceso duran algo más de cinco meses al año y, su influencia durante estos ciclos, favorece el acercamiento a la realidad cotidiana. Con Neptuno retrógrado se establece el equilibrio entre el mundo material y el espiritual. Los contenidos del inconsciente fluyen con más fuerza y aumenta la intensidad de los presagios y las corazonadas. Desde su interior, la persona se siente conectada con el universo y puede recibir inspiración de una forma más directa y creativa.

PLUTÓN se identifica con el mito del dios del inframundo, y en este sentido representa el lado más escondido y oscuro de la psique humana. Durante sus etapas de retroceso (cinco meses y medio al año), resulta más fácil conectar con la propia sombra y descubrir cuáles son los miedos y las inquietudes que causan inseguridad. El alma siente la necesidad de bajar a lo más profundo para encontrarse con su Plutón personal, y comenzar así un proceso de transformación, después de haber tocado fondo.

Planetas retrógrados en la carta natal

En el momento del nacimiento, pueden coincidir dos o más planetas en movimiento retrógrado. Aunque a veces, coinciden hasta cinco planetas retrógrados en la misma carta. En estos casos, la persona tendrá un carácter más reflexivo y prudente de lo habitual, y deberá dedicar más tiempo y esfuerzo a las tareas que se proponga y las metas que quiera alcanzar, sobre todo en relación a la Casa donde se encuentre el planeta o planetas que tiene en retroceso.

Por ejemplo, si se trata de *Mercurio* el hándicap a superar será la timidez a la hora de hablar y expresar ideas. Con *Venus*, la inseguridad emocional hará que la persona sea poco efusiva para demostrar afecto. Con *Marte*, la tendencia será inhibirse de tomar iniciativas y no significarse mucho. *Júpiter* potencia el viaje interior y el pensamiento filosófico. Con *Saturno* los cambios y los imprevistos serán motivo de inseguridad y pesimismo. *Urano* puede propiciar un carácter antisocial y solitario. *Neptuno* un exceso de sensibilidad y tendencia al misticismo. Y con *Plutón* retrógrado, el hándicap a superar será controlar el impulso autodestructivo, para dar paso al poder de regeneración.

Consejos para empezar a interpretar

Muchas veces se ve con claridad lo que más destaca en una carta natal y pronto se pueden sacar las primeras conclusiones. Pero, aun así, no está de más marcar alguna pauta de interpretación que sirva de base para sostener al resto. Es como fijar unos cimientos o preparar un lienzo antes de aplicar directamente la pintura.

Con la práctica, cada astrólogo puede establecer el método de interpretación que le resulte más cómodo. Pero al principio, siempre viene bien resaltar las áreas donde se concentra mayor protagonismo, para crear una visión de conjunto.

1. Situar la línea del programa de vida.
Esta premisa, aunque básica, resulta fundamental, ya que orienta sobre algo tan importante como el propósito de vida

que tiene la persona, al tiempo que indica cuál es su principal motivación para conseguirlo.

Para ello, consideramos la importancia del elemento y el signo natal juntos. Es como si el recién nacido ya trajera incorporados de serie, el elemento y signo que mejor se ajustan a su momento evolutivo y necesidad de aprendizaje.

Por ejemplo, quien nace en un signo de Fuego, Aries, Leo o Sagitario, trae una línea de vida participativa, dinámica y emprendedora. Para estos nativos, los desafíos y los retos representan un aliciente importante.

— Con Aries (signo cardinal-semilla), la fuerza se concentra en el comienzo de las cosas. La persona, con sus iniciativas, contagia empuje y dinamismo. Su impronta se resume en: Yo puedo. Y efectivamente podrá, aunque los resultados finales queden en manos de otros. Su principal propósito es hacer mucho y ser capaz de más.
— En Leo (signo fijo-gestación), el nativo trata de hacer valer sus propios principios y busca motivos para sentirse orgulloso de ellos. Su grandeza se sustenta en su capacidad de liderazgo, y desde la infancia se preocupa por ser punto de referencia. Su motivación es destacar para bien.
— En Sagitario (signo mutable de exteriorización) encontramos al idealista convencido, cuya palabra e inspiración ilumina el camino de otros. La fuerza del Fuego se expande, y la persona despliega junto a su entusiasmo un abanico de ideales y anhelos tan loables como difíciles de conseguir. Su propósito es moverse y descubrir.

Quien nace en un signo de Agua, Cáncer, Escorpio o Piscis, trae una línea de vida donde las emociones y sentimientos tienen prioridad. Las relaciones personales, familiares y de pareja se viven con intensidad, y es fácil que vengan acompañadas de situaciones especiales que, en definitiva, ayudan a realizar el aprendizaje emocional que se necesita.

— Para Cáncer (signo cardinal-semilla), la importancia de las raíces, el hogar y la familia resulta fundamental. La persona muestra una línea de carácter acogedor, sensible y creativo, además de un fuerte instinto de protección y cuidado hacia quienes quiere y aprecia. Cuando Cáncer siente que alguien o algo merece la pena, se despierta su espíritu de sacrificio, y la entrega forma parte de su motivación.

— En Escorpio (signo fijo-gestación), los sentimientos son más profundos y apasionados, y el nativo tiene tendencia a la introspección y el análisis de las propias emociones. Escorpio mantiene una actitud neutra y amable que no muestra lo que siente, aunque por dentro bulla un mar de emociones enfrentadas. Su propósito es experimentar y conocer el alcance de los sentimientos.

— En Piscis (signo mutable de exteriorización), la sensibilidad emocional y compasiva surge con facilidad. Son personas que se preocupan por el dolor ajeno y se esfuerzan por ayudar. De esta forma su principal motivación es precisamente tener una motivación que llene su vida, tener un porqué al que dedicar tiempo y energía.

Quien nace en un signo de Aire, Libra, Acuario o Géminis, trae una línea de vida donde prevalece el poder del pensamiento, las ideas y la capacidad intelectual. El intercambio y la comunicación representan el impulso que empuja a estos nativos a la acción.

— Para Libra (signo cardinal-semilla), sociabilizar y compartir resulta imprescindible. La amabilidad y la sonrisa forman parte de su habitual forma de ser. Y entre sus preocupaciones más frecuentes están: tener que elegir entre dos opciones, y verse en la situación de decir que no. La tendencia de Libra es adaptarse y tratar de agradar.

— Con Acuario (signo fijo-gestación), las relaciones sociales y personales resultan poco convencionales. Valoran la libertad de pensamiento y evitan compromisos innecesarios. Su conciencia global y corporativa los lleva a integrarse en grupos donde pueden estar solos y acompañados al mismo tiempo. La motivación de Acuario es contribuir a mejorar las relaciones sociales sin perder por ello su independencia.

— Para Géminis (signo mutable de exteriorización) todo resulta interesante, Son personas polifacéticas e intelectualmente muy activas. Viajar y conversar con grupos de amigos siempre representa para ellas un motivador estímulo, de ahí que su tendencia —como signo más sociable del zodíaco— sea no parar mucho en casa. Su propósito es participar y conocer mundo, antes de que este se les quede pequeño.

Quien nace en un signo de Tierra, Capricornio, Tauro o Virgo, trae una línea de vida concreta y ajustada a la realidad de su entorno. Estos nativos gozan de un gran sentido práctico y determinación, de forma que su principal motivación se basa en la experiencia, los resultados y los hechos.

— Para Capricornio (signo cardinal-semilla) la seguridad es importante, por eso necesita normas y leyes que garanticen su estabilidad. Son personas responsables que no arriesgan con facilidad, y prefieren proyectos a largo plazo para establecer sus metas. El propósito de Capricornio es llegar a ver cumplidos sus objetivos paso a paso, sin prisa pero también sin pausa.
— Para Tauro (signo fijo-gestación) la realidad cotidiana está muy presente, y su interés se centra en mejorarla para que resulte más cómoda. Disfrutar de la vida es otra de sus prioridades y vuelca en ello los cinco sentidos. El propósito principal de Tauro es conseguir la estabilidad material y su motivación la perseverancia.
— En Virgo (signo mutable de exteriorización) se encuentran las personas más serviciales del zodíaco. Es el signo de la observación, el ahorro y el sentido práctico. También forman parte de su motivación cotidiana la capacidad de previsión y el cuidado del detalle. Su principal propósito es llegar a desarrollar una ocupación que resulte útil y eficaz para los demás.

2. La posición del Ascendente y su planeta regente.

Si la posición solar (signo natal) señala el propósito de vida que la persona quiere realizar a lo largo de su existencia, el Ascendente indica la actitud espontánea y natural con que se enfrenta a ese propósito. De ahí la importancia de que Ascendente y signo solar estén en armonía. Esto sucede, por ejemplo, cuando ambos comparten un mismo elemento, o cuando un planeta situado en el área del Ascendente (Casa I) forma buen aspecto con el regente de la misma.

Sin embargo, cuando el signo solar y el signo Ascendente resultan antagónicos por estar en oposición o cuadratura, la persona tiene por delante la tarea de lograr que los dos elementos se complementen, hasta conseguir un equilibrio entre ambos. Por ejemplo, en el caso de alguien *nacido en Capricornio con Ascendente en Aries*, se trata de armonizar la impulsividad e impaciencia cotidiana que pretende hacer varias cosas a la vez (Ascendente Aries), con la dinámica de Capricornio, que necesita la organización y el orden para conseguir sus metas a largo plazo.

Por otra parte, la posición del planeta regente del Ascendente, sobre todo en relación a la Casa donde se encuentra, también tiene importancia. Pues como hemos comentado en anteriores apartados, representa el lugar donde a la persona le gusta estar y se convierte además en su principal acicate para tomar decisiones.

Por ejemplo, para un *Ascendente en Libra* habrá que observar la posición de *Venus*, (regente de Libra) ya que si este planeta se encuentra en la Casa X, la actividad y prestigio profesional adquieren gran importancia para la persona, hasta el punto de generar adicción al trabajo. Pero si en cambio, Venus se encuentra en la Casa V, el protagonismo se centra en las relaciones con los hijos y su bienestar. Y se valora, asimismo, la posibilidad de sacar tiempo para disfrutar de las aficiones y actividades creativas.

Aunque damos especial relevancia al planeta regente del Ascendente, en realidad también importan, por sus diferentes matices de interpretación, la posición de los planetas regentes de otras Casas destacadas como pueden ser el Mediocielo o la Casa VII.

Por ejemplo, para un Mediocielo en Géminis, conviene observar la posición de Mercurio (regente de Géminis), ya que si este planeta está situado en la Casa VI, que habla entre otras cosas de las relaciones laborales en cuanto a servicio que se realiza, podemos deducir que la persona tendrá tendencia a trabajar como empleada por cuenta ajena, en empresas relacionadas con la sanidad o algún tipo de servicio comunitario. Sin embargo, si Mercurio se sitúa en la Casa II, que se ocupa del dinero que se obtiene mediante el trabajo personal, el matiz de la interpretación cambia, y podemos deducir que el principal interés de la persona se centra en ganar dinero, ya sea por cuenta ajena o por negocios propios.

Respecto a la Casa VII que se ocupa del área de la pareja y asociados. Vemos que, si por ejemplo, el regente de una Casa VII, se sitúa en la Casa VIII –la de las transformaciones y la muerte–, y recibe además malos aspectos, hay bastantes posibilidades de que se produzca una situación de viudedad o brusca ruptura de una asociación.

3. Considerar las Casas con mayor presencia de planetas y las Casas angulares.

Además de la Casa donde se encuentra el Sol y la Casa donde se sitúa el regente del Ascendente, que como decimos, tienen relevancia en la vida de la persona, conviene considerar también el protagonismo de las Casas que acumulan mayor presencia de planetas, sobre todo conjunciones.

Por otra parte, las Casas angulares que son la I, la IV, la VII y la X, representan áreas de decisiva transcendencia para la persona. Se trata además de áreas que mantienen ángulos de oposición y cuadratura y no siempre concilian bien.

Así, vemos que la Casa I que encarna la identidad personal e individual, se encuentra en oposición a la Casa VII que representa las relaciones de pareja y la convivencia. Y, por otra parte, la Casa IV que se identifica con el hogar, la familia y la parte infantil que conserva cada uno, se opone a la Casa X que abarca la actividad profesional, las relaciones sociales y la parte de la personalidad más adulta y responsable.

Por lo general, siempre hay entre las Casas angulares alguna que destaque más que las otras y tenga, por tanto, un valor añadido en el desarrollo de la interpretación. Asimismo, se considera que un planeta es más fuerte y dominante dentro del conjunto zodiacal, cuando se encuentra situado en la cúspide de una Casa angular.

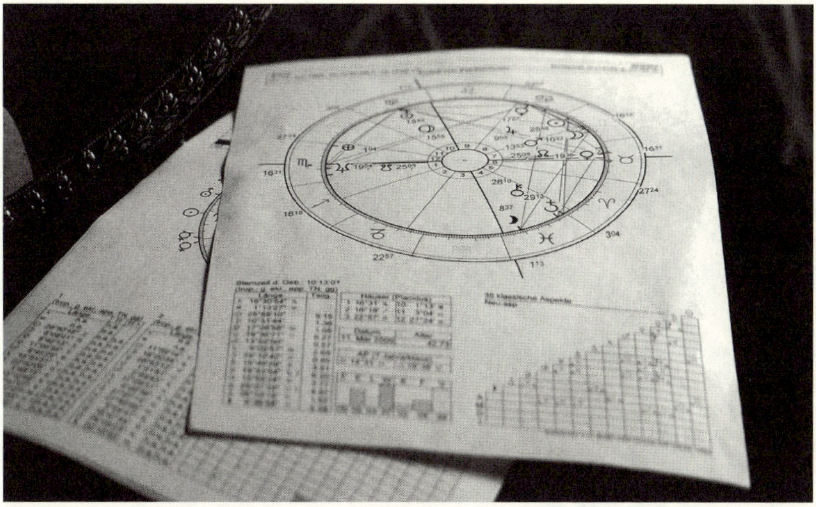

4. Considerar los aspectos más decisivos: oposiciones, conjunciones, T cuadrada, cruz cósmica y gran trígono. Por ejemplo, las *oposiciones* plantean la necesidad de llegar al equilibrio entre las fuerzas que representan los planetas en oposición y las Casas donde se encuentran. Las *conjunciones* implican grandes comienzos y falta de experiencia en relación al significado de la Casa que ocupan, por tanto, conviene estudiar la naturaleza de los planetas implicados, para aprovechar su energía de cara a un objetivo común.

El gran trígono representa la garantía de que a lo largo de la vida, llegarán distintas oportunidades de suerte. Mientras que la T cuadrada o la cruz cósmica indican que habrá que enfrentarse a dificultades y superar pruebas.

Todo esto, siempre de acuerdo al significado de las Casas que estén relacionadas con dichos aspectos.

Por otra parte, la semicuadratura, aunque es un aspecto menor, conviene tenerlo en cuenta ya que su influencia recae sobre todo en el área de la salud, especialmente si la semicuadratura parte de la Casa VI, la Casa XII o la Casa I. Otro aspecto menor a considerar por su importancia es el doble quincuncio, llamado también dedo del Destino o dedo de Dios. En esta configuración (ver el capítulo dedicado a los aspectos planetarios) el planeta focal recibe la energía directa de dos o más planetas, que descargan sobre él un plus de responsabilidad, y le sitúan en una posición de compromiso a la que debe responder.

BIBLIOGRAFÍA

Introducción a la Historia de la Astrología. Demetrio Santos. Ciclos del Cosmos, 2003.

Principios de Astrología General. María Dolores de Pablos. Ed. Luis Cárcamo, 1981.

El misterio de Orión. Robert Bauval y Adrian Gilbert. Editorial Edaf, 2007.

Cosmos y Psique. Richard Tarnas. Ediciones Atlanta S.L., 2006.

Las Doce Casas. Howard Sasportas. Ediciones Urano, 1987.

Los signos del zodíaco y su carácter. Linda Goodman. Ediciones Urano, 1984.

El desarrollo de la personalidad. Liz Greene y Howard Sasportas. Ediciones Urano, 1988.

Relaciones Humanas. Liz Greene. Ediciones Urano, 1987.

